国学典藏版

弟子规 全评

宋娜燕飞 编著

三辰影库音像出版社

图书在版编目（CIP）数据

弟子规全评/宋娜燕飞编著．－－北京：三辰影库电子音像出版社，2016.12
ISBN 978-7-83000-207-7

Ⅰ．①弟… Ⅱ．①宋… Ⅲ．①古汉语－启蒙读物②《弟子规》－研究 Ⅳ．①H194.1

中国版本图书馆CIP数据核字（2016）第277439号

书　　名：《弟子规全评》
作　　者：宋娜燕飞　编著
出版发行：三辰影库音像出版社
地　　址：北京市朝阳区北苑路媒体村天畅园2号楼
出 版 人：王六一
印　　制：北京凯达印务有限公司
开　　本：710毫米×1000毫米　1/16
印　　张：20
版　　次：2017年1月第1版
印　　次：2017年1月第1次印刷
印　　数：1－5000
书　　号：ISBN 978-7-83000-207-7
定　　价：35.00元

版权所有　翻版必究

凡购买本社图书，如有缺页、倒页、脱页，由发行公司负责退换

前言

"国学",顾名思义,中国之学,中华之学,是中华民族文化之根基与栋梁。而作为学生训蒙文的典范之作——《弟子规》,则更是国学的入门经典。

《弟子规》成书于清朝,全文共1080个字,作者是清朝的秀才李毓秀。《弟子规》在李毓秀手中诞生之初并不叫《弟子规》,而是叫《训蒙文》。后来经过一位名叫贾存仁的先生修订后,才正式定名为《弟子规》。

李毓秀以《训蒙文》作为授课教材进行教习之后,前去听课的人很多,学堂门外满是学生与访客的脚印,他也因此被人尊称为李夫子。当时的太平县御史王奂曾多次向他请教,十分佩服他的才学。他是清初著名的学者、教育家,他的著作还有《四书正伪》《四书字类释义》《学庸发明》《读大学偶记》《宋孺夫文约》《水仙百咏》等,现分别藏于山西省图书馆和北京大学图书馆。

《弟子规》的内容源自《论语·学而篇》第六条:"弟子入则孝,出则悌,谨而信,泛爱众,而亲仁,行有余力,则以学文"的文义,详细列出了为人子弟者在家、求学、出外及待人接物应有的礼仪和规范。

《弟子规》将诵读经典与习字、治学、修身融于一体,教导人们勤学诵读并落实在生活当中,帮助人们树立正确的人生观、价值观,养成良好的生活和行为习惯,培养敦厚善良的心性。它注重家庭教育与生活实际相结合，是待人处事的道理与具体方法。

《弟子规》语言流畅，三字一句，两句一韵，接近白话，读诵时朗朗上口，有利于人们培养语感、陶冶情操，能为学习其他经典和文化知识打下坚实的基础，是启蒙养正、教育子弟，防邪存诚、养成忠厚家风的最佳读物。

本书根据《弟子规》的内容共分成八章九十二小节，每小节包含原典再现、重点注释、白话翻译、鉴赏评议和处事解读五部分。全书在系统阐释《弟子规》的字词句义基础上，广泛而全面地围绕《弟子规》展开了评议鉴赏，深入地对其处世意义进行了现代解读。

国学经典是我们民族文化教育精神的庞大载体，是我们民族生存的根基。它们浓缩了中华五千年文明的精华，包含了中华民族生存的伟大智慧。人们从这些经典中汲取营养，就是用经典智慧的钥匙来开启现代各学科知识的宝库，而《弟子规》就是这其中的一把最基础的入门钥匙。

编著者
2016年6月

目录

第一章 总叙

《弟子规》是国学经典之一，历经近三百年时间的检验，依旧鲜活地承担着训蒙、诫行的教育功用。它推崇的是圣人之学，追求的是儒家礼义，这放在当代并不过时。书中所述的规范教诲拥有无比强大的生命力，值得我们潜心品读。

圣人教诲，智慧永传 / 002
首善为孝，次为谨信 / 005
关怀众人，博爱亲仁 / 009
行有余力，则以学文 / 012

第二章　入则孝

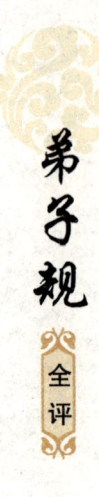

　　父母亲喜欢的东西，尽力去为他们打点；父母亲不喜欢的东西，尽量去加以摒除。顺从父母的意见，尊重父母的想法，具体问题具体分析的"无违"，才是真正的尽孝。无论父母对我们是喜爱还是厌恶，我们都应该不忘父母的养育之恩，报答父母的栽培之情。不要因为父母的态度而改变自己尽孝的行为。

父母之命，切勿拖延 / 018

教诲责备，敬听顺承 / 021

嘘寒问暖，早晚问候 / 025

出反必告，居业无变 / 028

事虽微小，勿擅为之 / 032

物虽微小，勿私藏之 / 035

顺从父母，真正尽孝 / 039

身德有伤，父母羞忧 / 042

双亲憎我，孝者方贤 / 046

劝谏父母，声柔色怡 / 049

悦时复谏，泣随无怨 / 054

亲若有疾，昼夜服侍 / 058

守丧三年，常常悲咽 / 061

对待死者，如同事生 / 064

第三章　出则悌

出门在外要尊老爱幼、讲究礼仪，兄弟之间要互帮互助、和睦相处。只有讲究礼仪的人，才能得到他人的以礼相待，才能与他人展开友好的交往。只有兄弟之间做到兄友弟恭，父母才不用为兄弟二人的关系操心，这才是减少父母烦恼的"孝"。

兄弟和睦，孝在其中 / 070

轻财忍语，不生怨忿 / 073

长者优先，幼者居后 / 077

长者呼人，即刻代叫 / 081

面对尊长，谦虚低调 / 085

路遇长者，疾趋致礼 / 088

路遇长者，招呼让路 / 092

知礼守礼，助人成事 / 096

尊长面前，声音要低 / 099

进趋退迟，勿移视线 / 102

事诸父兄，如事父兄 / 105

第四章 谨

　　庄重大方于人前是素质，不欺暗室于人后是修养。日常生活中，我们要谨言慎行，洁身自好。在生活细节上，要处处留心，于细微处显礼仪；在生活作风上，要勤俭节约，于自制中见精神。立身正，行事端，不耽于享乐，不窥听邪僻，做一个坦荡的君子。

老年易至，惜此时光 / 110

晨起洗漱，便溺净手 / 113

衣冠整洁，袜履紧切 / 117

置放冠服，要有定位 / 120

衣贵整洁，不重华贵 / 124

饮食勿择，食可勿过 / 127

年纪幼小，切勿饮酒 / 131

从容端正，深圆恭敬 / 134

行走坐立，讲究规矩 / 138

缓揭门帘，宽松转弯 / 141

进入虚室，如遇有人 / 144

事勿忙乱，忙则多错 / 147

勿近闹场，勿问邪事 / 150

入门问存，上堂声扬 / 154

若人问谁，对以姓名 / 157

用人物品，须明请求 / 160

好借好还，再借不难 / 163

第五章 信

生活中，我们每个人手里都拿着一面镜子，仔细观照着别人的不足，却往往看不到自己的缺点。我们应该秉持见贤思齐的精神，多学习别人的优点，不断改进自己。对自己说出去的话负责，承诺他人的事情一定要做到，空穴来风的谣言决不乱传。

言而有信，切勿诈妄 / 168
话不要多，切勿佞巧 / 170
市井之气，切戒除之 / 173
未见真相，勿轻言传 / 176
事非适宜，切勿轻诺 / 180
道字重舒，勿急模糊 / 183
莫论长短，远离是非 / 187
见贤思齐，全力以赴 / 190
有则改之，无则加勉 / 192
技不如人，应当自砺 / 195
安贫乐道，不要生戚 / 198
闻过易怒，闻誉易乐 / 201
闻誉易恐，闻过易欣 / 205
无心之错，有心之恶 / 208
有过能改，善莫大焉 / 211

第六章　泛爱众

不欺贫贱，不谄富贵，不计较得失的人，往往才是生活的智者。我们要做有智慧的人，这样才能在错综复杂的社会中站稳脚跟，才能处理好错综复杂的人际关系，我们要时刻铭记吃亏是福的大智慧。

众生万物，皆须关爱 / 216

品行高者，名声自高 / 218

才华大者，名望自大 / 221

学以致用，大公无私 / 225

勿谄富贵，勿骄贫贱 / 227

不闲不安，切勿搅扰 / 230

有短有私，切莫揭说 / 233

道人善者，即是善行 / 236

扬人恶者，即是恶行 / 238

互相欣赏，互相劝告 / 241

分晓明理，与多取少 / 244

欲施于人，先问自己 / 247

报恩忘怨，怨短恩长 / 250

品行端正，树立榜样 / 253

以理服人，方无怨言 / 256

第七章　亲仁

　　亲近贤德的人，会让我们在熏陶中变得优秀；亲近奸佞的人，会使我们在无意间踏上邪路。我们应时刻提醒自己，不断加强自己在精神内涵方面的修炼，坚决抵制各种歪坏风气的诱惑。净持亲仁之心，始终坚信：德不孤，必有邻。

流俗者众，仁爱者希 / 260
直言不讳，色不谄媚 / 262
亲仁则好，德进过少 / 265
不亲仁者，贻害无穷 / 268

第八章　余力学文

　　无论是读书向学，还是发展事业，我们做任何事情都要先将态度端正。如果不能从心底对自己要做的事情报以高度的尊敬与敬畏，往往很难用心去做，结果自然也可想而知。所以，每一件有意义的事情都值得我们严阵以待，孜孜以求。

纸上谈兵，不切实际 / 272
力行学文，自然明理 / 274

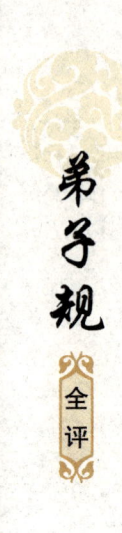

读书三到，事半功倍 / 278
此终彼起，专心致志 / 280
宽松为限，抓紧用功 / 283
心有疑问，随即札记 / 286
环境整洁，心情舒畅 / 289
心神安宁，方能字敬 / 292
排列典籍，当有定处 / 295
爱护书籍，及时修补 / 298
非圣贤书，摒弃勿视 / 302
切勿自弃，可达圣贤 / 304

第一章　总叙

《弟子规》是国学经典之一，历经近三百年时间的检验，依旧鲜活地承担着训蒙、诫行的教育功用。它推崇的是圣人之学，追求的是儒家礼义，这放在当代并不过时。书中所述的规范教诲拥有无比强大的生命力，值得我们潜心品读。

圣人教诲，智慧永传

【原典再现】

弟子①规②，圣人③训④。

【重点注释】

①弟子：孩子、学生。

②规：据东汉著名文字学家许慎撰写的《说文解字》中所言："规，有法度也。从矢，从见，会意。"其本义为画圆的工具器械，今指圆规。这里的"规"采用的是其引申义，指的是一种文体名字，这种文体唐代就有了，如《五规》：《出规》《处规》《戏规》《心规》以及《时规》。这类的文体通常都被用来劝勉规正、教化警示后人。

③圣人：传统意义上指的是才能卓越、品行高洁的人，但由于《弟子规》的内容源自于《论语·学而篇》，因此，这里的圣人普遍被理解为儒家学派的创始人、古时候的大教育家孔子。

④训：教诲、训蒙。

【白话翻译】

《弟子规》是学生要学习的训示规范，它是根据孔圣人关于学生言行方面的教诲编撰而成的。

【鉴赏评议】

《弟子规》开宗明义，寥寥几字提纲挈领地说明了这本书的作用对象、体裁、来源及作用，强调了全书依据至圣先师孔子的相关训诫撰写而成。

全书结构的设置则是参照《论语·学而篇》第六"弟子入则孝，出则悌，谨而信，泛爱众，而亲仁，行有余力，则以学文"，全面讲述学生在为人处世、待人接物以及学习与生活中应当遵循的言行规范。

《弟子规》原名《训蒙文》，作者是清朝的一位秀才，叫李毓秀。李毓秀考进士未中，于是回乡创办私塾以教书为生。后来，他结合自己多年的教书经验以及对儒家典籍的研究，编写出了一本专门用来作为孩子启蒙的书，也就是《训蒙文》。

不过，这本书能够广为流传则得益于另一位清朝的学者——贾存仁，他擅长书法和韵律，为《弟子规》的传播做出了巨大的贡献。《训蒙文》经过贾存仁的修订，被更名为《弟子规》，并开始在许多私塾学堂中流传，它的影响力也就随之扩大，直至成为如今的国学经典之一。

历经三百年的时间检验，《弟子规》依旧鲜活地承担着训蒙、诫行的教育功能，这充分体现了这本书的重要意义，也充分说明了书中所述的规范教诲拥有无比强大的生命力，值得我们潜心品读。

【深度解读】

至乐莫如读书，至要莫如教子

《增广贤文》有云：至乐莫如读书，至要莫如教子。这句话的意思是说，人世间最快乐的事情莫过于读书学习，最重要的事情莫过于教育孩子。可见，古人对于孩子的教育问题是非常重视的。孟子的母亲就曾为了教育好孩子而不厌其烦地三次搬迁住处。

据说，孟子小时候因为父亲早逝，他只能与母亲相依为命。他们母子俩原本住在坟场附近，有一次，孟子的母亲发现孟子居然跟邻居小朋友们一起，学着平时在坟场办丧事的人那样，哭哭啼啼地跪拜，唱念做打地治丧，她皱着眉头说："这个地方不适合我儿子居住！"于是，她带着孟子搬到了一处市集住了下来。

但是没过多久，孟母见到孟子整天嘻嘻哈哈地跟市集上的商人混在一起，学着做生意，她说："这里也不是适合我儿子居住的地方。"因此，她又带着孟子离开了市集，在一个屠宰场附近住了下来。但过了一段时间，孟母发现孟子居然跟屠夫学着杀猪宰羊，她感叹："这里同样不适合我儿子居住。"于是，又搬到了一个新住处。

新的住处位于学堂附近，那里每到初一、十五都有官员进文庙拜谒，相互之间礼貌谦让，孟子见了也学着作揖守礼，遵守礼仪。孟母这才欣慰地说："这儿才是我儿子应该居住的地方！"

这就是著名的"孟母三迁"的故事，故事中的孟母为了让孟子有个好的学习环境，不辞劳苦地三迁其所，可见其对孟子教育的重视。

环境影响固然是孩子教育的重要因素之一，但是"不学诗，无以言；不学礼，无以立"，要教育好孩子终究还是离不开书籍。训蒙书是古时候大部分孩子接受教育的开始，他们在学习训蒙书的过程中初步形成了自己的人生价值观体系，而这个价值观体系往往会伴随他们的一生。

《弟子规》作为广为流传且影响深远的启蒙读物，推崇的是圣人之学，追求的是儒家礼义，这放在当代其实也并不过时。儒家推崇的至圣境界跟现今社会所鼓励的道德的最高层次有着异曲同工之妙，儒家思想中对于礼仪教化的要求其实也正是当前的社会道德所提倡的。因此，我们对待传统国学经典要注意"取其精华，去其糟粕"，要善于借助先辈的经验与智慧，引导孩子爱学习，教育孩子懂道理。

首善为孝，次为谨信

【原典再现】

首①孝②悌③，次④谨⑤信⑥。

【重点注释】

①首：象形文字，本义为头。这里采用的是"首"的引申义，意思是首要、首先。

②孝：即孝顺，孝敬。

③悌：《说文解字》有云："悌，善兄弟也。"其本义是尊敬兄长、友爱弟妹，引申义为兄弟间和睦友好。所谓"入则孝，出则悌"，也就是说在家中要孝顺父母，在外面要敬重兄长。这里的"悌"采用的是其本义，即尊敬、听从兄长，善待、关爱幼弟。

④次：指的是地位上的紧随其后，意为第二、其次。

⑤谨：谨慎。

⑥信：诚信、可靠的意思。

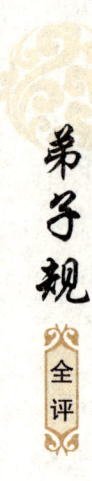

【白话翻译】

首要的就是孝顺、尊敬父母长辈，团结、关爱兄弟姐妹，其次就是谨慎规范言行举止，严格做到诚实守信。

【鉴赏评议】

《弟子规》脱胎于《论语》，它的中心理论自然是儒家思想的集中体现。"首孝悌，次谨信"点出的是《弟子规》的主要内容，亦即它所要宣扬的主题思想：一是孝悌，二是谨信。在"孝悌"方面，它探究的是人与人的关系，包括人要对父母孝、对兄弟悌、对国家忠，这种关系有着相对性和社会性的特点；而在"谨信"方面，它探究的是人与自己的关系，包括言行举止要谨慎有礼，为人处世要诚实守信，这种关系有着绝对性与内省性的特点。

《弟子规》的主要内容体现了中国传统文化中"孝"文化与"信"文化的重要地位。"孝"的基本要义概括了以家庭为单位的社会结构应遵守的秩序伦常，而"信"的丰富内涵则定义了社会群体之间沟通交流的原则准绳。"百善孝为先""人无信不立"等世代相传的名句无一不彰显了"孝""信"文化在中华民族的悠久历史长河中始终根深蒂固的崇高地位。

对于古代的封建统治阶级来说，"孝"文化与"信"文化是其巩固政权的良好工具。因为推广"孝"文化，教化风气，有利于促进家庭和谐，使得人人守孝忠君，进而维护社会的稳定。譬如汉武帝刘彻提倡"以孝治国"，其目的主要还是为施行自己"罢黜百家，独尊儒术"的思想方略服务的。

而推广"信"文化，肃清秩序，则有利于加强道德建设，使得人人守信讲礼，进而推动社会的发展。譬如著名的历史典故"商鞅立木"，为了表现自己推行新法的决心与权威，商鞅巧妙地用一件守信的小事顺利地取信于民，为自己的变法道路奠定了强有力的群众基础。可见，"孝"文化与"信"文化能成为儒家思想的主要构成部分自有其必然的理由。

【深度解读】

孝之至，莫大于尊亲

当今社会不少人感慨：树欲静而风不止，子欲养而亲不待。这种感慨越来越得到人们的共鸣，它背后反映的其实是我们整个社会群体对于当下社会现实的无奈。如今留守儿童、空巢老人、失独父母等群体虽然颇受关注，但其物质生活及精神层面依然存在问题。

不过，无论是在法制建设还是在思想道德建设方面，国家都对"孝"进行了倡导与鼓励，例如新修订的《老年人权益保障法》将"常回家看看"写入法律条文，要求儿女多陪伴、孝顺老人；社会主义道德建设的"家庭美德"建设方面，号召建立父慈子孝、兄友弟恭的和谐家庭等。这些都体现了我们在推崇孝道上的不懈努力。

《孟子·万章上》中说："孝之至，莫大于尊亲。"意思是儿女孝顺至极，莫过于对自己的父母亲人尊敬奉养。这句话跟"子游问孝"的典故有着异曲同工之妙。据《论语·为政篇》记载，孔子的学生子游问孔子："什么是孝？"孔子答道："今之孝者，是谓能养，至于犬马，皆能有养，不敬，何以别乎？"孔子的回答很有些义愤填膺的味道，他说如今所说的孝，指的是能够对父母做到奉养，但是我们对狗与马这样的动物同样也能做到奉养，所以，如果我们对待父母没有做到奉养的同时还报以尊敬，那奉养他们与奉养动物之间有什么区别呢？因此，对于父母，我们要孝，更要敬。

　　孝敬父母不在嘴上，空喊口号的行为是不可取的。有些人喜欢在社交网络上转发一些祝福，比如，转发就能使父母长命百岁之类的文章，或是在父母生日的时候在社交网络上写生日祝福等。这些虽是源自于儿女的拳拳孝心，但是多数父母并不熟悉社交软件，因此这样的祝福父母基本是看不到的。行胜于言，与其花费时间在社交网络上编辑祝福还不如给父母打一个电话，或是买一份小礼物，直接对父母表达自己的关心，让父母第一时间感受到自己的点滴祝福与爱意。

　　在这方面，汉代的韩伯愈堪称孝子典范。

　　有一次，韩伯愈的母亲因为韩伯愈犯了错，便挥着拄棍要对他施行家法，韩伯愈毫无二话地当即跪在地上任由母亲笞打自己的背部，只是打着打着，韩伯愈便哭了起来。母亲纳闷地问："以前每次打你，你都绝不会哭，这次怎么才打几下你就哭哭啼啼的？"韩伯愈伤心地说："因为我能感觉到以前母亲您打在我背上的拄棍很有力，但现在您打在我背上，我都感觉不到疼痛了，想来是因为母亲您年老力衰的缘故，所以我觉得十分难过。"韩伯愈对母亲的"孝"在这体察入微的细心中展现得淋漓尽致。

　　孝敬父母不在比上。尽孝不能盲目攀比，做面子工程以沽名钓誉的行为同样不可取。真正的孝敬要做到持之以恒地在日常生活中关爱父母。正如韩非子所说："家贫则富之，父苦则乐之。"意思是若是家里穷的话就努力赚钱让家境富裕起来，免除父母的生活之忧；若是父母不开心的话就想办法令他们开怀，不让父母整日愁眉紧锁。这样满足父母切实需求的孩子才能算是贤能的孝子，即真正地"解其忧"才算"孝"。

　　当然，孝敬并非要"愚孝"，更不应生搬硬套地重演"二十四孝"。

孝敬父母，也并不是要求孩子唯唯诺诺、毫无主见，而是要尊重父母的意见，同时与父母积极沟通，跟父母表达探讨自己的看法。至于该如何对待中国传统的"孝"文化，"取其精华，去其糟粕"的态度无疑是最可取的。

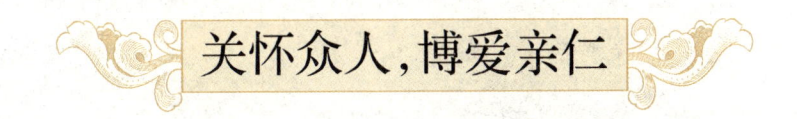

关怀众人，博爱亲仁

【原典再现】

泛①爱②众③，而④亲⑤仁⑥。

【重点注释】

①泛：指程度上的普遍，即广泛。

②爱：关爱、仁爱。

③众：许多人。

④而：用作文言虚词，表并列。

⑤亲：作动词使用，意思是亲近。

⑥仁：用作名词，指的是仁厚有德的人。

【白话翻译】

要广泛施予关爱之心，多关怀众人，多亲近厚德仁义之人。

【鉴赏评议】

如果说"首孝悌，次谨信"是《弟子规》的主要内容的话，那"泛爱众，而亲仁"应该算是《弟子规》的行动纲领了。《弟子规》追求孝悌谨信，要求弟子以宽广博大的仁爱之心关怀众人，以见贤思齐的自省精神亲近仁人。

《弟子规》推崇的"仁"，源于儒家的核心思想"仁、义、礼、智、信、忠、孝、悌、节、恕、勇、让"，孔子说："仁者，爱人。"基于这个定义式的解读，孔子通过回答颜渊、仲弓、司马牛、樊迟、子张等人的"问仁"，全方位地解读了"仁"的丰富内涵。"仁"是"克己复礼"，是"己所不欲，勿施于人"，是"无求生以害仁，有杀身以成仁"。

"仁"在儒家思想体系乃至整个中国封建社会的思想体系中占据着重要的历史地位。孔子曰："能行五者于天下为仁矣。"所谓"五者"，指的是恭、宽、信、敏、惠，即恭敬、宽和、诚信、智敏、仁惠。

孔子进一步指出"恭则不侮，宽则得众，信则人任焉，敏则有功，惠则足以使人"，意思是恭敬待人不易招受侮辱，宽和待人易获众人爱戴，诚信能被予以大任，智敏能建丰功伟业，而广施仁惠则足能驱使他人为己所用。孔子说秉持这"五者"行走世间就是"仁"。

这一条关于"仁"的理念对修身、治国都大有裨益，哪怕放在现代也颇具现实借鉴意义，这其实也正是儒家思想能永葆生机的重要原因之一。

【深度解读】

虽有周亲，不如仁人

《孝经·天子章》中有一句拙朴无华却饱含哲思的话："爱亲者不敢

恶于人，敬亲者不敢慢于人。"意思是关爱自己父母的人不敢跟他人交恶，敬重自己亲人的人不敢怠慢他人。

我们不难想到这句话背后的深意：与他人交恶，自己的父母可能会受到牵连，怠慢他人则自己的亲人可能同样会被慢待。这其实也正是儒家思想中"仁"的体现，是"己所不欲，勿施于人"的仁爱之心。

作为统率中国封建社会思想体系千百年的儒家思想，它倡导的"仁"与萨特"他人即地狱"的观点迥然不同，"仁"强调人与人、人与国、人与社会的密切联系，并认为"仁人志士"往往能将自我价值与社会价值完美结合、高度统一。如《论语》"雍也"篇中的"夫仁者，己欲立而立人，己欲达而达人"，即自己想要做出一番成就也协助他人做出一番成就，自己想要济世显达也提携他人济世显达，既成就自己也助力他人，这就是"仁"所追求的精神境界。

据说，商汤就是这么一位仁人义士，他劝诫猎人们在捕猎时布网设陷只封死三面，留一条生路给猎物，后来人们称这样的陷阱为"仁人网"，这显然正是儒家思想中"仁"的体现。

清朝康熙年间，在京城做官的张英收到了安徽桐城老家寄来的家书，说是家里与邻居叶氏因为宅院界线的事争吵不休，于是请在京城做尚书的张英主持公道。张英看完信后，当即给家人回复了一首诗，诗中写道：千里修书只为墙，让他三尺又何妨。万里长城今犹在，不见当年秦始皇。

家人见到回信中的诗后，深感羞愧，立即叫人拆了自己宅院的外墙，让出了三尺的墙界。而邻居叶氏听说了这件事之后大为感动，立刻请人也拆了外墙，同样让出了三尺的墙界。于是两家之间有了六尺宽的巷道，这就是"六尺巷"的由来。这种守望相助、共建和谐的状态就是"仁"的完美体现。

有时候，自我价值与社会价值二者难以实现和谐统一，面对这样的选择题，"仁"往往鼓励人们牺牲自我价值来成就社会价值，这一点从《论语》的"杀身成仁"、《孟子》的"舍生取义"中不难看出。历史上为此献身的"仁人义士"不少，从刺杀赵襄子的豫让，到以身殉国的文天祥，他们无一不是用生命的悲歌演绎了响彻千古的绝唱。

文天祥在战败被俘后，多次拒绝元朝的招降，并最终为心中的仁义志节从容赴死。他在绝笔诗中写道："孔曰成仁，孟曰取义，唯其义尽，所以仁至。读圣贤书，所学何事？而今而后，庶几无愧。"这首诗道出了无数"仁人义士"愿意为之赴死的"仁"之热望：岂能尽如人意？但求无愧于心。

行有余力，则以学文

【原典再现】

有①余②力③，则④学⑤文⑥。

【重点注释】

①有：表示存在、拥有。

②余：剩余、多余。

③力：作名词使用，指的是力量、精力。

④则：作连词使用，表顺承关系。

⑤学：指学习知识。

⑥文：文章，知识。

【白话翻译】

有空余的时间及精力，就去学习知识。

【鉴赏评议】

"有余力，则学文"体现了《弟子规》对学习的重视。它强调只要有空余的时间与精力就应该用来学习，这既对学习的重要性给予了肯定，又对学习的方法提出了指导。

诸葛亮曾说："非学无以广才，非志无以成学。"学习能够增长见闻、增进才干，学习可以启迪心智、教化人心，学习的功用性注定了它的重要性非同一般。

也正是因为如此，作为训蒙文的《弟子规》强调了学习的重要性。既然知道重要，那该如何去更好地学习呢？《弟子规》随后就对这个问题进行了解答：有余力，则学文。只要有空余的时间和精力，就应该花在学习上，也就是说，要充分利用每一刻的空暇时间来进行学习。

学习是一个长期的过程，古人从接受启蒙教育开始接触书本知识，有的或许只为认几个字，但大部分人还是抱持着"学而优则仕"的想法，试图通过科举入仕的道路成就一介书生的最高人生理想——学成文武艺，货与帝王家。对这样的人而言，学习是伴随其终生的事业。

所以，《弟子规》对如何学习做了一番指导：首先是要端正学习的态度，要以敬畏之心尊重知识，以渴求之心学习知识，以机变之心运用知识；其次要讲究学习的方法，要抓紧时间去学习，要耐心细致地学习，要孜孜不倦地学习。

学不可以已，《弟子规》在学习方面提出的要求对加强学生学习极具指导意义。

【深度解读】

苦渴无日，当以三余

《弟子规》提出：有余力，则学文，意思是有空余的时间与精力就要去加强学习。很多人对此大感不解：那怎样才算有余力？对于这个问题，三国时期的魏国人董遇用自己的实际行动给出了答案。

据说，董遇是个性格内向、热爱学习的人。东汉献帝时期，关中大乱，为了维持生计，董遇跟自己的哥哥采集野生稻挑着小担贩卖。董遇往往都会随身带着书，一有空就拿出来习读，董遇的哥哥笑他，他也依然坚持着这个习惯。董遇对《老子》很有研究，还为《老子》作了相关训诂考证并注释；他研读《左氏传》也很有心得，还专门为那本书写了一本《朱墨别异》。

有人提出想跟着董遇读书，董遇不同意，他对那人说："你去将书读上百遍，你自己就可以领悟到其中的道理了。"那人接着说："虽是如此，但可叹的是我没有那么多的时间啊！"董遇说："你只要充分利用'三余'的时间来读就可以了。""是哪'三余'？"那人又问道。董遇答："一年之余的冬天，一日之余的晚上，忙时之余的雨天。"意思是充分抓住非农忙时节的冬天、每一天的晚上以及不能出门的下雨天的时间来读书，这样就能有足够的时间学习了,这其实也正是《弟子规》所说的"余力"。

这种"苦渴无日,当以三余"的学习精神跟如今现代化的时间管理观念不谋而合。现代化的时间管理观念强调充分利用碎片化的时间,这一观念体现在学习上就是利用所有能利用的时间间隙来进行学习。如公交地铁上、午间休息时、下班回家后等,这些碎片化的时间整合起来就是极其富余的时间资源,将这些时间资源都用来学习,长期积累下来定会有所进益。当然,要持之以恒地做到这一点也并不容易,它需要对学习有着不竭的动力和永不放弃的精神。

兴趣是最好的老师,只有对学习始终保有兴趣才会有动力在"三余"时间里不断学习。

西汉时期,有个人叫匡衡,他就是一个对学习有着极大兴趣的人。匡衡家中贫困,买不起灯油,所以每天到了晚上都没办法读书,对此他很是苦恼。

后来,他想到了一个办法,他用工具在自家墙壁上凿出了一个小洞,这样每到了晚上,隔壁邻居家的光就能透过墙上的洞照进他的房间,而他也能借着这微弱的光继续读书。勤奋好学的匡衡后来成为了有名的经学家,并当上了丞相。

《论语》中说"朝闻道,夕死可矣",意思是早上领悟了做人做事的道理,哪怕晚上死去都没有遗憾了。由此可见,学习永远不嫌迟,只要有不放弃学习的精神,总会在学习中有所收获。

春秋时期晋国的大夫师旷,一生下来就没有眼睛,但是他的听觉非常灵敏,是当时有名的乐师。

有一次,晋国的国君晋平公问他:"我现在七十岁了,想要学习,只是恐怕已经太晚了。"师旷回答说:"为什么不点上油烛呢?"晋平公有点不高兴："难道你这臣子是在戏弄寡人吗？"师旷说："我这盲眼的臣子哪里敢戏弄君主您呢？我是听说'年少的时期热爱学习，就像刚刚升起的太阳一样；中年的时期热爱学习，就像正午高照的阳光一样；年老的时期热爱学习，就像举着油烛的光明一样'，行走在一片黑暗中怎么比得上有油烛的光明呢？"晋平公恍然大悟，直呼师旷说得对极了。

可见，无论什么时候都是开始学习的好时机，只要有心向学，一旦"有余力"便加强学习，那学习知识就永远都来得及。

第二章　入则孝

父母亲喜欢的东西，尽力去为他们打点；父母亲不喜欢的东西，尽量去加以摒除。顺从父母的意见，尊重父母的想法，具体问题具体分析的"无违"，才是真正的尽孝。无论父母对我们是喜爱还是厌恶，我们都应该不忘父母的养育之恩，报答父母的栽培之情。不要因为父母的态度而改变自己尽孝的行为。

父母之命，切勿拖延

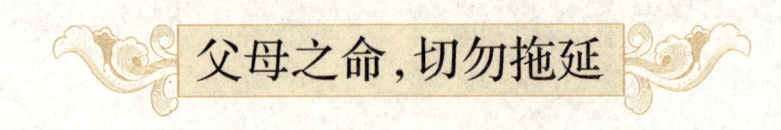

【原典再现】

父母呼①，应②勿③缓④。父母命⑤，行⑥勿懒⑦。

【重点注释】

①呼：《说文解字》指出"呼，外息也"，因此其本意为通过嘴部向外送出气息，后来引申为呼喊、呼叫、召唤。这里的"呼"运用的就是其引申义，即呼唤。

②应：应该、应当。

③勿：多表否定，含劝阻之意。

④缓：迟缓、缓慢。

⑤命：命令。

⑥行：象形字，本义为纵横交错的小路，指代的是道路。后引申为行走、行动等词义。这里的"行"指的是其引申义，即行走、行动。

⑦懒：懒怠。

【白话翻译】

父母呼喊，应当立即回应，不要拖拉延缓；父母吩咐，应该当即行动，不要推搪懒散。

【鉴赏评议】

　　《弟子规》注重孝悌之义，但却并不只是泛泛而谈地喊口号，而是切实地提出了具体要求，这对于学生而言是极其有益且十分重要的。因为作为训蒙文，如果只是假大空地讲道理，而不提出具体的实践要求，那对于年幼的学生来说毫无指导意义。

　　因此，《弟子规》将如何在日常生活中孝敬父母以及行为举止应有的规范详细地列出来了，这种落实到细节的指导要求具有很强的针对性，对学生理解并实践孝悌之义有很大的帮助。

　　《弟子规》要求学生对父母长辈尊敬爱戴，不能敷衍违逆。父母呼喊召唤要即时回应，不能听而不闻、故意无视以逃避面对父母；父母嘱咐命令要立即行动，不能找借口推脱，想方设法懒怠或消极应对，那些都是不孝顺、不礼貌的表现。

　　如今许多孩子被父母长辈娇惯溺爱，养成了无礼懒怠的性格，这对于孩子的成长是相当不利的。其实，耐心听取父母的意见、尽力满足父母的需要不仅是中华民族传统孝悌文化的要求，也是孩子成长教育过程中性格培养、素质养成的重要一课。

　　父母要通过言传身教、悉心指导等方式纠正孩子的不礼貌行为，引导孩子关爱老人、关心父母，鼓励孩子力所能及地帮助父母解决问题，这样一方面有利于塑造孩子的孝悌观念，另一方面有助于提高孩子解决问题的能力，对孩子的健康成长大有裨益。

【深度解读】

简则慈孝不接，狎则怠慢生焉

"父子之严，不可以狎；骨肉之爱，不可以简。简则慈孝不接，狎则怠慢生焉。"这是《颜氏家训》中的一句话，整句话的意思是说，父母与孩子之间的关系要严肃，不能过于亲昵；父母对孩子也要关爱，不能太过懈怠。懈怠会让父母与孩子之间的关系疏远，父母对孩子不够关心慈爱，孩子对父母也难以孝顺尊敬；而亲昵太过则容易让孩子产生怠慢无礼之心，从而对父母自然也难有尊敬之情。

所以，父母教育孩子，重不得、轻不得、远不得、近不得，要把握好度。而孩子对父母，也是同样的道理，不能亲密到没有尊敬之心，也不能疏远到毫无爱戴之情。

北宋时期，著名的理学家程颢与程颐的母亲，对他们两兄弟管教得十分严格。他们兄弟俩刚刚开始蹒跚学步的时候，经常会走不稳摔倒在地，这时他们的奶娘就会跑上去想扶他们起来，程母看到后勒令奶娘不许去扶，并对他们二人说："你们刚刚才学会走路，慢慢走，就不会摔跤了。"

程颢、程颐两兄弟还跟许多小孩子一样，喜欢挑食，他们的奶娘也会随着二人的喜好给他们布菜。程母知道后阻止奶娘继续这么做，说："小孩子太过惯溺，会让他从此养成任性的毛病。小的时候挑三拣四，长大了后又会怎样？"程母在严格要求的同时还跟孩子说清楚道理，所以程颢、程颐都明白母亲的苦心,养成了良好的习惯。可见,父母对孩子不能太过狎昵,要宽和关爱,也要严格教育。

总之,教育孩子要张弛有度,既要让孩子感受到来自父母的关爱,也要让孩子在日常生活中领悟到做人做事的道理。父母一味地溺爱只会放纵孩子养成骄纵的性格,但过度的棍棒教育也只会令孩子惧怕父母,与父母疏远离心。被过于严苛对待的孩子表面上会一时妥协顺从,但心底里却会排斥父母所讲的道理。

因此,教育孩子要在恰当的时机,运用易于被接受的方法去纠正孩子的不当行为,鼓励孩子的正确做法,引导孩子养成良好的学习和生活习惯,这才是对孩子真正的爱。

教诲责备,敬听顺承

【原典再现】

父母教①,须②敬③听④。父母责⑤,须顺⑥承⑦。

【重点注释】

①教:作动词使用,意思是教导、教育。

②须:应该、应当。

③敬:恭敬。

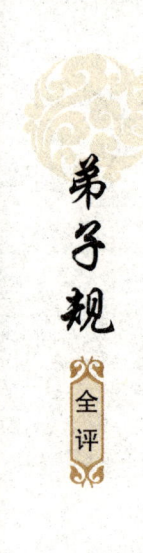

④听：聆听、听从。

⑤责：叱责、责罚。

⑥顺：听从、顺从。

⑦承：接受、侍奉。

【白话翻译】

父母的教诲应当恭敬地听从，父母的责备应该顺从地承受。

【鉴赏评议】

"父母教，须敬听。父母责，须顺承。"这是《弟子规》针对如何尊敬父母所提出的更为具体的要求。它指出：父母教育孩子，孩子要恭敬地听从；父母责骂孩子，孩子要顺从地承受。

从某一个层面上来说，这种说法确实符合尊敬父母的要求，它也是中国封建社会儒家思想体系中孝悌文化的应有之义，但是，如果将其直接应用到当下的现实家庭之中却并不恰当。

据科学研究显示，婴儿自九个月开始就能够区分出高兴、悲伤、生气等不同表情所代表的情绪。也就是说，作为一个独立的个体，孩子拥有自己的思想。所以作为父母，不应该强制地要求孩子必须如《弟子规》中所说的"打不还手，骂不还口"，那并不符合社会实际，也不利于孩子的健康成长。

孩子要孝顺，但不能愚孝；父母要教导，但不应强制。父母与孩子之间要建立和谐的关系，父母一定要多与孩子讲道理，少对孩子用暴力，同时还要注意多以自己良好的行为影响孩子。至于孩子，则要学会尊敬父母、孝顺父母，多听取父母的意见，多尊重父母的想法。这样父母慈爱，孩子孝顺，上慈下孝，就会形成一种和谐的家庭关系。

【深度解读】

小棰则待过，大杖则逃走

"小棰则待过，大杖则逃走"是出自于《孔子家语》里的一句话，意思是父母小小的责骂捶打，孩子应该承受，但大的棍棒杖罚则应该躲逃。这是面对父母责打时应有的态度。小捶打承受，是对父母的尊敬；大杖罚逃走，同样是出于对父母的爱护。这句话背后还流传着这么一个故事：

据说，曾子是有名的孝子。有一次，曾子在跟随父亲耕种瓜苗的时候，不小心把瓜苗的根给弄断了。曾子的父亲非常生气，当场拿起木棍，狠狠地打在曾子的背上。曾子默默地趴伏在地上，最后被打得昏迷了过去，好久才慢慢苏醒过来。

曾子苏醒以后，第一时间先问了自己父亲的情况，他担心父亲因为急火攻心杖打他而身体受到损害。在得知父亲没事之后，他立即起身弹琴唱歌，想让自己的父亲知道自己身体没事，以让他安心。孔子听说了这件事后，对他的学生说："如果曾子前来拜访，你们要拦着他，别让他进来。"

后来，曾子去拜访孔子的时候，他的学生果然将其拦在门外。曾子于是请人去询问孔子不让自己进门的原因。孔子对前来询问的人讲了一个典故，并让他转告给曾子。

孔子说，华夏民族的先祖舜，他的父亲是瞽叟———一个眼盲的人。舜出生后母亲就死了，瞽叟又娶了一位女子，这位女子成了舜的后母。后来，他的后母又生下了一个儿子，也就是舜同父异母的弟弟象。自从象出生后，瞽叟、后母及象都对舜很不好，瞽叟甚至经常拿着棍棒杖责舜。长久下来，如果只是小小的杖责，舜一般都不会躲逃，但假如瞽叟打得非常重，那舜就会逃走，然后等他的父亲消气了以后再回来，一家人还是照常相处。

孔子批评曾子说，面对父亲气头上的愤怒暴打，曾子不逃跑，而是直接承受，那假如曾子最后因此而丧命的话，就会让他的父亲背上不慈不义的骂名，这不是为人子女最大的不孝吗？

那个人将孔子的话转告给了曾子，曾子听后茅塞顿开。此后，曾子也效仿舜的做法，要是父母只是小小的杖打，那曾子就顺从地承受；假如父母非常愤怒，下手忘记了轻重，那曾子就躲藏逃跑。从这个故事中不难看出，孔子是反对愚孝的。

"父母责，须顺承"固然有道理，但显然作为儒家文化创始人的孔子并不提倡愚孝。孔子不认同曾子无论轻重都默默承受父母责难的做法，可见，在孔子的眼中，"孝"也是有所为有所不为的。所以，父母的教诲与责罚，儿女要尊重、听从，但也不能墨守成规地愚孝。

曾子曾经这样评说过"孝"的三层境界：大孝尊亲，其次不辱，其下奉养。意思是孝敬父母的最高境界是尊敬父母，其次是不侮辱父母，再次是奉养父母。也就是说，奉养父母是"孝"的最低要求，而打心底里尊敬父母才是"孝"的最高境界。

嘘寒问暖，早晚问候

【原典再现】

冬①则温②，夏③则凊④。晨⑤则省⑥，昏则定。

【重点注释】

①冬：寒冷的冬天。

②温：作动词使用，让人感到温暖。

③夏：夏天。

④凊：一般理解为清凉，作动词使用时解释为"使其感觉清凉"。这里的"凊"意思是让人感到清凉。

⑤晨：指早上、清晨。

⑥省：在古代汉语中，"省"的本义为察看、视察，它的引申义有检查、领悟、明白、探望等。这里的"省"指的是问候、探视。

【白话翻译】

冬天寒冷的时候要让父母感受到温暖，夏天炎热的时候要让父母感觉到清凉。早上出门前要问候父母，晚上回家后要告知父母，早晚问候探视以让父母安心。

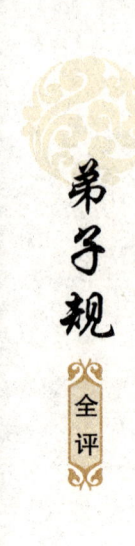

【鉴赏评议】

"冬温夏凊，晨昏定省"，这是《弟子规》就日常生活中孩子应该如何关爱父母所提出的具体要求。"冬温夏凊"的实质其实是要求孩子在物质上对父母有所关怀，对父母尽到子女的赡养义务；而"晨昏定省"则是要求孩子在精神上对父母有所关爱。

父母对孩子总是时刻牵挂的，所以为人子女者应该多照顾、体贴自己的父母，多与父母交流，多对父母嘘寒问暖，让父母能感觉到子女对自己的重视，从而使其心灵上得到满足，进而衍生出精神上的愉悦感与幸福感。这不仅是一种人伦上的需要，也是一种情感上的诉求。基于血缘关系上的父母与子女，不该单单只是生与养的关系，这二者之间还应包括更深层次的情感内涵。

鸦有反哺之情，羊有跪乳之恩。为人子女者要学会感恩，不能因为对象是自己的父母，就将他们的付出视为理所应当。

实际上，《弟子规》所提出的"冬温夏凊，晨昏定省"同样具有现代意义。现在的孩子被娇惯得只思索取，不愿回报，很容易使孩子养成自私狭隘的性格。虽说父母之爱不为报，但在以家庭为细胞构成的中国社会，倘若家庭中失去了父慈子孝的亲情纽带，那这些细胞就会破裂失联，最终必然会给以家庭为基本单位的社会结构造成重大的冲击。

因此，正如《弟子规》中所言，孩子对父母、对长辈、对国家、对社会都应抱有一种感恩的心态，也只有在这样的人伦关怀下，我们中华民族的传统美德才能继续发扬光大，我们每一个人的生活也才会更美好。

【深度解读】

冬温而夏清，昏定而晨省

《礼记·曲礼上》中说道："凡为人子之礼，冬温而夏清，昏定而晨省。"这句话的意思是说，为人子女要做好冬温夏清、晨昏定省的礼节。其实也就是倡导孩子多尊重父母、关心父母，不能因为生活烦琐而忽略了对父母的照顾。实际上，这句话的背后还流传着两个著名的典故。

所谓"冬温而夏清"指的是黄香扇枕温衾的故事。据说汉代的时候，有一个孝子叫黄香，他的母亲很早就过世了。当时年仅九岁的他就非常孝顺，对自己的父亲充满了孺慕之情，邻居村民们都对他的孝行赞叹不已。

黄香体贴入微，每到夏天的时候，他担心自己的父亲为炎热所苦，于是每天傍晚在父亲入睡之前，先用扇子扇凉父亲的枕头和竹席，让父亲能够睡在清凉又舒适的枕席上；而到了冬天，黄香每天都会事先钻进他父亲的被窝，用自己的体温给他的父亲暖被子，这样一来，他的父亲就能睡上温热暖和的被窝，就不会感觉到寒冷了。

当地的太守听说了这件事之后大感惊异，他对黄香的孝行进行了表彰。后来"天下无双，江夏黄香"的美名便慢慢传播开来。

至于"晨昏定省"这一典故，它讲述的是孔子的弟子——曾子的故事。这个故事出自于汉代一位叫陆贾的人，他将这则故事记录在他的著作《新语》上。故事是这么说的：

相传曾子对自己的父母非常孝敬爱戴。每天早上，曾子都要跟父母问安，出门之前先告知父母自己的行踪，傍晚回来以后也要第一时间向

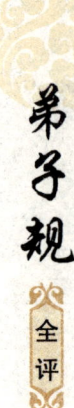

父母禀报自己已返回家中。他每天都对父母嘘寒问暖，还及时关注四季气候的变化为父母增减衣裳，让自己的父母喝肉粥睡衽席，无微不至地在生活中照顾父母、关爱父母。有感于他的孝行，陆贾便将这一故事记录了下来，而曾子高尚的德行和孝名也逐渐被后世传扬开来。

这两个典故具体地列举了为人子女者应当如何秉承"冬温夏凊，晨昏定省"的礼节。这对于我们当今社会的儿童教育同样有着一定的指导意义。

当然，并不是说我们就要生搬硬套地学习古人，去扇枕温衾，去晨昏定省，而是要抓住这两个典故背后所提倡的"孝"的本质，即多关心父母，随时告知父母自己的行踪，让他们安心，也让他们知道自己对他们的关爱，努力做到用自己的一言一行向其传达为人子女者对他们的尊敬和关怀。

出反必告，居业无变

【原典再现】

出①必②告③，反④必面⑤。居⑥有常⑦，业⑧无变。

【重点注释】

①出：出去、出门。

②必：其本义为标杆。这里指的是一定、必须。

③告：其本义为献祭时的祷告，后引申为汇报、报告。这里的"告"意思是告知、告诉。

④反：同"返"，返回。

⑤面：其本义为脸，后引申为面向、当面、方面等释义。这里的"面"指的是面见、当面问候。

⑥居：居住的地方。

⑦常：指的是固定的、长久的。

⑧业：指的是事业、职业。

【白话翻译】

出门一定要告知父母，归家一定要禀报父母。居住的地方要安定下来，工作的地方不要经常变动。

【鉴赏评议】

"出必告，反必面。居有常，业无变"，是《弟子规》提出的又一日常生活中为人子女者需要注意的生活细节。"出必告，反必面"，虽然看起来烦琐，但其实这样的要求只是为了让父母随时了解自己的行踪，让父母安心。而"居有常，业无变"，则是号召为人子女者要时常陪伴在父母身边，工作、居住的地方不要离父母太远。因为儿女居无定所、四处漂泊会让父母牵挂担心。

《论语·里仁》中说道：父母在，不远游，游必有方。意思是说若家中有父母，那儿女一定不能去远方，即使迫不得已一定要去远方，那也一定要有不得不去的理由并且要将这个理由解释给父母听，以期获得父母的理解。

"父母在，不远游"是古代人对子女朴素的要求和期盼，因为在交通和通讯非常不发达的古代，如果儿女远游那可能三年五载都很难联络和有消息。古代远距离沟通只能通过书信实现，而书信往往要经过一层层的驿站来传达，耗费时间不说，私人信件有时甚至会因为不完善的通信制度在传递过程中被遗失。因此，那时的远游就代表着相隔天涯海角。而家中父母一般都年事已高、身患病痛，甚至可能会突然遭逢不测，如果没有儿女在身边，父母会非常无助又可怜的。

所以，儒家思想倡导父母健在，儿女不远游，即便不得不远游，也一定要及时告知父母，随时汇报行踪，免得父母牵挂，这是很有道理的。

【深度解读】

父母在，不远游

"父母在，不远游"是孔子在《论语》中提出的，这句话表达了一种父母希望子女常伴身边的朴素愿望。我国古代对于"孝"的定义和标准有很多，但能够时常陪伴在父母身边、侍奉父母这一条一定是衡量孝的首要原则之一。历史上也出现了不少为了陪伴在父母身边而放弃远方高官厚禄和荣华富贵的孝子。

传说中铁面无私的"包青天"包拯，年少时就颇有孝名。据说包拯28岁就高中进士，当时被安排在大理寺工作，后来皇帝让包拯到江西任知县。按照那时的传统，官员到外地做官，官员的父母一般都会跟随着一同赴任。但包拯的父母年事已高，再加上故土难离，他们不愿意远离家乡随包拯到江西去。所以，包拯那时面临着两个选择：一是自己单独去江西赴任为官，二是留在父母身边，放弃这次做官的机会。

当时的包拯选择了后者，他放弃了这次做官的机会，选择留在父母身边陪伴他们。很多年以后，包拯的父母相继过世，包拯在无数乡邻的劝说之下，才重新入仕为官。

另一个故事的主人公身份有些特别，但不能否认的是他同样是一个因为父母健在而不敢远游的孝子。这个故事被记录在《史记》的"刺客列传"当中。据说战国时期有一个名叫聂政的人，因为杀了人就带着自己的母亲与姐姐远逃到了现在的河南济源市避祸。为了维持生计，他在市集做屠夫，以杀狗卖狗肉为生。

大臣严遂在周游列国的时候偶然间听说了他的仗义名声，于是，他带着百两黄金找上门来。严遂将黄金奉上，说是要给聂政的母亲贺寿。聂政见到严遂丰厚的贺礼后大为吃惊，连忙推辞拒绝。严遂坚决让他收下，并跟他说自己与当时的国相韩傀结了仇，听说了聂政是个仗义之人后，希望与他结交，并请求聂政帮自己刺杀韩傀。

聂政说："我之所以甘愿在市井里生活，就是因为我要奉养我的母亲，如今我的母亲还健在，我不敢轻易冒险，怕丢掉自己的性命后母亲无人奉养。"他最终没收黄金，严遂也没有因此而生气，依旧礼数周全地告别离去了。

后来，聂政的母亲过世了，聂政守孝三年后，想起了严遂对自己的信任与重托，他决定去刺杀韩傀以报严遂的知遇之恩，最后他虽然成功刺杀了韩傀，但自己也最终丧命了。

可见，不论是官员还是刺客，他们都坚守着"父母在，不远游"这一原则，这其实正是"孝"在不同阶层的体现，同时也充分说明了不同阶层对于"孝"的一致认同。更为重要的是他们不仅在心理上认同"父

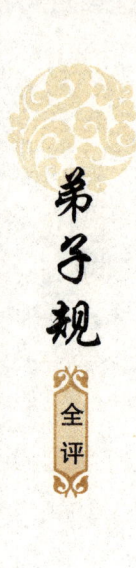

母在，不远游"，还在实际行动上积极地去做好这一要求，用一个子女的切实行动向自己的父母诠释了"陪伴是最长情的告白"。

事虽微小，勿擅为之

【原典再现】

事①虽②小③，勿擅④为⑤。苟⑥擅为，子⑦道⑧亏⑨。

【重点注释】

①事：其本义为职位，后引申为事务、事情，作动词使用时，表示从事、侍奉、任用。这里的"事"指的是事情、事务。

②虽：纵使、即便。

③小：细微。

④擅：指的是擅自。

⑤为：行为、行动、作为。

⑥苟：用作连词，意思是假如。

⑦子：指的是儿女。

⑧道：指事物的道理。

⑨亏：其本义为气血亏损，后引申为损失、欠缺、减损等释义。这里的"亏"指的是亏损。

【白话翻译】

事务纵然细微，也不能擅自行动做主。如果擅自行动做主，那就对为人子女的道义有所损害。

【鉴赏评议】

"事虽小，勿擅为。苟擅为，子道亏。"这是《弟子规》在要求儿女尊重父母意见方面提出的要求。虽然它要求哪怕是再琐碎的事情都要跟父母汇报，但从理解的层面上来说，我们应该把它视为一种强调的态度，而不是具体的实践方法。

也就是说，我们不能刻板地以为，这就是要求我们事无巨细都要跟父母禀报，毕竟这落实到具体实践上有一定的困难。其实，这句话更强调的是一种为人子女的态度以及听从父母意见、尊重父母想法的倡议。

古代子女对于父母长辈的看法是极其重视的，尤其是对各种人生大事的决定，比如"父母之命，媒妁之言"决定古代男女的婚事，再如"堂上双亲你不敬，远庙拜佛有何功"甚至将父母双亲的作用跟神佛类比起来，可见父母的意见在古人心目中的重要影响。

《弟子规》强调儿女要高度尊重父母的意见，这其实也正是当今社会所需要注意的道德伦理问题。老年人得不到应有的奉养和尊重，那必然不能称其为和谐健康的社会状态。

因此，对待父母，摆正态度十分重要：要尊敬而有礼，但又不冷漠疏离；要关心且爱戴，却又不过于亲密狎昵。这才是为人子女应有的本分，也只有这样，才能圆满尽到为人子女的孝道。

【深度解读】

勿以恶小而为之，勿以善小而不为

《弟子规》强调我们要尊重父母的意见，听从父母的指导。这其实是为人父母者希望用自己的人生经验避免儿女走弯路，所以对于父母的意见，我们不要武断地一味拒绝，而是要审慎地加以考虑。我国历史上就有不听从父母的劝诫而最终亡国的例子。

三国的刘备在自己临终前将儿子刘禅托孤给了股肱之臣诸葛亮，他还对儿子刘禅吩咐了一句话："勿以恶小而为之，勿以善小而不为。惟贤惟德，能服于人。"意思是劝导刘禅以后不要因为是小事就放纵自己作恶，也不要因为是小事而去纵容自己不存良善之心，只有让自己贤德，别人才会臣服自己。

可惜的是，刘备的谆谆教导并没有让刘禅真正听到心里去。起初，刘禅的确是按照刘备所说的那样去做的，他严格要求自己，遇事多听从诸葛亮的意见。但是诸葛亮死后，刘禅便在宦官奸臣的挑唆下，开始放松了对自己的要求，并最终导致了蜀国的覆灭，他自己也成了俘虏。

刘禅走向末路正是因为他不听自己父亲的劝阻，一意孤行，最终让自己的父亲和诸葛亮苦心孤诣经营的天府之国衰败破灭。如果刘禅能够遵从父亲的训示，在诸葛亮死后也依旧不放松对自己的要求，那即便他没有卓越的才能将蜀国经营得更加繁荣昌盛，那至少也能成为一个守成之君。可见，很多时候多听听父母的意见是很有益处的。

"勿以恶小而为之，勿以善小而不为"，刘备说的这句话其实是非常有哲理的，它劝导人们一心向善，指引人们处理事情要以善为原则，而不是以事情的大小来作为行善还是作恶的标准。

人贵有原则。像孔子最引以为傲的弟子——颜回，他的一生就始终坚守着这样一条原则：非礼勿视，非礼勿听，非礼勿言，非礼勿动。他真真切切地做到了终生以"礼"为标准来严格要求自己，所以，他的这种坚守自己原则的行为多次受到了他的老师孔子的称赞。

大多数人为人处事虽然都有自己相应的行为准则，但是能一生都坚持自己原则的人却不多。这其实也正体现了坚守原则的可贵。而单就行善而言，我们应该抱持着这样一种信念，那就是哪怕是小恶也不做，即便是小善，也愿意去完成。坚持行善，哪怕是小善，最后也会积累成一种大善。

因此，"勿以恶小而为之，勿以善小而不为"需要我们坚持自己的原则，即便遭遇威逼利诱也不应该妥协。同时，我们应该将行善纳入到自己为人处世的原则当中去，为善行则得善果。

物虽微小，勿私藏之

【原典再现】

物①虽小，勿私②藏③。苟私藏，亲④心⑤伤⑥。

【重点注释】

①物：指东西。

②私：私自、偷偷地。

③藏：其本义为将粮食收起来，后引申为隐藏、收藏。这里的"藏"指的是隐藏、藏匿。

④亲：指父母。

⑤心：其本义指的是人的心脏，后引申为心情、中心等释。这里的"心"意思是心中、心情。

⑥伤：悲伤、难过。

【白话翻译】

东西纵然很小，但也不能私自藏匿，如果私自藏匿了，会让父母心中感到悲伤、难过。

【鉴赏评议】

"物虽小，勿私藏。苟私藏，亲心伤。"这是《弟子规》围绕为人子女的日常品行所提出来的要求。这句话其实可以从两个层面来解读：一是从尊重父母的层面来理解，它要求子女在父母面前不该有所隐藏，哪怕是再小的东西都应该让父母知晓；二是从恪守品行的层面来理解，它要求即使是再小的东西，也不能够偷偷藏匿，如果藏匿，那便是品行不够良好的表现。

也就是说，如果有子女违背了这句话私自藏匿，那就在两个层面上都违背了儒家学派所倡导的"仁"的思想。一方面是不尊重父母，没有达到"孝"的标准；另一方面是为人不够磊落，没有达到"信"的标准。倘若身处封建社会，那这个人无论是在家庭还是在社会都很难得到认同了。

当然，即便是现代社会也不提倡这样的私藏行为，父母与子女之间有着浓厚的血脉亲情，没有必要因为蝇头小利而与父母产生嫌隙。私藏不仅于孝道有亏，更不利于个人声名，因此，我们为人要坦荡。

【深度解读】

为人要坦荡

《弟子规》警示世人：为人要坦荡。所谓坦荡就是不能有小偷小摸的行为，更不能为了蝇头小利，而违背做人的原则，做出不道德的事，那样不仅会有碍自己的品行，也会让父母感到伤心。

公仪休曾经是鲁国的博士，他才华横溢，后来被任命为鲁国的国相。公仪休为人处世一直谨遵法度，因循事理，坚持自己的原则。文武百官见了，也都以公仪休为榜样，坚持原则，秉公做事。

有一次，一个人听说公仪休喜欢吃鱼，于是他带来了鱼要送给公仪休，公仪休坚决不接受。这个人很奇怪地问："明明听说您喜欢吃鱼啊，可是我送鱼给您，您为什么不接受呢？"公仪休说："就是因为我喜欢吃鱼，才不能够接受啊！如今我身为鲁国的国相，大可以用自己的薪水给自己买鱼吃，完全能够自给自足。但如果我今天收了你的鱼，然后被罢免官职，那我就没有了薪水，不能再给自己买鱼吃了，况且，失去了官职之后，还有谁会给我送鱼呢？所以，这鱼我绝对不能够接受。"这种坚持原则的行为其实也正是为官者清正廉洁的应有之义。

所谓"使食禄者不得与下民争利，受大者不得取小"，意思是说拿俸禄的人不能与老百姓争夺利益，得到了大的利益的人不该再去贪图小便宜，这是做人的基本原则。

东晋时有名的贤德官员陶侃就是一个坚持原则的人。陶侃从小就特别勤奋，为人也孝顺。长大后，他成为掌管渔业的一方官吏。

有一次，陶侃托人带了一坛咸鱼送回老家给他的母亲，但没有料到的是他母亲却将这坛咸鱼原封不动地让人送还了回去。陶侃的母亲还给陶侃寄去了一封信，她在信中写道：你是为国家做事的官员，应该为国家、为百姓谋福祉，怎么能利用自己的职务之便趁机侵占百姓的利益、谋夺国家的东西来作为礼物孝敬给自己的母亲呢？虽然这份礼物不过是小小的一坛咸鱼，但这样的行为同样是违背为官须清廉的原则的，这一小小行为已经足以让你背负不廉洁的名声了。

陶侃看完信以后，有了深刻的感悟，他更加明晰了自己作为一方官员的责任和义务。自此以后，他更加严格地要求自己，以勤政爱民为己任，绝不贪取百姓的丝毫利益，后来终于成为名留青史的清官。

可见，无论是公仪休还是陶侃，他们都能够坚持自己的原则，抛去小利，坚持大义，不让小恩小惠玷污自己的高洁品行，这样的官员才会被百姓称赞，这样的人才能获得他人的信任。

郑板桥在山东做知府的时候，曾大笔挥就了这样一首诗：衙斋卧听萧萧竹，疑是民间疾苦声。些小吾曹州县吏，一枝一叶总关情。他有着深刻的自我认知，清楚地知道哪怕是小官小吏也要关心百姓疾苦，而不应去与民争利。为官就要为民做主，做人就要坚守底线。如果不能坚持做人的原则，那很容易就会走向贪污堕落的深渊，到那时不仅会毁灭自己的一生，还会连累自己的家人背负不好的名声。

所以，哪怕在一件小事上，每一个人都要杜绝欲望的诱惑，不被糖衣炮弹所侵蚀，坚持自己的原则，恪守做人的底线。这是所有人需要努力去做到的，也是所有有原则的人需要去坚持的。

顺从父母，真正尽孝

【原典再现】

亲所①好②，力为具③。亲所恶④，谨为去⑤。

【重点注释】

①所：本义为地方、住所，在古代汉语中多被用作文言虚词，此处指所……的人或事物。

②好：多音字，喜爱、爱好的意思。

③具：本义为供置，后引申为具备、完备、都有等义，此处指置办、置备。

④恶：指厌恶、嫌恶。

⑤去：本义为离开，后引申为失去、抛弃，此处指除去。

【白话翻译】

父母喜欢的东西，尽心尽力地去置办奉上。父母厌恶的东西，慎重地除去。

【鉴赏评议】

《弟子规》要求我们作为儿女应该多关心父母，体贴父母，多为父母考虑。父母喜爱的东西，一定要尽力去帮父母置办好。因为绝大多数父母给自己的孩子买东西特别舍得花钱，但是用在自己身上的时候，却舍不得。所以作为子女应该尽自己的能力去满足父母的愿望。

此外，父母厌恶的东西，包括父母对我们身上一些不好的做法以及某些生活习惯的不认同，为人子女者都应该表示理解，并尽力去改正。

因为父母的生活经验多过我们，有时候他们所说的道理，可能我们因为没有经历过所以无法理解，但我们不应该急于去否定它，而是应该试着去理解，甚至尝试去改变。实践才是检验真理的唯一标准，如果实践证明确实如父母所言，那我们就应该尊重父母的意见，并认真进行改变。

【深度解读】

孝者，顺其心

《论语》中记载了这样一则故事：有一次，孟懿子问孔子：什么是孝？孔子说：无违。这其实跟"亲所好，力为具。亲所恶，谨为去"是一个道理。父母喜欢的，都去为其置办；父母厌恶的，都尽力去改正，这不正是不违背父母的心意吗？正所谓"孝者，顺其心"，顺从父母的意愿就是最大的孝。

这样的孝子故事不少，王祥便是其中之一。王祥特别孝顺，在他很小的时候，母亲就去世了，父亲后来续娶了一位后母——朱氏。他的后母不是一个心地善良的人，经常在王祥的父亲面前说王祥的坏话，还喜欢指使王祥干各种活计，让他去放牛、打扫卫生等。

王祥有着拳拳仁孝之心，所以即使后母这样对她，他都毫无怨言，反而对后母更加尊敬了。碰上父母生病的时候，王祥都会衣不解带地服侍他们，并伺候他们服用汤药，还在每次喂汤药之前，自己先尝一尝。

有一次，他的后母突发奇想地要吃新鲜的鱼。那时已经是大冬天，天寒地冻，河流湖泊都已经结冰了，王祥只能把自己的衣服脱下来，然后趴在冰面上用自己的体温将冰融化，再去打捞新鲜的鱼。等他历经千辛万苦捞到鱼之后，便二话不说拿回去交给自己的后母。乡邻们对王祥的所作所为都看在眼里，十分同情他，他的孝名也在乡亲邻居的口耳相传中闻达天下。

据说，后来王祥的家乡出现了一种特产藕，那种藕鲜嫩多汁，味道甘美，名字叫九孔藕，它比一般的藕多一孔，人们说那多出来的一孔就是感念于王祥的至纯至孝而长出来的孝心孔。

还有一个叫郯子的人，同样是因为孝心而被人们广为颂扬。据史籍记载，郯子的父母亲年纪都非常大了，眼睛不好。有一次，两位老人特别想喝鹿乳，郯子为了满足父母的心愿，便独自到深山里面，披着鹿皮混在鹿群当中，趁机偷偷挤取鹿乳。

有一个进山打猎的人正好看到了这群鹿，在他正瞄准郯子准备射出手中的弓箭时，郯子赶忙跑到猎人面前将实际情况告诉猎人。猎人听了十分感动，立即放下自己手中的弓箭，并想办法取来了鹿乳送给了郯子，让他去孝顺自己的父母。郯子的父母喝到鹿乳后非常开心。郯子的孝名也因为猎人的四处夸赞而由此传扬开来。

当然，上述两个故事，虽然表达了孝子对父母浓厚的感情，但是如果放在现代还照搬照抄的话，显然是不合理的。卧冰求鲤会让我们的身体受到伤害，鹿乳奉亲会让我们的生命遭受威胁，这些其实都不是我们的父母所愿意看到的。

重要的是，这两个故事从本质上说都是表达了儿女对父母的心意，所以，尽孝的方式只是形式，其中包含的孝心才是本质，也是我们要推崇的东西。

总之，我们要尽孝，需要采用恰当的方法。什么样的方法才算恰当呢？其实也就如《弟子规》中所说的，父母亲喜欢的东西，尽力去为他打点；父母亲不喜欢的东西，尽量去加以摒除。顺从父母的意见，尊重父母的想法，具体问题具体分析的"无违"，才是真正的尽孝。

身德有伤，父母羞忧

【原典再现】

身①有伤，贻②亲忧③。德④有伤，贻亲羞⑤。

【重点注释】

①身：本义为人的身体、身躯，后引申为身份、身世等义，此处指身体。

②贻：原指赠送，后引申为遗留、贻误，此处指留下。

③忧：本义为忧愁，后常被解释为忧患及父母丧事等义，此处指担忧。

④德：原指攀登，后引申为道德、品行、恩德等义，此处指德行。

⑤羞：其本义为进献，常用释义有害羞、羞辱、羞惭等，此处指羞愧。

【白话翻译】

身体受到伤害，会让父母担忧。德行有所污损，会令父母蒙羞。

【鉴赏评议】

这一句指出了《弟子规》对于为人子女者在身体和精神方面应该注意的事项。告诉我们，子女的"孝"还体现为在身体和精神两方面保护好自己。

在身体方面保护好自己表现在保全自己的身体，不让身体有所损伤。身体损伤了，只会让自己的父母担心、焦急，这不是一个孝顺的孩子应该做的事情。

在精神方面保护好自己表现在多做让父母以自己为荣的好事，不做让父母蒙羞的丑事，这其实也是父母对自己儿女的最大期盼：身体健康，品行端正。自己的孩子仰无愧于天，俯不愧于地，那对父母来说便是最大的成功和骄傲。

【深度解读】

父母全而生之，子全而归之

《孝经》中提到：父母全而生之，子全而归之。原意是指父母赐予我们身体，那在离开人世的时候，我们应该也要将自己的身体完整地归还。并且，父母生育我们的时候，我们每个人都是清白干净的，所以等我们离开人世的时候也要保持着这份清白干净，恰如黛玉在葬花词中所唱的那般"质本洁来还洁去"。

所谓"身体发肤，受之父母，不敢毁伤，孝之始也"，对古人来说，

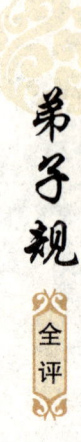

身体和头发是父母赐予的，最终也需要全须全尾地还给父母，所以他们对于自己的身体非常爱惜，对于自己的毛发也非常爱惜。

这也正是清朝末期的剪辫子运动遭到很多人抵制的原因，当时下令全国剪辫的时候，有的人甚至宣称"头可断，辫不可剪"，就是因为千百年来古人无论男女都一直留有长发，人们所接受的教育也始终是保留毛发是对父母的孝敬。所以，爱护自己的身体，不能擅动一分一毫对于古人来说是天经地义的事。

孔子的弟子——曾子，他曾患上重病，在临死前，他特意召集自己的学生，问："我的脚还完整吗？我的手还完整吗？《诗经》里面说'战战兢兢，像踩在深渊边缘，像站在薄冰之上'，为了保全自己的身体，我每天就是这种感觉。好在，如今一切万全，我死后也可以跟父母交代了。孩子们啊，我终于再也不用担心了。"古人对保全自己身体的重视可见一斑。

《汉书》上也曾记载过这样一个故事。一个叫王阳的大官，被朝廷任命为益州刺史，他需要到当时的四川去赴任做官。大家都知道，在交通不发达的古代，四川道路崎岖，有着各种天险。李白在《蜀道难》中就曾说过"蜀道之难，难于上青天"，因此不难想象，四川的自然条件有多恶劣。所以，这个叫王阳的人一路走去，到了邛崃九道弯的时候不禁感慨：先辈赐予我身体，我怎么能拿它来不断以身犯险！于是，他借口称病，原路返回，不再去往四川做官。

虽然王阳的做法显得有些愚昧，但不能否定的是古人对自己身体的爱惜精神。如今的年轻人经常喜欢熬夜、玩手机，感觉自己现在身体健康，而从不顾虑年老以后的身体疾病和衰老，其实那都是不爱惜自己身体的表现。所以，我们虽然不至于要效仿古人，像古人那样过度地保护自己的身体，但至少也要做到尽量照顾好自己，不让自己的身体受疾病所扰，免得父母担心，这便是最低层次的"孝"了。

更高层次的"孝"体现在精神方面。父母赐予我们清白的名声，我们要归还父母清白的名声，不能让父母受自己连累，更进一步的是要努力建功立业，让父母因为自己而感到光荣和骄傲。

众所周知，古代很早就有"连坐""株连九族"，甚至"夷十族"等刑罚，这些刑罚就是针对"德有伤，贻亲羞"所提出来的，它让统治者的法令更有威慑性和权威性。因为在中国传统文化思想体系下，或许有的古人会不忌惮自己的生死，但自己父母与亲族的生死却不能不顾及，所以这些残酷的刑罚往往是十分有效的。

历史上的董卓就是因为叛变而牵连家族，导致自己九族被灭。还有霍光专权，再加上子孙后代的骄奢挥霍，使得霍光本人哪怕在死了三年以后，依旧被皇帝下令抄家灭族。

有的时候，精神上的凌辱比肉体上的侮辱更折磨人。正是这种"一荣俱荣，一损俱损"的关系让古人对自己的所作所为更加谨慎，因为严苛的法令让古人明白自己担负的是全家族的声誉和性命。

包青天曾做出这样的要求："我的后辈子孙，一定不能作奸犯科、违法犯禁；如果子孙中有做官的，一定不能贪赃枉法、滥用私权。如果谁违背的话，就不能返回包氏家族本乡，即便死了也不能葬在家族的坟墓里。若有不听从这一训诫者，不是我的子孙。"包拯的训诫显然饱含了自己对子孙后代的期望和警示，这其实也是天下所有父母的心声。

可见，古人对自己的身体和声誉都如性命般珍惜。所以，父母给我们什么我们就还给父母什么，这就是对父母最大的"孝"。

双亲憎我，孝者方贤

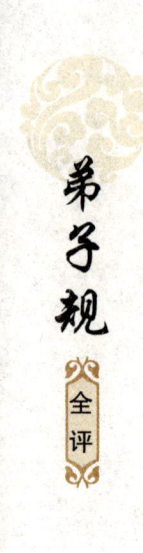

【原典再现】

亲爱我①，孝何②难③。亲憎④我，孝方⑤贤⑥。

【重点注释】

①我：本义为武器，后多用作人称代词，此处指自己。

②何：什么。

③难：本义是被困住的鸟，后引申为灾祸、费劲，此处指困难。

④憎：原指讨厌，此处指厌恶、憎恨。

⑤方：这里用作副词，指刚才、刚刚。

⑥贤：原指有德行、有才能的人，此处指贤德。

【白话翻译】

父母疼爱自己，尽孝哪有什么困难的？父母厌恶自己，还能坚持尽孝，那才是真正的贤德。

【鉴赏评议】

《弟子规》要求，为人子女者不能因为父母态度的好坏而改变自己尽孝的初衷。

父母疼爱儿女，儿女当然要尽孝；父母不疼爱儿女，儿女同样也要尽孝。儿女尽孝不能因为父母的态度而有所不同。作为子女，我们要承担起自己奉养父母的责任和赡养父母的义务。

当然，父母如果疼爱我们，那我们的孝心也会加倍，会对父母奉献出自己所能奉献的一切。因此，有的时候，难不在尽孝，也不在父母疼爱自己的时候尽孝，而难在父母憎恶自己的时候，还要坚持尽孝。

【深度解读】

父母恶之，劳而不怨

《孝经》中说："父母爱之，喜而不忘；父母恶之，劳而不怨。"这句话的含义其实跟"亲爱我，孝何难；亲憎我，孝方贤"的道理是一样的。它们都旨在表达这么一个理念，即：无论父母对我们是喜爱还是厌恶，我们都应该不忘父母的养育之恩，报答父母的栽培之情。不要因父母的态度而改变自己尽孝的行为。

在这一点上，虞舜的做法堪称楷模。虞舜本名姚重华，他的父亲是一个盲人，为人盲目而偏执，对虞舜很不好。虞舜的母亲很早就过世了，父亲给他续娶了一个后母。这个后母自私刻薄，对虞舜毫无慈母之心。后来，后母又生了一个儿子，虞舜的地位就更低了。

尽管如此，虞舜却并不因为他的父亲、后母和弟弟对自己不好而心生怨愤，恰恰相反，他采用的是以德报怨的方式，他认为自己只要做得更好，父亲、后母和弟弟一定会被自己感化，一家人依旧会快乐和谐地相处。

后来，尧帝也听说了虞舜的孝心，他那时正想找一个贤德的人，将

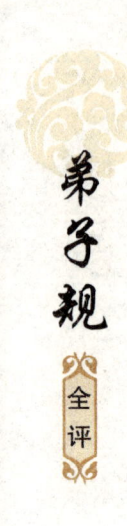

自己的帝位禅让出去。因此，他用心对虞舜进行了考察。他将自己的两个女儿——娥皇和女英，以及自己的九个儿子都派到虞舜的身边去近距离观察他，而那时恰逢虞舜身处水深火热之中。

俗话说，有了后母就有了后爹。虞舜的父亲在虞舜后母的煽风点火之下，渐渐地对虞舜越发不满。有一次，虞舜的父亲借口让虞舜去屋顶修补屋漏处，自己却在下面点起了火，想要烧死虞舜。幸运的是，虞舜在娥皇和女英的提醒下，早就做好了准备。他借助两个硕大的斗笠，两边撑着，跳下了屋顶，从而免受葬身火海之灾。

又有一次，虞舜父亲联合后母，想要把虞舜灌醉，然后将他谋害。这一次，娥皇和女英也早有准备，她们事先让虞舜喝下她们制作的秘药，能够解醉解毒，所以虞舜父亲和后母这一次的阴谋又失败了。

一计不成另生一计，虞舜的父亲后来又叫虞舜去挖井。等虞舜挖到足够深的时候，虞舜的父亲就联合虞舜的弟弟象，一起往井里面填土，想要活埋虞舜。好在始终警惕的娥皇和女英早就在井下挖出了一条通道，所以，虞舜又逃过了一劫。

经过重重波折，虞舜开始深刻地反省自己，他在知道自己的父母及弟弟对自己设下的种种陷害后，感到万分愧疚。他觉得正是因为自己做得不够好，才会让父亲恼怒自己，让后母嫌弃自己，让弟弟讨厌自己。他每每想到这些，就心痛得难以抑制，但又不想让父母和弟弟见到自己伤心，于是独自跑出去躲在偏僻的小路和田间哭泣。有一两次恰巧被路过的人看到了，他们了解情况后，都被虞舜的孝心深深地感动了。

尧帝也听到了虞舜在遭遇自己父亲母亲和弟弟百般陷害后的表现，他对虞舜以德报怨的方式感到非常满意，他觉得虞舜能够如此宽德仁厚地对待陷害自己的父母兄弟，那一定也能仁德慈善地对待天下子民。尽管如此，尧帝也没有立即把自己的王位传给他，而是叫他学着处理事务，这一学就是20年。在此期间，虞舜往往都能够以身作则，谦让他人，善待老人，积极处理问题，勇敢面对自然灾害。长期考察后，尧帝对虞舜很满意。他把自己的两个女儿——娥皇和女英都下嫁给他，照顾他的衣食起居，并让自己的儿子辅佐他处理事务。

只是虞舜在接受尧帝的禅让、荣登王位时，依旧感到不开心。他说，即便到了如今，自己已经成为统御一方的王，但他的父母和弟弟还是不喜欢他，那即使成为一方之王又有什么用呢？虞舜推心置腹的这一番话终于打动了他的父亲、后母和弟弟。虞舜的不计前嫌和感念亲恩让他们一家最终和睦相处，快乐地生活在一起。

虞舜的精神是可贵的，但不一定适合我们每一个人。我们要学习的是虞舜宽宏大量的孝悌精神实质，并不见得要一味地盲从跟风。无论如何，我们都要承担起自己的责任，尽好自己应尽的本分，至于他人如何对待自己，那便是他人的事情了。岂能尽如人意？但求无愧于心。

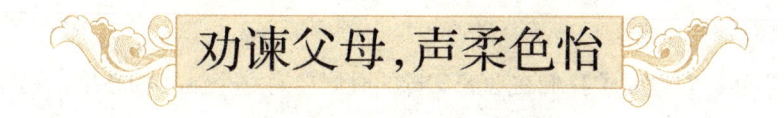

劝谏父母，声柔色怡

【原典再现】

亲有过①，谏②使③更④。怡⑤吾⑥色⑦，柔⑧吾声。

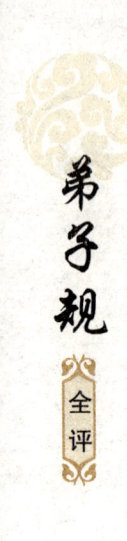

【重点注释】

①过：本义指摆脱漩涡，后指经过、超过、失去，此处指错误。

②谏：原指向君王进言，后引申为进谏，此处指劝谏。

③使：本义为命令，这里用作动词，表示让、令。

④更：原义指变更，此处指更改、改进。

⑤怡：和悦、愉快。

⑥吾：原指我，此处指我的。

⑦色：本义为颜色、气色，这里指脸色。

⑧柔：温和，柔缓。

【白话翻译】

父母有过错，要诚恳地劝谏让他们改进，脸色要和悦愉快，声音要温和柔缓。

【鉴赏评议】

《弟子规》并不是一味要求我们对自己的父母盲从。它在要求我们孝敬、顺从父母的同时，还鼓励我们在发现父母有过错的时候，要勇于向父母劝谏。

当然，它也要求我们在劝谏父母的时候要有一个温和的态度，不能太过激烈，不能给脸色，不能怒吼咆哮。过于极端的态度和太过强烈的情绪并不能有助于问题的解决，有时甚至还会加剧矛盾，因此，劝谏要有端正的态度和恰当的方法。

"人非圣贤，孰能无过"，即便是父母也会有犯错的时候，而在那种时候，作为子女的最大孝敬就是诚挚地劝谏父母，使其改正自己的错误。劝谏的时候，脸色要温和，声音要柔缓，要让父母在如沐春风中意识到自己的错误，这样才能达到最好的劝谏效果。

【深度解读】

子从父之令，可谓孝乎

《孝经·谏诤章》中提起过这样一个故事：

曾子问孔子："像慈祥有爱、恭顺孝敬、扬名显荣，这些我都听过您的教诲了，那么请问您，儿子听从父亲的命令，那算是孝吗？"

孔子说："你说的什么话呀？很久以前，天子的身边有七个诤言不讳的人，所以天子就算昏庸，他也不会失去天下；诸侯的身边有五个诤言不讳的人，因此即便诸侯昏庸，他也不会失去自己的封地；大臣的身边有三个诤言不讳的人，所以即便大臣昏庸，他也不会失去自己的家业。一个人有诤言不讳的朋友，那他一定不会失去高洁的名声；一位父亲有诤言不讳的儿子，那他绝不会陷身于不慈不义的污名当中。所以说，在面对不义的时候，做子女的不可以不去向自己的父亲诤言不讳，做臣子的也不可以不向自己的君主诤言不讳。因此，当不义发生之时，我们一定要诤言谏之。一味听从自己父亲的命令，又怎么能够算得上'孝'呢？"

可见，父母也是会犯错的，每当父母犯错的时候，作为儿女的应该挺身而出，直言进谏，劝谏父母改正自己的错误，而不是一味地盲从，放纵父母继续犯错，那显然是不孝的。

从前有一个小孩叫孙元觉，他从小对父母特别孝顺，对长辈也相当尊敬。只是元觉的父亲却对元觉的祖父并不孝顺。

有一次，元觉的父亲当着他的面，将自己年迈体衰的老父亲装进一个箩筐里，说要将老父亲带到深山里面扔掉。元觉看到了，跪着求父亲不要这么做，但是他的父亲并不理会元觉的请求。元觉乞求无用，便只能另想他法。

他对父亲说："既然如此，那请您在丢完祖父之后将这个箩筐带回来。"他的父亲很纳闷，问他为什么要自己把箩筐带回来给他。元觉说："等您也像祖父那么老的时候，我还要用这个箩筐把您丢到深山里去呢！"元觉的父亲听了大怒，质问元觉怎么可以如此不孝。元觉说："儿子的行为都是跟父亲您学的呀！父亲您怎么对待您的父亲，那儿子也将同样那么对待您。"元觉的父亲听了元觉稚嫩却饱含道理的一番话恍然大悟，他最终打消了将自己的老父亲丢到深山里去的念头。元觉就是这样在面对不义之时勇敢地站出来，通过自己技巧性的劝诫，改正了父亲不孝的错误行为。

还有一个叫闵子骞的人，同样是通过自己的苦心劝谏让父亲意识到了自己的错误并进行了改正。闵子骞很小的时候母亲就去世了，他的父亲后来给他续娶了一个后母。他的后母生了两个儿子，后母给她的两个儿子都穿着棉絮做的厚衣服，但是给闵子骞穿的却是芦花做的衣服。虽然外面看不出区别，但芦花做的衣服轻薄又不耐寒，所以闵子骞往往被冻得瑟瑟发抖。

有一次，闵子骞的父亲吩咐他去牵牛车。闵子骞便听话地去牵牛车，但由于冬天太冷，他的手已经被冻僵硬了，所以握不住牛车的绳子，绳子掉到了地上。他的父亲见了勃然大怒，拿起鞭子，就往闵子骞身上抽去，哪知道这一抽就将闵子骞身上衣服的外面一层棉抽破了，里面的芦花也就露了出来。父亲这才知道自己续娶的妻子一直在虐待自己的儿子。闵子骞的父亲很生气,他决意要休掉这位心地狠毒的后母,但是闵子骞却跪在地上求他的父亲不要那么做。他说,如果不休掉后母,那只是他一个人受冻;而如果把后母休掉了,那就是他和他的两个弟弟三个人一起受冻。他的父亲听了十分感动,便按照他的请求,留下了他的后母。

后母听说了这件事以后,也深刻地认识到了自己的错误,自此以后,便对闵子骞如对待自己的亲生儿子一样不分彼此,一家人和乐地生活在一起。

这个故事还有一个相类似的版本。相传在宋代,江南有一个叫张菊花的人,是个远近闻名的孝女。在张菊花七岁的时候,她的母亲就因病去世了,父亲同样给她续娶了一位后母。这位后母心思阴狠毒辣,有一次趁着她的父亲出去做生意的时候,偷偷将张菊花卖给了大户人家做侍女。

幸运的是,她的父亲做完生意回来以后,在路上遇见了已经成为别人侍女的张菊花。父亲问她为何会落到如此田地,张菊花哭着将事实告诉了父亲。父亲听了十分后悔,发誓要将这个后母休掉,将张菊花带回家中。菊花听了,赶忙拉住父亲,请求父亲不要将她的后母休掉,父亲最终被张菊花的孝心所感动,打消了休妻的念头。

张菊花的后母后来一直没有生育,而张菊花在自己的父亲过世之后,依旧对这位后母孝顺如亲生母亲一般,因此,张菊花的孝名也得以流传至今。

以上几个都是一些非常朴素的孝顺故事。这些故事中的主人公,都并不是一味盲从的子女。他们孝,但不愚孝。他们在发现自己的父母存在错误时,会勇敢地直言提出,劝谏父母改正。这才是真正的"孝"之所在。

悦时复谏，泣随无怨

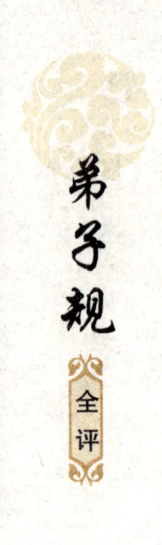

【原典再现】

谏不①入，悦②复③谏。号④泣⑤随⑥，挞⑦无怨⑧。

【重点注释】

①不：多表否定，此处指不接受。

②悦：原指说，后引申为高兴、顺服、悦耳，这里指愉悦。

③复：本义指往回走，这里指再次、重来。

④号：原意为受到折磨时发出的嚎叫，此处指哭嚎。

⑤泣：原指站着哭泣，这里引申为无声哭泣。

⑥随：本义指跟从，后引申为顺从、接着、按照等释义，此处指跟随。

⑦挞：原指用工具抽打，这里指抽打、惩罚。

⑧怨：本义为愤恨、仇怨，此处指埋怨、责怪。

【白话翻译】

劝谏不被父母接受的话，就等父母心情愉悦的时候再去继续劝谏。号啕哭泣地跟随着父母，父母生气了责罚自己也没有怨言。

【鉴赏评议】

　　劝谏也要讲究方法。有的时候，父母可能一时听不进我们的劝谏，但我们不能就此放弃，而是应该挑选合适的时机继续劝谏，直到父母改正了自己的错误为止。至于怎么把握合适的时机，那就要看劝谏方法了。

　　劝谏要尽量在父母高兴的时候进行，父母不高兴的时候，再怎么苦口婆心地劝谏，他们都会听不进去。只有当父母心情愉悦的时候，劝谏才能发挥出最好的效果。如果父母因为劝谏而对我们生气，那我们也不应该就此放弃并产生怨言，哪怕可能遭遇父母的抽打责罚，都要坚持劝谏的态度。

　　此外，还有一种方法就是哭着劝谏，这种方法其实主要是以情动人。父母看到自己的孩子哭泣，一般都会心生不忍，从而会静下心来，认真听孩子的意见，这样有利于实现劝谏的效果。

【深度解读】

文死谏，武死战

　　所谓"文死谏，武死战"，这句话其实表达的是文人武士的最高理想。文人的最高理想是死于劝谏君主；而武士的最高理想是死于战场报国。在古代，这两种最高理想都被看作是忠君爱国的表现，而我们可以从中得出的结论是：劝谏这一风气古已有之。

　　隋朝末年，国家大乱，民不聊生，全国各地的起义军纷纷起兵讨伐暴政。当时李渊所带领的军队也是其中一股力量。那个时候，李世民就已经跟在李渊身边随军作战了。李世民虽然年轻，但是他拥有年轻人敢想敢干的精神，并且在战场上也积累了不少经验，所以，他在起义讨伐

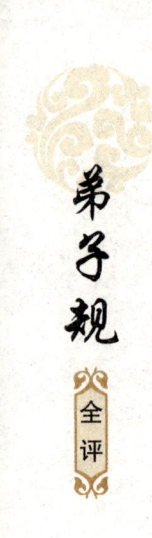

的战争中立下了汗马功劳。

　　有一次，李渊又碰上了他在战场上的老对手——宋老生，这一次他与宋老生的对战将决定两人大业的成败。经过重重布局，李渊一方取得了阶段性的胜利。他只要继续下令出兵，就能够一举获得最终胜利，但奈何当时天公不作美，瓢泼的大雨让行军的道路变得泥泞不堪，这给士兵们翻越山岭去围困宋老生带来了很大的难题。此外，后备辎重军粮不足，再加上探子回报说大军的后路已经被另一支联合军队包围，这种种困难的叠加让李渊产生了退意。他原计划就此撤退，日后再做打算，但李世民不同意他父亲的这个决定。

　　李世民与宋老生多次在战场上交手，所以他对宋老生有一定的了解。在他看来，这是宋老生的又一个阴谋，那所谓的后路联军肯定只是他故意放出的假消息，为的就是想让李渊撤军，为自己争得喘息之机。因此，李世民主张要一鼓作气将宋老生彻底打败，父子两个便在这一决策上发生了意见分歧。

　　李世民多次劝谏，李渊都拒而不听。李世民知道，李渊是军中主帅，最终撤退还是进攻都要听从他的意见，而当时留给他们考虑的时间已经不多了。李世民思来想去，觉得自己还是要继续劝谏。不过这一次他改变了方式方法，他不再当着众多军士的面，公开反驳他父亲的意见，而是赖在他父亲的军帐前，等候他父亲的召见。终于李渊心软了，把李世民叫入军帐内，李世民当即大哭出声，李渊问他为什么哭，李世民说，他觉得自己的父亲做了一个错误的决定，他是为父亲以后可能会因为这个错误决定而承担的后果感到痛心不已，所以他是在为父亲难过。

　　李渊看着在自己面前泣不成声的李世民，终于答应他，自己会再仔细考虑下。李世民于是将自己对宋老生的分析和进攻的战略部署详细地告诉李渊，李渊最终同意发起进攻。事实证明，李世民的分析是正确的。大军背后的所谓联军确实是宋老生放出的假消息，为的就是要干扰李渊的视线，让他萌生退意。但没想到的是，他的阴谋最终还是因为李世民的哭劝而走向失败。所以说，父母也是能够听得进我们的劝谏的，只是要用对方式方法。

那个时候，劝谏的对象大部分还是君主。历史上这样的劝谏故事有很多，如邹忌讽齐王纳谏的故事里，邹忌通过类比劝诫齐王要广开言路，多听取民意。还有魏征在《谏太宗十思疏》中，警示唐太宗要居安思危，勤俭爱民。

此外，海瑞上疏死谏也曾是一段佳话。海瑞上奏表规劝嘉靖皇帝不要沉迷于求神炼丹而不思朝政。昏庸无道的嘉靖皇帝在看了海瑞的奏表之后，勃然大怒，他本打算狠狠惩治海瑞的胆大直谏，哪知道，伺候的人说海瑞在上疏奏表前就已经给自己准备好了棺材，此刻都已经在跟家人诀别了。嘉靖皇帝听了仆从的话倒是冷静了下来，他深刻感受到了海瑞死谏的决心，这让他不得不开始重视海瑞的这份奏表。最终，嘉靖皇帝放弃了给海瑞判死刑，只是将他关在了地牢里。直到下一任皇帝继任，海瑞才被放了出来。

可见，劝谏并不如我们想象中的那么难，也不要害怕会招致责怪，甚至打罚，如果劝谏真能让对方冷静下来，认真思考自己的意见，那劝谏本身就已经是成功了。

亲若有疾，昼夜服侍

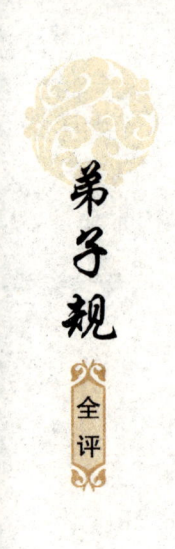

【原典再现】

亲有疾①，药②先③尝④。昼⑤夜⑥侍⑦，不离⑧床。

【重点注释】

①疾：泛指疾病，后引申为快速、疼痛、嫉妒等释义，此处指病痛。

②药：本义为祛除病痛的物品，后泛指治病药草、药材等，这里表示药物。

③先：多指时间上的先后顺序，此处指的是事先。

④尝：本义指用舌头辨别滋味，这里引申为品尝。

⑤昼：此处指白天，与"夜"相对。

⑥夜：原指黄昏、天黑，这里表示夜晚。

⑦侍：本义是陪侍在长者身旁，此处指侍奉。

⑧离：本义指黄鹂，后引申为分离、离散，这里指离开。

【白话翻译】

父母生病了，要为父母事先品尝下药物的味道。日夜都在父母身旁服侍，不离开父母所在的坐榻。

【鉴赏评议】

　　父母患病无疑是最考验子女孝心的时候。正所谓"久病床前无孝子"，无论多有孝心的人，要长年累月地在父母病床前侍奉，显然是很难做到的。但父母都日益年迈，患病的情况往往时有发生，所以为人子女者应该尽量多关心父母。

　　放任自己的父母沉疴在床，那显然是不孝的。因此，在父母患病的时候，子女要在内外两方面对自己的父母进行照顾。所谓在外方面，就是指随时关心自己父母的病情，为父母抓药熬药，陪床送饭。所谓在内方面，就是指要在精神上多关注父母的情绪。年事已高的父母，往往对自己的病特别敏感，也容易孤独。

　　所以，为人子女者应该时常陪伴在父母的病床前，跟父母聊聊天，为父母解解闷，不让父母闲得无聊而去瞎想。坚持做好以上两点便是病床前最好的"孝"了。

【深度解读】

久病床前有孝子

　　俗话说"久病床前无孝子"，面对沉疴经年的父母，的确很少有人能始终如一地在病床前服侍。但这也并非绝对，早在汉朝时期，就有一位孝子，他用自己的实际行动证明了久病床前是可以有孝子的。这位孝子的身份还不低，他就是汉文帝。

　　汉文帝叫刘恒，是汉高祖刘邦的第四个儿子，刘邦在位时被封为代王。他的亲生母亲是薄太后。汉文帝即使在继任皇位以后依旧对自己的母亲尽心奉养，毫无懈怠。汉文帝的母亲经常生病，有一次甚至久病不起，一直病了三年。

在这三年期间，汉文帝始终守在病床前，没有睡过一个好觉，所有入口的汤药，都要自己先为母亲尝一尝，确认不烫了以后，再亲自喂给母亲喝。凡是没有经过自己口的汤药饭食，汉文帝坚决不允许给母亲吃。就这样，一日三餐，每日汤药，都是汉文帝亲力亲为地服侍着生病的母亲，一直坚持了三年，直到母亲痊愈了为止。

汉文帝的这一孝行不仅感动了他的母亲，更感动了无数百姓。更难得的是，他贵为九五之尊，在自己母亲面前却跟所有黎民百姓一样，以儿子的身份极尽孝顺，引得天下百姓纷纷赞许与效仿。整个社会的风气也被带动得充满"孝"的氛围。于是，不孝的人，就会被人指责；孝敬的人，就会被人称颂。

可见，汉文帝在对自己母亲孝顺的同时，也给所有子民树立了榜样。后来，他的仁孝之名广播天下，最终开创了"文景之治"这样的繁华盛世。

其实，久病床前有孝子的内核不过是对自己的亲人朋友始终不离不弃的精神，它不仅可以体现在子女对父母的"孝"上，也可以体现在兄弟对兄弟的"悌"间。

据说，晋朝的时候，有一个人叫颜含，他有一个哥哥叫颜畿，患病好几个月都不能说话。为了能够照顾好自己的哥哥，颜含闭门谢客，隐入山中。他每天亲自给哥哥侍奉汤药，十三年都没有出过门，始终陪伴在哥哥身边照顾他。如此尽心尽力，就算对待自己的父母也就是这样了吧？

疾病往往能够检验出世态炎凉和人心冷暖。作为子女，我们应该在父母患病最需要自己的时候，尽心尽力地去侍奉，这其实也是为人子女者最需要做的事情。它同时也是区别陌生人和亲人之间的重要标志。陌生人并没有义务照顾你的父母，而对于为人子女者有，这种孝行其实也正是亲情的维系之所在。所以，久病床前是有孝子的，也是该有孝子的。

守丧三年，常常悲咽

【原典再现】

丧三①年②，常③悲④咽⑤。居⑥处⑦变，酒肉⑧绝。

【重点注释】

①三：这里指的是具体的数目，即三。

②年：这里指时间。

③常：原是指旗，后多表示规律以及时间上的频繁等义，这里指时常。

④悲：原指悲痛，后引申为悲愤、哀伤等义，此处指悲伤。

⑤咽：本义为咽喉，这里用作动词，表示哽咽、哭泣。

⑥居：原指居住，这里代指生活起居。

⑦处：本义为处所，此处指的是住的地方，引申为生活习性。

⑧肉：原指动物的肉，后泛指肉类，此处指代的是酒肉声色的生活习惯。

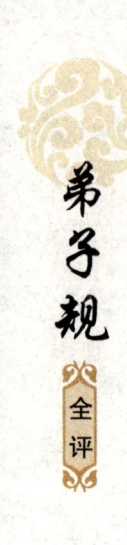

【白话翻译】

父母过世，要按照古代礼法制度守三年丧礼，时常悲伤地哭泣，改变自己的生活习惯，戒绝酒肉声色的奢靡生活。

【鉴赏评议】

在古代，丧葬礼节被认为是很重大的习俗。所谓"生前显贵，身后显荣"，就是说看一个人一生成不成功就看他的葬礼办得风不风光，如果风光那就说明子女孝顺，人生完美落幕。反之，则不然。所以，丧葬之礼对于古人来说是非常重要的。这也是为什么《弟子规》对儿女在治丧守孝上应该如何孝敬父母提出具体的要求。

古代丧葬有守丧三年的说法，它要求子女在先人故去以后的三年里，恪守节俭朴素，甚至禁欲的生活作风，坚决杜绝酒色财气的奢侈生活以悼念先人。这种风俗的本意是想强调子女对父母的孝顺不会因父母生命的消逝而消失，最终落脚点也还是放在孝顺之情上。

【深度解读】

父母之丧，无贵与贱

《中庸》中说："三年之丧，达乎天子，父母之丧，无贵贱一也。"意思是古代礼制中的守丧三年，即便是天子也要遵循，且在给父母办丧礼这件事上，不存在贵贱之说，都是竭尽隆重地让自己父母安乐长眠。这种风俗一直流传至今，只是如今没有以前那么严格了。

根据《孝经·丧亲章》的记载，以前的丧葬大礼，孝顺的人会从办葬礼开始就哭个不停，直至葬礼结束。在三年守孝期间，子女对自己的容颜外表顾不上，言辞也是朴素无华的，衣服穿得华丽会心有不安，听到美妙的音乐也不会开心，吃到肥美的肉食也不觉得可口，这些都是因为先人故去而产生的哀戚之情。父母死去后第三日才开始吃饭，但不允许杀生，同时即使先人逝世也不能因为如此而失掉常性，这才是圣明君主的为政之道，等过了三年，便宣告守孝结束。

举行丧礼的时候，会给逝世的先人准备好棺材寿衣，摆列好美酒佳肴来祭奠。子女匍匐在地，哭泣不已，满脸哀戚送灵柩上山。每年春天、秋季的时候，定时举行祭祀，以表哀思之情。先辈在世的时候，对他们尊敬爱戴；先辈逝世之后，对他们虔诚哀戚敬奉。作为一名孝子，孝敬自己亲人的事宜就做完了。

这样一种时间跨度长、礼节繁琐的葬礼，可谓是所有习俗礼节当中最为隆重的。古时候甚至还有更为详细且固定的丧葬安排，如百日祭的时候，子女要节哀，停止哭泣；小祥即死后一年的周年祭，大祥则是两周年的祭奠，这两个周年祭，子孙都要隆重祭奠；而到了三周年祭奠就正式宣告守孝的结束。

古人之所以把守孝的时间定为三年，是因为他们觉得父母在养育孩子的时候，同样是用三年的哺乳期。三年的哺乳期过后，孩子就能自己开始行走。因此，守孝三年也有报答这三年的哺乳之恩的意思。

据说，孔子的弟子宰我曾经就守孝三年的问题问过孔子。他对孔子说："三年的时间太长了，三年里要专心守孝，其他什么都不能干，那会将一些礼节都忘得差不多了，琴技也会变得生疏了。所以，守孝的时间应该就像稻谷每年成熟一样，定为一年。"孔子反驳道："父母逝去，你大鱼大肉可以吃得香甜吗？华服美衣可以穿得安乐吗？"宰我说："可以。"孔子说："你可以，但君子不可以。君子会吃得不安，穿得不安，住得不

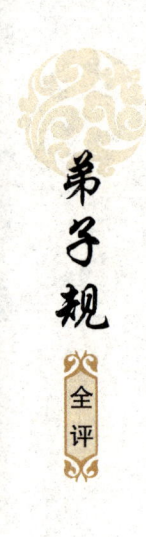

安，所以不去做那些事。你可以安乐，那你就去做吧！"

后来，孔子还跟自己的学生感慨地说："宰我这个人，难道没有经历过被父母抱在手上三年吗？如今竟然连三年的丧期都不愿意守了。"可见，三年之期不是随便定下的，而是有一定的道理的。孔子死后，他的学生都如丧亲生父母一般悲痛，许多学生都自发在孔子墓旁建草房居住，为孔子守孝三年，子贡甚至为孔子守孝了六年。

据说，吴郡有个叫陆襄的人，他的父亲被人杀害，陆襄便一直穿着素衣，吃着粗茶淡饭为父亲守孝。就连吃饭时，看到被刀切成片的生姜也会不忍心吃，因为自己父亲就是死于刀匕。所以，他此后所吃的菜肴都是用手掐摘的。还有一位叫姚子笃的人，因为自己的母亲是被大火烧死的，所以终生不吃烤肉。另有一个叫熊康的孝子，他父亲的一位仆人将他父亲灌醉后将其杀害，所以他坚决不喝酒。

这些孝子的故事虽然看起来有些过于夸张、因噎废食的感觉，但这些事情的表象背后都是为人子女者的朴素孝心。至少，在他们看到那些物件时，他们会想起自己的先人并报以沉痛的哀思，这其实也正是生者至诚至性的"孝"。

对待死者，如同事生

【原典再现】

丧①尽②礼③，祭④尽诚⑤。事死⑥者⑦，如⑧事生。

【重点注释】

①丧：丧事。

②尽：竭尽。

③礼：原指进行礼仪，后引申为庆贺、习俗等义，这里指礼节。

④祭：本义为祭祀，后扩展为祭祖拜神等义，此处指祭祀礼仪。

⑤诚：本义指诚信，有真实、真理等义，这里指真诚。

⑥死：原指逝者嘴叼食物死去，后泛指死亡。

⑦者：多用作代词，此处表示死的人。

⑧如：好像。

【白话翻译】

办理父母丧事要恪守治丧礼节，祭奠要竭尽诚心，对待死去的父母要像对待在世时的父母那样尊敬孝顺。

【鉴赏评议】

《弟子规》要求子女不能在父母死后便停止尽孝，而是应该始终保持对父母亲的无限哀思。给父母办葬礼要诚心，对待逝世的父母要仿佛他们还在世一样，同样孝敬恭顺。

按照中国的传统风俗习惯，每年的七月半是绝大多数地区举行祭祀先人活动的时期，这其实是源于古代的中元节，在国人心中一直有着十分重要的地位。

中元节的祭奠仪式，其实就是追怀先人的一场寻根式的活动，正是因为有了每年对先人的祭奠，人们才有了叶落归根的安全归属感，也才会更有动力和勇气去面对未来。这是纪念，也是感恩。

【深度解读】

慎终追远，民德归厚

《孝经》中说：慎终追远，民德归厚矣，意思是说如果人们能够看重丧葬之礼，时刻不忘追思先人，那民风一定会逐渐变得深厚淳朴。事实上，我们注重丧葬之礼，谨记追思先人，正是由于我们内心的不忘恩。不忘恩会让我们心怀仁厚，不忘恩会让我们铭记历史，不忘恩会让民俗民风变得淳厚。

每年的清明节都是祭奠祖先的日子，其实清明节的由来也是为了提醒我们不忘恩。

春秋时期，晋国的公子重耳为了逃避追杀不得不四处流亡。有一次，他和自己的侍卫近臣逃到了一个荒无人烟的地方，长途羁旅让他们又饿又累，而且所有人身上带的干粮已经都吃完了，他们实在走不动了。那时其他人都苦无良策，只有介子推独自走进一旁的树林中，割下自己大腿上的肉，为公子重耳熬了一锅肉汤。饿得前胸贴后背的公子重耳喝完肉汤以后才发现，自己居然吃的是介子推的肉，他的心中大为感动。

后来，公子重耳顺利登基成为晋文公。他按功封赏，所有人都得到了奖励，除了介子推，他被晋文公遗忘了。许多人要介子推去跟晋文公说，但介子推向来厌恶讨赏要官的行为，所以他没有去跟晋文公提，带着自己的母亲隐居山林过起了隐士的生活。等晋文公发现了自己的失误以后，再去请介子推，介子推却已经无意出山入仕，坚决不接受晋文公封赏的高官厚禄。后来，晋文公在一位谋士的建议下，采用了放火烧山的方式，想要让介子推为了生存不得不出山。但没想到的是，介子推却依旧迟迟没有出来。

等大火熄灭以后，晋文公带着所有人进山搜寻，最终在一棵大树下发现了介子推，他背着自己的母亲靠着大树，两人都被活活烧死了。他们在介子推靠着的那棵树的树干里发现了一块布，这块布是从介子推身上的衣襟扯下来的，上面写着：割肉奉君尽丹心，但愿主公常清明。

晋文公后悔不已，他为了让自己永远记住介子推，也为了提醒后世的人不要忘恩，便将那一天定为寒食节。他倡导每年的那一天大家都去吊唁先祖，纪念先人，牢记父母先辈等逝去的人的恩情。

不忘恩还体现在对自己父母亲的感恩上。湖北有一个孝感市，它的名称由来就是因为当地多出孝子，所以便取了这样的名字。在当地，最出名的孝子莫过于董永了。据说，董永很小的时候母亲便去世了，只留下他与父亲两个人生活，他跟父亲每天都会去田地里劳作。后来他的父亲死了，他没有钱去安葬父亲，于是就将自己卖身为奴，想用卖得的钱财来给父亲办丧事。有一个人感念董永的孝顺，便给了他一万钱，让他去安葬自己的父亲。

董永拿着钱，把自己的父亲安葬好后又守了三年孝。一出了孝期，董永就去寻找原先给他钱的那位主人，打算兑现自己的诺言，去给他做奴仆。就在他去寻找主人的路上，他碰到了一位美丽的女子，那位女子说愿意做董永的妻子，董永答应了，两个人便一起到了那个主人家。

主人家听了董永的来意之后，说："我也不需要你给我做奴仆，你只要在十天之内给我织出一百匹布就可以了。"好在董永的妻子非常善于织布。十天过后，董永的妻子果然拿出了一百匹布，并交给了那位主人。

董永问他的妻子为何能那么快织出如此多的布，他的妻子说自己本是天上的仙女，因为感念于董永的孝顺，所以才下界来帮他的。这就是后世所传颂的董永和七仙女的故事。

还有一个不忘恩的孝子叫蔡邕，他从小就非常孝顺自己的母亲，但她的母亲一直缠绵病榻，这让他心中十分难过。他一直都守在自己母亲的身边，贴身服侍，每天都毫无怨言地为自己的母亲清洗便桶。他甚至因为母亲不久于人世而一度无心学习，整日衣服都不愿意换，只守在母亲病床前，直至母亲逝世。

等他将母亲安葬之后，他倒在了母亲墓前长哭不已。伤心欲绝的模样让他的仆从见了都不忍心。后来，他叫自己的仆从给他在母亲的墓旁搭了一座草棚，为母亲守孝，一直守满了三年。

立身行道，扬名于后世，以显父母，孝之终也。不忘恩就是要不忘过去，因为不忘过去才会有将来。

第三章　出则悌

出门在外要尊老爱幼、讲究礼仪，兄弟之间要互帮互助、和睦相处。只有讲究礼仪的人，才能得到他人的以礼相待，才能与他人展开友好的交往。只有兄弟之间做到兄友弟恭，父母才不用为兄弟二人的关系操心，这才是减少父母烦恼的"孝"。

兄弟和睦，孝在其中

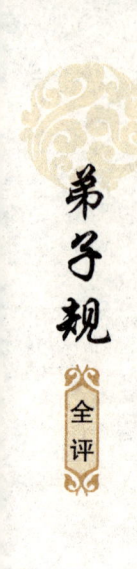

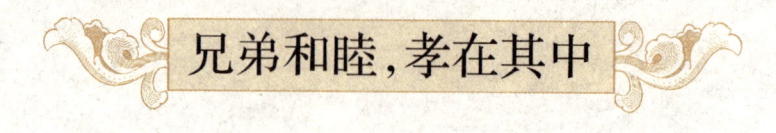

【原典再现】

兄①道②友③，弟④道恭⑤。兄弟睦⑥，孝在⑦中⑧。

【重点注释】

①兄：原指兄弟中年纪较长的人，后亦指对他人的尊称，这里指的是兄长。

②道：道理。

③友：原意指朋友，这里引申为友爱。

④弟：指同辈中年纪较小的人，也有徒弟、弟子等义，这里表示弟弟。

⑤恭：原指谦恭有礼，此处表示恭敬。

⑥睦：本义为彼此相看，互相尊重，后引申为关系友好，这里指和睦。

⑦在：原指存在，此处指介于、居于。

⑧中：泛指不偏不倚的正中，这里的意思是其中。

【白话翻译】

做兄长的要关爱弟弟，做弟弟的要尊敬兄长。兄弟之间和睦友爱，孝道也就包含在其中了。

【鉴赏评议】

《弟子规》要求兄弟之间要互帮互助、和睦相处，兄弟间能够做到兄友弟恭，那父母就不用为兄弟二人的关系操心了。这样无疑就减少了父母的烦恼，这不仅是兄弟之"悌"，也是对父母的"孝"。作为兄姊，"悌"之道在于关爱弟妹；作为弟妹，"悌"之道在于尊敬兄姊。

古往今来，历史上流传的孝悌故事有很多，孔融让梨就是其中的一个。孔融让梨之所以能成为兄弟间友爱的故事典范，就是因为孔融作为弟弟，能够主动将更好的东西让出去，这是一般年幼的孩子所办不到的，因此显得弥足珍贵。

事实上，谦让的品德并不是天生就有的，而是后天通过德行教育所培养出来的，这也正是《弟子规》的训蒙意义之所在。

【深度解读】

兄弟不睦，家庭不和

《颜氏家训》有这样的说法："兄弟不睦，则子侄不爱；子侄不爱，则群从疏薄。"这句话的意思是说：兄弟之间不和睦，就不会关心、爱护自己的侄子女，侄子女之间也不会有感情，家族中子侄辈就会亲情淡漠，关系疏远。这些朴素却非常重要的道理，值得我们每一个人深思。

在晋朝，有个小孩叫庾衮，刚好他们村落有瘟疫。他的兄弟已经死了几个，另外有一个兄弟已经卧病在床。为了不至于让孩子都死掉，长辈们要带着一些孩子赶快离去。结果这个庾衮不愿意走，他说："我不能放下我的兄长不管。"长辈们一再劝说："这太危险了，我们走！"他就对这些长辈说："我天生不怕病，你们就让我留下来吧吧！"最后，长辈拗不过他，只好依他了。就这样，庾衮亲自帮他的哥哥熬药，常常半夜还在其他兄长的灵前痛哭。后来，由于他这份对兄弟的友爱，他的哥哥竟然奇迹般地好起来了。

在唐朝，有一位大臣叫李勣，其实他的原名不姓李，姓徐，因为对国家有功，所以李世民赐他国姓叫李勣。李世民是尊敬贤德之人，做得非常成功。有一次李勣生病，御医就说需要人的胡子做药引，唐太宗听完，马上把他的胡子削了一段下来，拿给御医。这件事传到李勣的耳中，怎么样？太感动了，马上就跪在皇上面前，感谢皇上这么对他推心置腹。这真的是所谓"英雄惜英雄"，李勣不仅是忠臣，还是孝子。

李勣那个时候年纪也很大了，他有个姐姐，有一次，他去探望姐姐的时候，恰逢姐姐生病了。当时，姐姐拖着病体在煮粥，李勣就赶忙接过姐姐手中的活，让姐姐去躺着休息，自己来帮她煮粥。因为古人，尤其是古代官员都爱留着长髯美须，那一度是社会流行的审美传统，李勣也不例外，他也有一把长长的胡子。当他在煮粥时，风传火势，将火舌卷上了他的胡须，李勣赶紧灭掉火。因为不放心而一直在旁边看着的姐姐劝他："弟弟，你不必这样辛苦！家里有那么多仆从，让他们去做就可以了，你实在不必自己这么辛苦。"李勣却说："姐姐，你我年纪都不小了，我不知道自己还有多少机会能亲手为你做点什么，所以还是让我来吧。"显然，李勣在为自己的姐姐煮粥的时候，内心是满怀感恩之情的，他对姐姐在自己成长过程中的帮扶关爱始终铭记于心。

《世说新语》中记载过这么一个故事：曹操逝世后，他的儿子曹丕继位了，虽然曹丕得承大统，但弟弟曹植因为才名很高，所以深得百姓赞扬，这让身为哥哥的曹丕十分嫉妒。有一次，因为一件小事，曹丕打算借机惩罚曹植，他要求曹植在七步之内做出一首完整而且合乎韵律的诗，否则就让他身首异处。曹植心里知道哥哥是故意为难自己，但因为曹丕当时已身为皇帝，他违抗命令同样是死路一条，所以他只能答应了。想到迫不及待要置自己于死地的人是自己的亲兄长，曹植感到极其悲愤。于是，他一步一吟，念出了这四句诗："煮豆燃豆萁，豆在釜中泣。本是同根生，相煎何太急。"皇帝曹丕听完这首诗后，心中深感惭愧，便不再加害自己的弟弟了。

这些典故告诉我们兄弟间和睦共处才能家庭和谐，所以，兄长慈爱，弟弟恭敬，让父母不再为兄弟间的情谊而担心也是孝的一种。

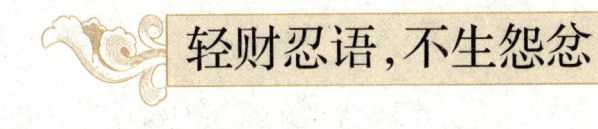

轻财忍语，不生怨忿

【原典再现】

财①物②轻③，怨何生。言④语⑤忍⑥，忿⑦自⑧泯⑨。

【重点注释】

①财：原指人们所珍爱的东西，后泛指财宝、财产，这里指涉及利益的财物。

②物：本义指万事万物，后泛指物品，此处指东西。

③轻：原是指质量上较小，后引申为轻视、轻率等义，这里指看轻、

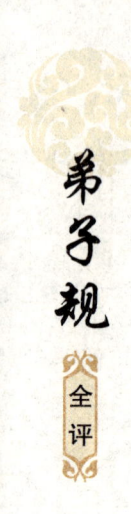

不重视。

④言：本义指说话，这里用作名词，表示说的话、发表的言论。

⑤语：原指辩论、讨论，后泛指交谈等义，这里指说话。

⑥忍：本义指忍耐，后引申为残忍、忍心等义，此处指容忍。

⑦忿：原意为心头情绪纷乱，后泛指愤怒、愤恨，这里表示怨愤。

⑧自：本义为鼻子，后多表示自己，有开头、起源等义，此处指自然、当然。

⑨泯：原指消除、泯灭，这里指消失。

【白话翻译】

在关涉利益的财物方面看得比较轻，哪里还会产生怨气呢？在言语交谈方面说得有度有礼，怨愤自然会消失无踪。

【鉴赏评议】

《弟子规》之所以强调兄弟间要讲究孝悌之义，正是因为兄弟之间往往会有家族利益上的牵扯。父母是同一个，那孝顺的对象自然没有不同，但是落在自己身上的赡养义务却存在区别。有的兄弟间会因为计较这些细微区别而产生嫌隙，甚至最后闹分家等，这些都是自古就有的矛盾纠纷。

因此，《弟子规》提出，兄弟之间应该少计较财物利益，少出言不逊，免得伤了和气，那样才能够在每天的相处中获得安宁，否则的话，只会天天吵架，这显然不是以和为贵的儒家所提倡的。

所以，兄弟之间要看轻财物，要温和言语，多谦让，多互助，避免兄弟阋墙的事情发生。

【深度解读】

有财无义，惟家之殃

古人有云：有财无义，惟家之殃。意思是说如果祖宗留下的只有巨额的财产，而没有良好的家风训诫的话，那只会给家族带来灾难，而不是兴旺。

这种因权势与财富而起争执的争斗在皇宫中最为常见，最广为人知的无疑就是因帝位而互相残杀的"玄武门之变"。当然，也有例外，李成器与李隆基兄弟互相谦让皇位这件少有人听闻的事就是个例外。

李成器生于公元678年，是唐睿宗李旦的长子、唐玄宗李隆基的长兄。成器少年时才气过人，成年后精通音乐，尤其对西域龟兹乐律有独到的见解，曾经当过杨贵妃的音乐教习，唐代诗人张祜的诗句"梨花深院无人见，闲把宁王玉笛吹"就是写的他。起初，高宗李治封成器为永平郡王。公元684年，睿宗李旦登基称帝，年仅六岁的李成器被立为皇太子。不久，武则天废唐建周，自称皇帝，睿宗被降为皇嗣，李成器亦相应地失去了皇太子之位降为皇孙。

武则天退位后，中宗李显重新上台，专横跋扈的韦皇后却企图仿效武则天，临朝称制。公元709年，韦皇后与安乐公主合谋毒杀了中宗。就在这时，李隆基率"万骑"羽林军攻入宫中，杀死了韦皇后、安乐公主等人，睿宗李旦重登帝位。

睿宗二次登基后，在确立继承人问题上犯了愁：按照宗法的嫡长制原则，应立长子李成器为太子，况且第一次登基已经明确宣布成器为太子，但讨平韦氏之乱却多亏了三子李隆基，故意久不定。李成器看出了父亲的心事后，对睿宗说："储副（皇太子）者，天下之公器也，时平则先嫡长，国难则归有功。若失其时，海内失望，非社稷之福，臣今敢以死请。"睿宗听罢，仍犹豫不决。成器便"累日涕泣"，"言甚切至"。睿宗深为成器诚心让位之心所感动，同意了他的请求。李隆基知道后，"又以成器嫡长，再抗表，固让"。就这样，兄弟两人再三谦让，由于成器坚辞固让，最后才确立李隆基为皇太子。

从此，李成器与李隆基以手足情深，留下了千古佳话。还在李隆基做太子时，就曾令人制造了一床大被和一个长枕，与成器等诸兄弟同枕共眠；睿宗知而大悦。登基后唐玄宗李隆基在兴庆宫的西面盖了一座楼房，题曰"花萼相辉之楼"。取《诗经·小雅》中"常棣之华，鄂不韡韡。凡今之人，莫如兄弟"的典故，表示兄弟之间的和睦友好就像花和萼那样相依而生，不能分离。玄宗即位之初，太平公主阴谋借助羽林军杀害玄宗。李成器与玄宗紧密配合，杀掉了太平公主及其重要党羽数十人，巩固了玄宗的统治。

公元714年，李成器晋封为宋王，拜左卫大将军。公元716年，因避玄宗生母昭成窦皇后之讳，李成器改名为宪，晋封为宁王。公元733年，迁升为太尉。公元741年11月，李成器病逝，享年六十三岁。玄宗听到李成器病逝的消息后，"号叫失声，左右皆掩涕"。

第二天，玄宗即下诏追谥李成器为"让皇帝"，命令有司以皇帝之礼安葬李成器，称其墓曰"惠陵"，在今陕西蒲城境内。李成器让帝位，博得了后人的高度赞誉。如清人何亮基在《游惠陵》诗中写道："宫中喋血千秋恨，何如人间作让皇。"

卜式是西汉时期著名的贤士，他家有两兄弟。他对自己的弟弟很好，照顾得很周到。父母去世后，兄弟两人分家，卜式把家中的财产都让给了弟弟，自己只要了一百多头羊。十几年过去了，卜式的羊群繁殖到了上千头，他买了房屋，置办了土地。这时弟弟却因经营不善而破产了，于是卜式毫不犹豫地把自己的财产又分了一半给弟弟。卜式的行为感动了弟弟和所有的人，大家都说他是个重亲情、不爱财的君子。

可见，历史上兄友弟恭的故事还是不少，而先辈留给后辈最好的礼物其实也正是良好的品德榜样和端正纯良的家风。

长者优先，幼者居后

【原典再现】

或①饮②食③，或坐④走⑤。长⑥者先⑦，幼⑧者后⑨。

【重点注释】

①或：本义指不确定性，后引申为有的、或许等释义，这里指或是。

②饮：原指喝，有含着、隐没等释义，此处指吃喝。

③食：本义指五谷杂粮，后泛指粮食，这里指米饭、食物。

④坐：原指跪坐，即跪着以臀部坐于腿上，此处指端坐。

⑤走：本义指跑，后多用来表示逃跑、泄露、拜访等义，这里表示行走。

⑥长：原指成长，后引申为首领、抚育等释义，此处指年纪、辈分较大者。

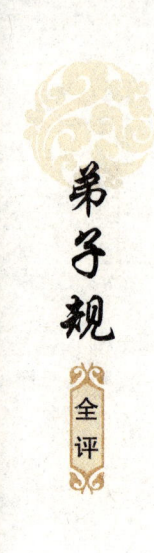

⑦先：这里指优先、次序在前。

⑧幼：原指幼小，这里指年纪、辈分较小。

⑨后：本义指子孙后代，后来多被用作次序、位置在后，此处指后面。

【白话翻译】

吃喝用饭的时候，或是坐下行走的时候，都要让长辈在前，由长辈先开始，让晚辈在后，由晚辈后进行。

【鉴赏评议】

《弟子规》对吃饭用餐、坐立行走都做了比较细致的要求，概括而言就是：长幼有序。作为一本训蒙文，对日常生活中的礼仪细节进行倡导其实很有必要，因为每个人的生活习惯都是从小培养起来的，大部分人的生活习惯一旦确立就再难更改，举止礼仪也是如此。

所以，从小就有意识地培养孩子尊敬长辈的观念，规范孩子正确的礼仪举止是重要且必要的。事随时迁，朝代更迭，时代一直在变，但无论身处什么时代，尊敬长者这一点是永远不会变的，这是一个社会得以长久稳定发展的基础。因此，尊老爱幼的道德教育和举止得体的礼仪规范要从孩子抓起。

【深度解读】

推赤心于天下，安反侧于万物

"推赤心于天下，安反侧于万物"出自南北朝时期的文学家丘迟，这句话的意思是说用一颗赤子之心推及天下人，让所有的辗转不安都能安定下来。这种"兼济天下"的精神跟《弟子规》所倡议的精神有异曲同工之妙。

《弟子规》倡议吃饭坐走都要讲究长幼有序，这样的礼仪看似是生活里面一个烦琐的小细节，但它最重要的是要培养孩子的恭敬之心，为他人着想。

范仲淹的大儿子，取名为范纯仁，可见，中国的父母对孩子的关爱无微不至，连取名字都是在教育小孩。中国人取名字的目的在哪里？在于透过这个名字给孩子以期许，让他能时时提醒自己。所以范仲淹给他儿子取名字叫纯仁，期许他的孩子能时时存着一颗仁慈之心。

这个"仁"字，是会意字，左边一个"人"，右边一个"二"，什么意思？两个人，哪两个人？想到自己就要想到别人，所以"己所不欲，勿施于人"，"己所欲，施于人"，"己欲利而利人，己欲达而达人"。孩子从小知道这是父亲对他的期许，自然而然就会常常鼓舞自己，督促自己去向这个方向做。

范纯仁也确确实实没有辜负他父亲的期望。有一次，范仲淹叫范纯仁从京城帮他把五百斗麦子运回江苏老家。结果在中途刚好遇到了他父亲的老朋友，他父亲的故友把自己的家庭状况告诉了范纯仁。他父亲的朋友家里面，父母去世了，没有钱安葬，还有女儿都还没有嫁出去，生活状况比较窘困。范纯仁听完了，马上就把五百斗的麦子卖掉，把这些钱拿给这位长辈。但钱还不够，他当场把运麦子的船也卖了，钱才够。

范纯仁处理完之后，回京城见他父亲，他跟父亲报告在途中遇到了父亲的故友。讲到他最后决定把五百斗麦子卖了去帮助他人，然后他就说："但是钱还不够。"范仲淹就抬起头来说："那你就把船也卖了！"

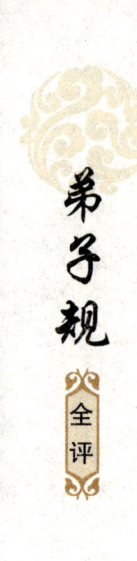

范纯仁说："父亲，我已经把它卖了。"所以父子同心，家道才可以长盛不衰。

信陵君是战国时期四大公子之一，他是个敬老爱贤又求才若渴的人，正因为他的这一品质，许多人都去投靠他，成为他门下的食客。也有不少人是信陵君听说了对方的美名之后，亲自上门邀请，将其纳入自己麾下的。

有一次，他听说有一个看城门的老人侯嬴怀有贤德，就十分郑重地前去请教。他亲自驾着车，把车上尊贵的位子空出来留给侯嬴。侯嬴早就知道信陵君的名声，但为了考验他，故意装出傲慢的样子。但越是这样，信陵君对他越恭敬。侯嬴见状，知道信陵君的敬老是真心的，于是痛快地做了他的门客。

信陵君能够纡尊降贵地上门请教，说明他有惜才之心，还有求才之志，更懂得有才能的人的心思。他知道，那些有才的人都希望得到自己效命的人的重视，所以信陵君便给予每一位门客足够的尊重，这也正是他能广纳贤才的最根本原因。不难看出，这其实也正是易地而处来"为他人着想"的一种表现。

救人于危难之中是"推赤心"，敬人于言行举止当中同样是"推赤心"，救助他人从而使得他人对自己信任，敬重他人从而使得他人对自己认可，这些都是"安反侧"的体现。为他人着想，多换位思考，从这些层面去看，《弟子规》中的那些烦琐礼仪也就不那么难以理解了。

长者呼人，即刻代叫

【原典再现】

长①呼②人，即③代④叫⑤。人不在⑥，己⑦即到⑧。

【重点注释】

①长：本义为老，后多用来表示辈分长的、年纪大的，此处意为长辈。

②呼：原指将口中气吐出，后引申为呼喊、呼叫，这里指的是召唤、呼唤。

③即：此处指当即、立即，表示反应迅速、立刻。

④代：这里用作动词，表示代替。

⑤叫：原指高声呼喊，后引申为叫声、招呼等释义，此处指传唤。

⑥在：本义指存在，后泛指位置上的存在，有处于、在于等释义，这里表示存在。

⑦己：原指缠丝的头绪，后假借为"自己"，指代第一人称，此处的意思是自己。

⑧到：本义指达到，又有到时、去往等释义，这里指抵达、到达。

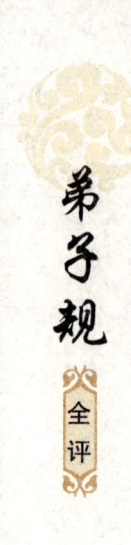

【白话翻译】

长辈呼唤人，应立即代替长辈传唤，要是那人恰好不在，那自己应立即到长辈面前告知，并询问长辈自己能否帮忙。

【鉴赏评议】

《弟子规》十分注子对孩子礼仪的培养，小到如何询问，大到如何待客，都有所指导。中华民族是礼仪之邦，千百年来的礼仪规范经过历朝历代的实践改进，变得越发成熟和规范。可以说，留下来的礼仪传统都是通过了重重历史考验的国粹精华。

所以，继承和发扬这些礼仪是我们责无旁贷的责任和使命。当然，学习礼仪规范不能生硬刻板地照做，而要取其精华去其糟粕地进行升华学习。幸运的是，这些生命力极强的礼仪规范同时还具备极强的适应性，它们对当今社会的道德教育有很大的借鉴意义。因此，我们要善于学习并加以运用。

【深度解读】

不学礼，无以立

据史料记载，有一年朝廷的科举取士中，八股文的考题是"立鲤"二字。八股文讲究的是破题、承题、起讲，然后入题，所以面对"立鲤"这个相当于现代的高考命题作文的考题，首先要做的无疑是分析题目。这道题目很有意思，它的破题关键点应该在于将"礼"与"鲤"结合，然后由"不学礼，无以立"来承题展开叙述。"立鲤"即"立礼"，不学礼，无以立。古代科举考题向来对"礼"比较偏爱，因为礼仪规范确实是一个社会稳定有序的道德基础。

"不学礼，无以立"的故事出自于《论语》，故事的主人公是孔子的儿子孔鲤，这一点也是"立鲤"这个考题出得精妙有趣的又一论据。有一天，孔子站在庭院里，他的儿子孔鲤看见父亲站在庭院里，于是低着头快步走过去。孔子说："站住，你学习《诗经》了吗？""没有。""不学《诗经》你怎么会说话？""是。"于是孔鲤退下，跑回去学习《诗经》。又一天，孔子又站在庭院里，孔鲤又低着头快步走过他身边，孔子说："站住，学习礼仪了吗？""还没有。""不学习礼仪你怎么做人？"孔鲤答："是。"于是，又退回去学习礼仪。

礼仪遍布人们的生活当中，历史上也有不少为人称道的讲究礼仪的故事。北宋时期，有一位很有才华的才子杨时，他在高中进士后，放弃了做官，选择继续求学。程颢、程颐兄弟俩是当时很有名望的大学问家，也是北宋理学的奠基人。当时杨时因为仰慕二程的学识，便投奔洛阳，拜在程颢门下，潜心求学，四年后程颢去世，他又继续拜程颐为师。那时他已年至不惑，但依旧十分注重尊师礼节，醉心于研究学问。

有一次，大雪纷飞，天寒地冻，杨时因为碰到了疑难问题，便冒着凛冽的寒风，约同学游酢一同前往老师家中求教。当他们来到老师家，见老师坐在椅子上睡着了，他们不忍打搅，怕影响老师休息，就静静地侍立门外等候。当老师一觉醒来时，他们的脚下已积雪一尺深了，身上也飘满了雪。老师忙把他们请进屋去，为他们讲学。后来，"程门立雪"成了广为流传的尊师重礼的典范。

一直奉"礼"的孔子在生活中也是个十分讲究礼仪的人。有一次，孔子得知他的学生宫敬叔奉鲁国国君之命，要前往周朝京都洛阳去朝拜天子，觉得这是个向周朝守藏史老子请教"礼制"学识的好机会，于是

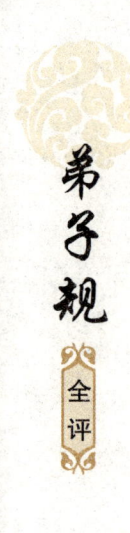

征得鲁昭公的同意后，与宫敬叔同行。

到达京都的第二天，孔子便徒步前往守藏史府去拜望老子。正在书写《道德经》的老子听说誉满天下的孔丘前来求教，赶忙放下手中的刀笔，整顿衣冠出迎。孔子见大门里出来一位年逾古稀、精神矍铄的老人，料想便是老子，快步走上前，恭恭敬敬地向老子行了弟子礼。进入大厅后，孔子拜了两拜后才坐下来。老子问孔子为何事而来，孔子离座回答："我学识浅薄，对古代的'礼制'一无所知，特来向老师请教。"老子见孔子这样诚恳，便详细地抒发了自己的见解。

回到鲁国后，孔子的学生们请求他讲解老子的学识。孔子说："老子博古通今，通礼乐之源，明道德之归，确实是我的好老师。"同时还打比方赞扬老子，他说："鸟儿，我知道它能飞；鱼儿，我知道它能游；野兽，我知道它能跑。善跑的野兽我可以结网来逮住它，会游的鱼儿我可以用丝条缚住鱼钩来钓到它，高飞的鸟儿我可以用良箭把它射下来。至于龙，我却不知道它是如何乘风云而上天的。老子，就像是那龙啊！"孔子正是用自己尊师重礼的行为影响了他的学生，让他的学生在他的言传身教下也都变成了尊师重礼的人。

汉明帝刘庄做太子时，博士桓荣是他的老师，后来他继位做了皇帝，也依旧对桓荣行学生礼。他曾亲自到太常府去，让桓荣坐东面尊位，设置桌几，像当年讲学一样，聆听老师的指教。他还将朝中百官和桓荣教过的学生数百人召到太常府，向桓荣行弟子礼。桓荣生病，明帝就派人专程慰问，甚至亲自登门看望，每次探望老师，明帝都是一进街口便下车步行前往，以表尊敬。进门后，往往拉着老师枯瘦的手，默默垂泪，很久才离开。当朝皇帝对桓荣如此，所有的大臣更是不敢僭越，纷纷去探望桓荣，并都以最高的礼仪拜访。桓荣去世时，明帝还换了常服，亲自临丧送葬，并将其子女做了妥善安排。汉明帝尊师重礼可见一斑，他通过自己的行为影响了自己的臣民。

礼仪是需要事事注意、时时坚持的东西。只有讲究礼仪的人，才能得到他人的以礼相待，才能与他人展开友好的交往。因此，不厌其烦地在学习礼仪上多下功夫是十分有必要的。

面对尊长，谦虚低调

【原典再现】

称①尊②长，勿③呼名④。对⑤尊长，勿见⑥能⑦。

【重点注释】

①称：原指相称、符合，有称重、称赞等释义，这里用作动词，表示称呼。

②尊：本义指装酒的器皿，后引申为敬重、推崇、遵守等义，此处用作名词，表示尊敬的人。

③勿：不要。

④名：姓名、名讳。

⑤对：面对、面前。

⑥见：同"现"，出现、显露。

⑦能：本领。

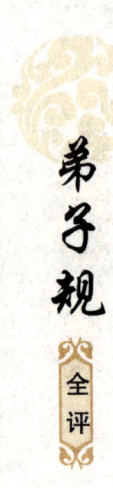

【白话翻译】

称呼尊敬的长辈，不能直呼其名讳；在尊敬的长辈面前，不要显摆自己的本领。

【鉴赏评议】

是否尊敬长辈是一个人素质修养的体现。《弟子规》要求我们面对尊长的时候，态度要恭敬，姿态要谦虚，不能目无尊长，夸夸其谈地炫耀自己。它还要求我们对人要有礼貌，对同辈或者小辈可以称呼对方的名字，但是对长辈要用尊称，不能直呼其名，因为那是极其没有修养的表现。

长辈们年纪比我们大，生活经验也比我们多，所以即便我们懂一些长辈们可能不明白的"时髦"的东西，但也不能以此自傲，觉得自己无所不能，从而藐视长辈们的社会经验，那是愚昧自大、短视骄矜的行为。我们应该时刻保持虚怀若谷的态度，取长补短，认真学习长辈的经验，不断充实自己、提升自己。

【深度解读】

谦虚使人进步，骄傲使人落后

"谦虚使人进步，骄傲使人落后。"这是我们耳熟能详的名言，但生活中，因为一些小成就就骄傲的人不少。事实上，要想获得成功，谦虚的态度是必备的要素。龟兔赛跑的故事我们早已听说过，骄傲只会让本来有优势的人麻痹大意，从而失去先机；谦虚却会激励原本条件不足的人不断奋斗，最终实现自我超越。所以，我们要时刻保持谦虚。

东晋时期，司马昱邀请王坦之和范启前去议事，范启年龄大而官位小，王坦之年龄小而官位大。他们两人互相谦让让对方走前头，最终王坦之还是没能让得过范启，走在了前面，这也算是以官位来分尊卑了。王坦之感受到了范启对自己的尊重，于是投桃报李地说了一句"簸之扬之，糠秕在前"，谦虚地表示自己因为无才所以走在前面，抛砖引玉。而范启听了这话后，也感受到了王坦之的关爱，便回了一句"洮之汰之，沙砾在后"，谦恭地说自己不过是被挑拣后的沙砾，而王坦之则是在前的金玉。

两个人都相互礼让，双方都以对方为尊，因而气氛和谐融洽，为彼此的交往打下了基础。可见，谦虚会让人收获良好的友谊，会让人打开友善沟通的窗口，会让自己在人际交往中如鱼得水。

我们在《易经》里面有提到"谦卦，六爻皆吉"，《书经》里面也说"满招损，谦受益"。在《易经》的六十四卦当中，每一卦都是吉凶掺杂，只有一个卦象是所有六爻都是吉，那就是"谦卦"。可见，只要一个人能懂得谦卑，他几乎是可以无往而不利的。

齐国宰相晏婴有位车夫叫吕成，他倚仗主人的权势非常骄傲自大。有一次，吕成回到家中妻子表示要离开他。吕成很吃惊地问："我为宰相赶车，多体面啊！不愁吃穿，你为什么要离开我呢？"妻子说："你还知道自己是个车夫啊，你看晏大人虽然贵为宰相，但从没有像你那样地招摇和炫耀。"听完妻子的批评，吕成很惭愧。从此一改前非，后来在晏子的推荐下，吕成当上了大夫。可见，谦虚的人才更容易获得成功。

三国时的吕岱位高权重，声名显赫，但他能虚心听取批评意见。他的朋友徐厚为人忠厚耿直，常常毫不留情地批评吕岱的缺点。吕岱的部属对徐厚不满，认为徐厚太狂妄，并将此告诉了吕岱。可吕岱反而更加尊重和亲近徐厚。徐厚死后，吕岱失声痛哭，边哭边诉："徐厚啊！以后

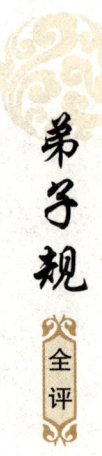

我从哪儿去听到自己的过失啊！"吕岱能毫不在意地接受徐厚的批评，并加以改正，不难看出他对自己的严格要求，对诤友的高度尊重。

　　古人有句话叫"友直，友谅，友多闻"，这是形容人生中不可多得的三类朋友，正直敢言的诤友被排在第一位，可见其难能可贵。因此，我们的谦虚不仅仅是对自己的才能不过分夸耀，还应包括对他人的批评建议虚心接受。

　　只要我们时刻保持谦虚，不陶醉于自己现有的优点，不忌惮于改进自己的缺点，那我们就能离成功更近一步。因为谦虚的人，世界都在给他让路。

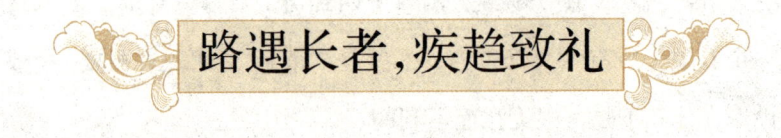

路遇长者，疾趋致礼

【原典再现】

路①遇②长，疾③趋④揖⑤。长无言，退⑥恭立⑦。

【重点注释】

①路：本义指十字路口，后泛指道路，有思路、经过等词义，这里指路上。

②遇：原指没有约定的碰面，即遇见，后引申为对待、遭受等释义，此处指碰见。

③疾：迅速地、快速地。

④趋：走上前。

⑤揖：作揖。

⑥退：倒退、后退。

⑦立：本义指人笔直端正地站立，有制定、建立、立刻等释义，此处指端正地站着。

【白话翻译】

在路上碰见长辈，要快速地走上前去作揖致礼，长辈如果没有说什么以示训诫，那便在行礼完毕后后退几步，在一旁恭敬地站着。

【鉴赏评议】

《弟子规》描绘了路上遇到长辈之时，我们应该采取的态度和应有的礼仪。首先，态度一定要谦卑，要主动迅速上前打招呼，对长辈作揖行礼；其次，要随时听候长辈的吩咐，如果长辈没有训示，那就尽量不要打扰地退下。

这一准则应用在当代生活中，那就应该是这样：在遇到长辈时，要主动上前问候打招呼，如果长辈有其他事要忙，那就说不打扰便告别离开。这种常规的礼节既包含了晚辈对长辈的尊敬，其实也是人与人之间拉近距离的方法。所以，我们应尽量将这种礼仪传扬下去。

【深度解读】

事要好，问三老

我国民间有一句谚语是这样说的：事要好，问三老；家要兴，看后丁。意思是说，要想把事情办好，就要多请教老人的意见；要想让家庭兴旺，就要看家中后辈的资质。从这一谚语中不难看出，尊敬长辈有助于我们解决问题，并且对我们自己乃至整个社会都有着重大的意义。

历史上尊老的例子不少。张苍是汉朝的丞相，他是一个非常尊敬长辈的人，在他年轻的时候，曾经得到过王陵的不少照顾。后来张苍当官后，为了感谢王陵，常常像对待父亲一样照顾他。王陵死后，他的老母还健在。虽然当时张苍已是丞相，公务繁忙，但他总是抽空去照顾王陵的母亲，甚至亲自伺候王母吃饭。张苍贵为丞相，能这样谨慎地照顾长辈，足见中华民族尊老美德的源远流长。

还有一个叫张良的人，他因为尊老而改变了自己的人生道路。张良出身于贵族世家，祖父张开地，曾连任战国时韩国三朝的宰相。父亲张平，亦继任韩国二朝的宰相。到了张良这一代，韩国已逐渐衰落，被秦国所灭。韩国的灭亡，使张良失去了继承父亲事业的机会，丧失了显赫荣耀的地位，因此，他心存亡国亡家的仇恨，发誓要反秦。

青年时期的张良，怀揣着报效国家、恢复韩国的雄心，将家中的财产散尽，遍寻刺客。后来他找到一位天生巨力的人，做出了一个铁锤，趁秦始皇带领大军往东方远游之机刺杀秦始皇。可惜的是没有一击即中，不慎误击了副驾，面对围攻，他只能赶紧潜逃。

张良没能一举将秦王杀死，成为了被张榜通缉的要犯。为了躲避抓捕，他只能隐姓埋名逃到偏远的地方等风头过去。在那个远离繁华的角落，没有人认识他，所以张良的小日子过得悠然闲适。

有一次，张良慢悠悠从沂水圯桥头走过，一个衣衫褴褛的老人叫住了他，让张良到自己身边去。张良纳闷又好奇，因为他根本不认识这个老人，于是他走了过去一探究竟。这位老人看到张良走了过来，便有意将自己脚上的烂布鞋脱下,往桥下一丢,盛气凌人地对张良说:"小子,下去给我把鞋捡上来!"张良看着老人这一系列动作有些摸不着头脑,但他还是压下心底的不愉快,跑到桥下把鞋捡了上来。当他跑回桥上,将鞋交给老人的时候,老人却并没有接过去,只见他颐指气使地道:"给我穿上。"张良听了简直不敢相信自己的耳朵,他没料到素昧平生的一个老人居然会对他提出这样无理的要求。不过张良最终还是努力平息心中的怒火,本着尊老敬老的心态,蹲下身为老人穿上了鞋。鞋穿好后,老人也没什么表示,甚至连声道谢都没有,只是大笑着扬长而去。看到这个情形,张良傻愣在地。好在,老人笑着走了几百米后又折返回来对他说:"你小子还算可以,五天后的辰时你还来这儿见我。"张良不知道老人究竟想做什么,但还是下意识地答应了。

　　五天之后,张良匆匆忙忙地赶在辰时时分准时跑到了桥上,哪知老人却有意比他先到。老人严厉地指责他:"跟老人家约好了时间,却还迟到!你五天之后再来吧。"说完就转身走了。张良没有办法,只能在五天之后起了个大早,提前赶到约定的地方。哪知老人又比他先到一步。老人依旧趾高气扬地告诉他五日之后再来。张良无奈至极,决定干脆半夜就跑到桥上等老人,而这一次,老人终于满意了。老人便将一本书送给了张良,并对他说:"这本书可以教导你在乱世中谋一片天地,不出十年,这世间将战火纷起,到时候你可以凭借这本书干出一番事业。"嘱咐一通后,老人转身离去了。

　　天亮以后,张良才借着光看清了老人给他的书,只见那封面上写着《太公兵法》,张良这才知道那老人原来就是隐逸遁世的高人黄石公,也就是"圮上老人"。他如获至宝,从此以后专心修习兵书,洞察兵法机巧,终于将自己打造成了文武双全的良将。

后来，张良多次用《太公兵法》上的谋略为刘邦出谋划策，刘邦对张良很信任，也凭借张良的谋划夺得了一次又一次的胜利。二人成为了历史上有名的明君贤臣搭档。

追本溯源，正是因为那次偶然的机会，张良尊重老人，对长辈保持耐心，他的命运才就此改写，走上了通达显赫的仕途道路。可见，尊敬长辈是很有必要的。

"家有一老，如有一宝"，长辈们经常能给我们提供良好的决策建议，为我们带来绝佳的方案参考，所以我们要在生活上多询问长辈意见，时刻尊重长辈。

路遇长者，招呼让路

【原典再现】

骑①下②马③，乘④下车⑤。过⑥犹⑦待⑧，百步⑨余。

【重点注释】

①骑：本义指跨在马上，后引申为骑行、跨越，这里指骑马。

②下：原指位置低处，后引申为下面、下次、离开等释义，此处指下来。

③马：本义指家禽的名字，这里指马匹。

④乘：坐车。

⑤车：本义指有轮子的陆上交通工具，此处指马车。

⑥过：原指过错，后引申为超出、路过等释义，这里表示经过。

⑦犹：本义指相似，有迟疑、尚且等词义，此处意思是依然。

⑧待：原指等待，此处指等候。

⑨步：这里表示步数。

【白话翻译】

遇见长辈的时候，如果在骑马那就应该下马，如果在乘坐马车那就该下车，等长辈经过了依然要在原地等候目送，直到长辈离自己百多步的距离以后才继续自己的行程。

【鉴赏评议】

《弟子规》要求晚辈在路上遇到长辈时要打招呼并让路。尤其在自己乘坐交通工具的时候，不能因为车马快捷而故意忽略路上的长辈。骑马的时候要下马问候，坐车的时候要下车招呼，问候完毕还要让长辈先行离开，并目送长辈走出百步远后自己再离开。

这其实在我们的日常生活中也有体现，比如送客时要将客人送到门口或者更远，然后目送对方走开很远再关门，而不是客人才转身就将门关上，这样显得不礼貌。骑车在路上遇见熟人也应该主动打招呼，或者微笑示意，这些都是常见的生活礼节，而这些礼节其实也正是千百年前就流传下来的优良传统。

【深度解读】

家和万事兴

孟子曾说"人人亲其亲，长其长，而天下平"，意思是每个人都对自己的亲人亲近，都对自己的长辈尊敬，那天下就能一片太平。确实如此，家和万事兴，只要每个人、每个家庭都能尊敬长辈、谨守礼仪，那国家必然繁盛，四海定然昌隆。

清朝乾隆年间，安徽桐城的方观承，是一位出了名的孝子，他千里探亲的故事，至今被人们传为美谈。方观承的祖父、父亲都曾做过朝廷命官。清朝的文字狱使其祖父、父亲因朋友写了一本书而被株连，流放到黑龙江充军服役，其家产也被没收充公。年幼的方观承兄弟无依无靠，只得到寺庙中暂栖其身。

在寺庙中，方观承兄弟含泪度日，备尝艰辛，但方观承最想念的还是祖父和父亲。他鼓足勇气，向长老提出请求，允许他俩前往边疆探望长辈。长老念及二人年幼，极力劝阻。方观承则恳求说："祖父、父亲对家中亲人望眼欲穿，我们若能前往，定会增添些许慰藉。为给二老一点安慰，我们即使受点折磨，遭受点艰难，也在所不辞。请长老恩准，让我们启程。"方家兄弟的义举感动了长老，长老送其路费，含泪目送他们踏上探亲的路程。

一路上，他们风餐露宿，跋山涉水，忍饥挨饿。几个月后，他们终于见到了二老。四人抱头痛哭之后，祖父、父亲心中因自己孝顺的子孙而感到欣慰。此后，一家人相亲相爱地生活在了一起。

西晋的李密，他的父亲很早就去世了，他的母亲在他父亲死后改嫁他人，独留李密一人由他的祖母抚养。李密一天天长大，他的祖母也一天天变老。到了他祖母晚年的时候，晋武帝司马炎征召李密为太子洗马。

李密为了能给祖母养老送终，坚定地请辞了皇帝的征召令，并撰写了感人至深、脍炙人口的《陈情表》一文，他写道："臣无祖母，无以至今日，祖母无臣，无以终余年，祖孙二人，更相为命，是以区区不敢废远。臣密今年四十有四，祖母刘今年九十有六，是臣尽节于陛下之日长，报养刘之日短也。乌鸟私情，愿乞终养。"李密对其祖母的拳拳深情感动了晋武帝，不但准了他的奏折，而且赐予他一笔赡养祖母的费用。

北宋年间，苏东坡用自己多年的积蓄，在宜沧的荆溪边上买下一栋房屋，作为退隐的住所。一天，他突然听到从一间破旧民房中传来老妪的哭声，便前往问明原因。原来是老人不孝的儿子卖掉了她祖居的房子。再一深问，苏东坡才知道自己买的那栋房屋，正是老人祖居的房屋。苏东坡立即从身上取出买房的契约，当着老人的面烧毁，并表示不再要买房的钱，而且狠狠责备了老人的那个不孝儿子，并要他将老人接回祖居的老屋去住。

明太祖朱元璋出身贫寒，对老年媪翁特别体恤，他"诏天下养老之政"，凡年满八十岁以上的贫穷无产业者，只要人正派，乡里称善，每月给米五斗、肉五斤。清朝康熙皇帝69岁生日时，曾邀请全国70岁以上的两千多位老人赴京会宴，称"千叟宴"。

孝顺父母、尊敬师长、善待老人，历史上有数之不尽的实例，中华民族千百年来的优良传统也正是在这代代相随的过程中得以继承和发扬。我们一定要恪守谨行，把尊老品德及礼仪规范继续传承下去。

知礼守礼，助人成事

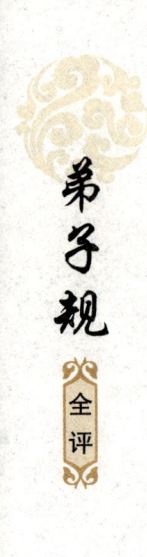

【原典再现】

长者立，幼勿坐。长者坐，命①乃②坐。

【重点注释】

①命：本义指发号施令、发布命令，后引申为生命、指派、天命等释义，这里指吩咐、命令。

②乃：多用作代词，表示你、他、这个等义，又有就是、竟然等释义，此处用作副词，表示才。

【白话翻译】

长辈站着的时候，晚辈不能坐着。长辈坐下了，晚辈得了长辈的吩咐准许才能坐下。

【鉴赏评议】

《弟子规》还规定了我们侍立在长辈身边时应当遵守的礼仪规范。总体而言，就是要时刻以长辈为尊，随时听候长辈吩咐，尽力满足长辈的要求。

当然，现代社会在长辈面前的坐立规矩已经没有那么严格了，但敬重长辈的精神内核在礼仪规范上还是有所体现的。比如吃饭应该让长辈坐尊位，长辈开始动筷吃饭，小辈们才能开始动筷吃饭等。

在我们的生活中，总该有些规矩和礼仪的，就像总该有些信仰一样，有了那些我们的生活才能更有序，我们也才能生活得更美好。

【深度解读】

做一个知礼守礼的人

荀子说："人无礼则不生，事无礼则不成，国无礼则不宁。"意思是没有礼仪的个人和国家都是无法生存和兴旺的。尊礼可以助人成事，可以助国富强；无礼却会败人前程，会引发战争。

唐代著名的高僧玄奘就是个知礼守礼的人。在他八岁的时候，父亲给他讲《孝经》："曾子听老师讲书，总是恭恭敬敬地站着，老师叫他坐着听，他说站着听是对老师的尊敬。"父亲抬头看玄奘，发现玄奘已离开座位站着了。父亲叫他坐下听讲，他说："曾子听老师讲书还站着，我听父亲讲书怎么敢坐着听呢？"父亲称赞儿子会学以致用，说他将来一定会有出息的。果不其然，后来玄奘在自己28岁时，从京城出发，到天竺取经，艰难险阻中依旧尊礼守礼，最终成为唐代著名的佛教学者。

王生是汉初的隐士，喜欢黄老之学，很受当时人的尊重。他曾应召入朝，当时三公九卿均在场，王生的鞋带松了，就让张释之替他系上，张释之便跪下替他系好了鞋带。事后，有人问王生为什么要在朝廷上羞辱张释之，王生说："我年纪大了，地位也不高，想着自己也帮不上张廷尉什么忙，所以才这样做。张释之是天下名臣，我羞辱他，正是为了增强他的名声。"大臣们听到后，都称赞王生的贤德而且敬重张廷尉。后人常用这一典故,来形容人的贤能和德行,也称作"王生袜""结袜"。

有一次,孟子的妻子在房间里休息,因为是独自一个人,便无所顾忌地将两腿叉开坐着。这时,孟子推门进来,一看见妻子这样坐着,非常生气。原来,古人称这种双腿向前叉开坐为箕踞,箕踞向人是非常不礼貌的。

孟子一声不吭就走出去,看到孟母,便把刚才的一幕说给孟母听。孟母听完后说:"那么没礼貌的人应该是你,而不是你妻子。难道你忘了《礼记》上是怎么教人的?进屋前,要先问一下里面是谁;上厅堂时,要高声说话;为避免看见别人的隐私,进房后,眼睛应向下看。你想想,卧室是休息的地方,你不出声、不低头就闯了进去,已经先失了礼,怎么能责备别人没礼貌呢?没礼貌的人是你自己呀!"一席话说得孟子心服口服,再也没提什么休妻子回娘家的话了。

孟子自己不守礼在前,所以也就不能责怪妻子的不知礼。尊重是相互的,守礼也是相互的,只有以礼待人,才能得到他人的以礼相待。

公元前592年,齐国国君齐顷公在朝堂接见来自晋国、鲁国、卫国和曹国的使臣,各国使臣都带来了墨玉、币帛等贵重礼品献给齐顷公。献礼的时候,齐顷公向下一看,只见晋国的亚卿郁克是个独眼,鲁国的上卿是个秃头,卫国的上卿孙良夫是个跛脚,而曹国的大夫公子首则是个驼背,他不禁暗自发笑:怎么四国的使臣都是有毛病的。

那天晚上,齐顷公见到自己的母亲萧夫人,便把白天看到的四个人当笑话说给萧夫人听。萧夫人一听便乐了,坚决要亲眼见识一下。正好第二天是齐顷公设宴招待各国使臣的日子,于是便答应让萧夫人届时躲在帷帐的后面观看。

第二天,当四国使臣的车子一起到达,众人依次入厅时,萧夫人掀开帷帐向外望,一看到四个使臣便忍不住大笑了起来。笑声惊动了众使者，等他们弄明白原来是齐顷公为了让母亲寻开心，特意做了这样的安排时，个个怒不可遏，约定各自回国请兵伐齐，雪洗在齐国所受的耻辱。

经过长期的筹备和安排，四年后，四国联合起来讨伐齐国，齐国不敌，大败，齐顷公只得讲和。齐国因为无礼而招致战争，最终让自己的国家和百姓蒙受了巨大的损失，这就是不尊礼守礼所付出的沉重代价。

从种种事例中我们不难看出，尊礼守礼的人同样会得到相应的尊重，而失礼无礼的人则不会得到应有的礼遇。守礼成就功业，失礼造成纠纷。所以，我们要始终坚守自己的本分，做一个知礼守礼的人。

尊长面前，声音要低

【原典再现】

尊长前①，声要②低③。低不闻④，却⑤非⑥宜⑦。

【重点注释】

①前：本义指前进，有引导、进见等释义，这里表示面前。

②要：原指索取、希望等义，此处用作副词，表示应该、必须。

③低：这里指声音低弱、低微。

④闻：听见。

⑤却：反而、然而。

⑥非：原指违背，后多用于表示否定，意为错误、不合适，此处意思是并非。

⑦宜：本义指安住的地方，后泛指恰当、合适等义，这里表示适宜。

【白话翻译】

在尊敬的长辈面前，说话的声音要低沉，不能喧闹，但也不能低弱到听不见的程度，那样反而不适宜。

【鉴赏评议】

《弟子规》要求我们在长辈面前说话要和颜悦色，声音不能高亢惊人，也不能低弱不可闻，而是要沉稳有力、恰到好处。声音过于高亢会给人留下浮躁、不可靠的印象，而声音过于低沉则会使人觉得自己怯懦、不自信，这两方面都会令人觉得这个人难当大任，所以都是不适宜的。

其实，关于在长辈面前的话语表达，我们可以更深层次地去理解：要向长辈表达自己的看法，既不能过于激烈冲动，让长辈因难以接受过于强烈的表达方式而彻底拒绝；也不能畏畏缩缩，不敢说出自己内心的想法，事事听从长辈的意愿，时时妥协家长的意志，而是要有礼有节地表达自己的看法，用长辈可以接受的温和的方式表达自己的看法。

【深度解读】

谏诤即见听

《汉书》有云：谏诤即见听，意思是说秉公直谏，使人人改正自己的错误。我国历史上敢于直谏的人不少，有的人甚至因对方不听从自己的规劝时，以死相谏。

春秋时期，有个人叫田婴，他有四十多个儿子，后来他的一位小妾又生了个儿子叫田文，田文是五月五日出生的。田婴告诉田文的母亲说："不要养活他。"可是田文的母亲还是偷偷地把他养活了。

等他长大后，他的母亲便通过田文的兄弟把田文引见给田婴。田婴见了这个孩子愤怒地对他母亲说："我让你把这个孩子扔了，你竟敢把他养活了，这是为什么？"田文的母亲还没回答，田文立即叩头大拜，接着反问田婴说："您为什么不让养育五月生的孩子？"田婴回答说："五月出生的孩子，长大了身长跟门户一样高，会害父害母的。"田文说："人的命运是由上天授予呢？还是由门户授予呢？"田婴不知怎么回答好，便沉默不语。田文接着说："如果是由上天授予的，您何必忧虑呢？如果是由门户授予的，那么只要加高门户就可以了，谁还能长到那么高呢！"田婴无言以对，便斥责道："你不要说了！"

过了一段日子，田文趁空问父亲："儿子的儿子叫什么？"田婴答道："叫孙子。"田文接着问："孙子的孙子叫什么？"田婴答道："叫玄孙。"田文又问："玄孙的孙子叫什么？"田婴说："我不知道了。"

田文说："您执掌大权担任齐国宰相，到如今已经历三代君王了，可是齐国的领土没有增广，您的私家却积贮了万金的财富，门下也看不到一位贤能之士。我听说，将军的门庭必出将军，宰相的门庭必有宰相。现在您的姬妾可以践踏绫罗绸缎，而贤士却穿不上粗布短衣；您的男仆女奴有剩余的饭食肉羹，而贤士却连糠菜也吃不饱。现在您还一个劲地加多积贮，想留给那些连称呼都叫不上来的人，却忘记国家在诸侯中一天天失势。我私下里感觉这是很奇怪的事。"

从此以后，田婴改变了对田文的态度，器重他，让他主持家政，接待宾客。宾客来往不断，日益增多，田文的名声随之传播到各诸侯国中。他就是战国四公子之一的孟尝君。

魏征是历史上有名的谏臣。贞观六年，唐太宗坐稳了皇位，他的开明政策已初见成效。这时许多大臣请求太宗去泰山封禅，以炫耀功德和国家富强，只有魏征坚决反对。

唐太宗不解，便问："你是认为我的功劳不高、德行不尊、中国未安、四夷未服、年谷未丰、祥瑞未至吗？"魏征答道："陛下虽有以上六德，但户口并未恢复到隋末大乱之前的水平，国库还很空虚；如果千骑万乘浩浩荡荡千里东巡，耗费会有多大呀，沿途百姓承受不了啊。再说封禅这件大事必然引来各国使者，远夷君长也会扈从，现在中原一带人烟稀少，灌木丛生，让他们看到中国如此虚弱，对我大唐怎么会不产生轻视之心？这种只图虚名而深受实害的事，陛下为何还要去做呢？"

唐太宗听后便，便打消了去泰山封禅的念头。

劝谏的事例还有很多，这几乎成了中国特色的文人表达自己看法的方式。虽然劝谏的方式有时可能会有些激烈，但不能否认的是，它充分保障了人们思想与表达的自由权利，是思想自由氛围中的必然产物。

进趋退迟，勿移视线

【原典再现】

进①必②趋③，退必迟③。问④起⑤对⑥，视⑦勿移⑧。

【重点注释】

①进：本义指前进，后引申为超过、走进、推荐等释义，此处指近前面见。

②必：多用作肯定，表示必然、一定要，这里表示必须、一定要。

③迟：本义指慢慢地走，后引申为迟到、犹疑等释义，此处表示迟缓、缓慢。

④问：多表示问候、审讯，这里指问话、问询。

⑤起：这里指站起、起身。

⑥对：这里作动词使用，表示应答、应对。

⑦视：本义指瞻仰、观看，后多表示观看、查探，这里用作名词，表示视线。

⑧移：原指移植稻苗，后泛指迁移、搬动，此处表示移动、转移。

【白话翻译】

前去面见长辈时，一定要快步走向前；跟长辈告退时，一定要慢慢地往后退下。长辈问话，一定要站起来恭敬地回答，视线不能随意转动、飘忽不定。

【鉴赏评议】

《弟子规》要求我们在面对长辈提问时，要进退有度，坚定沉着，不能没有分寸地乱窜，也不能没有定力地乱看。这是一种礼貌与自信的表现。在长辈面前惊慌失措显得不够稳重，眼神飘忽则显得为人轻浮。

所以，我们在跟他人说话交流时，一定要注重眼神的交流，用眼神示意"我在聆听"，这样才能有助于交流的顺利进行。

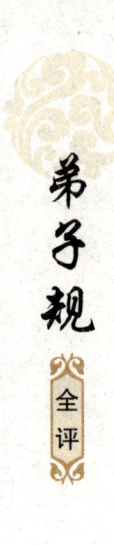

【深度解读】

礼之用，和为贵

孔子说："礼之用，和为贵。"意思是说宣传推广礼仪的目的，其实就是为了营造和谐融洽的相处氛围。所以，我们要谨言慎行，尊老守礼，与他人和睦相处。

有一次，曾子在孔子身边侍坐。孔子问他："以前圣贤君王有至德要道，教化天下百姓，人们就能和睦相处，君王和臣下之间没有不满，你知道它们是什么吗？"曾子听了，明白老师孔子是要指点他最深刻的道理，于是立刻从坐着的席子上站起来，走到席子外面，恭恭敬敬地回答道："我不够聪明，哪里能知道，还请老师把这些道理教给我。"

在这里，"避席"是一种非常礼貌的行为，当曾子听到老师要向他传授知识时，他站起身来，走到席子外向老师请教，是为了表示对老师的尊重。后来，曾子懂礼貌的故事被人广为传诵，很多人都向他学习。

清朝末年，当李鸿章将刘铭传推荐给曾国藩时，还一起推荐了另外两个书生。曾国藩为了测验他们三人中谁的品格最好，便故意约他们在某个时间到曾府面谈。可是到了约定的时刻，曾国藩故意不出面，让他们在客厅中等候，暗中却仔细观察他们的态度。只见其他两位都显得很不耐烦似的，不停地抱怨；只有刘铭传一个人安安静静、心平气和地欣赏墙上的字画。后来曾国藩考问他们客厅中的字画，只有刘铭传一人答了出来。结果刘铭传被推荐为官。正是因为刘铭传知礼守礼，能沉住气，所以他才能最终脱颖而出。

无数尊礼守礼的先人故事告诉我们,恪守礼仪并不会让人觉得我们迂腐,反而会让人们觉得可敬。尊重是相互的,要想打造和谐团结的社会风气,每个人都要遵守礼仪规范,为构建和谐社会贡献出自己力量。

事诸父兄,如事父兄

【原典再现】

事①诸②父③,如④事父。事诸兄,如事兄。

【重点注释】

①事:本义为官职,后多指事务、办法、事故等义,这里指服侍、对待。

②诸:原指辩论,泛指众多,此处用作代词,代指他人的、别的。

③父:本义指继父,后多用来表示亲父,此处指父辈。

④如:原指按照、依从,有跟随、去往、应当等释义,这里表示如同、好像。

【白话翻译】

对待别人的父辈叔伯要像对待自己的父辈叔伯一样;对待别人的兄弟姐妹,要像对待自己的兄弟姐妹一样。

【鉴赏评议】

《弟子规》提出，人不能只站在小家小国的立场上看待事物，而是应该站在更为广阔的大家大国的角度上考虑得失。有国才有家，国兴则家旺，只有国家太平，人们生活才能安定。正如一句俗语所说，"宁做太平犬，不做乱离人"，太平的年代人们才能安居乐业，战乱的年代必然充满了流血与牺牲。

因此，每个人都向往和平，而和平其实也源自于每一个人。只有人人都能遵纪守法，不去侵犯他人的权利，世界才会是一片祥和。所以，和平其实是从每一个人做起的，孝悌也是如此。人人都讲究孝悌，那整个社会便是和谐的大家庭。

【深度解读】

老吾老以及人之老，幼吾幼以及人之幼

《孟子》有云："老吾老以及人之老，幼吾幼以及人之幼。"它倡导的是一种推己及人的"大同"社会理念。每一个人对待所有的老人跟对待自己家中的老人一样，对待所有的小孩跟对待自己家中的小孩一样，这样每一个老人小孩都会得到善待，那天下人都能"老有所养，幼有所依"，这样社会就和谐了。

北宋著名的文学家范仲淹是个心怀天下的人。在范仲淹未入学前，他的母亲和继父就对他进行了良好的启蒙教育，给他讲了许多古圣先贤如何立志、如何读书、如何成就大事业的故事。每次他都认真聆听，默

记在心。听后，他又总爱安静地独立思考。

后来，范仲淹进了长山学宫读书。有一次，他看到学宫旁边一座庙宇前涌满了男女老幼许多人，人们虔诚地前来烧香磕头，求签问卦，问前程未来。出于好奇，范仲淹随人流也进了庙宇。他郑重地走到一个相士面前，抽出一签，询问道："我将来能当宰相吗？"相士回答说"不能"。范仲淹又问："不能当宰相，做个良医怎么样？"相士愣了，无言以对。旁边一位老者十分叹赏这位貌不出众却志向非凡的少年，便仔细询问了范仲淹的情况。

在范仲淹看来，"夫不能利泽生民，非大丈夫平生之志也"，很显然，他早年的志向就不存在升官发财之念，其意向鲜明地表达了利泽生民的思想。这个少年时代愿为良相良医的人，经过数十年宦海生涯之后，在暮年发出了"先天下之忧而忧，后天下之乐而乐"的千古绝唱。他的一生都在忧国忧民，心怀百姓。

晋朝的时候，有一位读书人叫祖逖。当时晋朝国家不大稳定，北方五胡乱华，他不得已带着好几百户人家，包含他的亲戚，还有乡里面的一些邻居，一起迁到淮泗这个地方。因为他从小就很有侠气，所以一路上所有的这些车马都让给年长的人坐，他自己则是徒步行走。他把家里所有的财物、药品统统拿出来给大家用，就这样一路照顾所有的人。

当时，晋元帝也很敬佩他的德行，所以封了一个官职让他去做，他也做得很好，而且常常抱着一定要把国家的失地再拿回来的雄心壮志。果不其然，他后来帮助晋元帝收复了晋朝很多失地。

因为战乱时代，常常都会有很多骨头，很多大地上就可以看得到。遇到一些骨骸，祖逖就组织大家把这些骨头统统埋好，还帮他们办了一些祭祀的活动。他的这些行为让跟着他的老百姓都很感动。

祖逖这种仁义之心，不知道感动了多少黎民百姓，所以祖逖去世的时候，好多人就好像死去了父母那样的悲痛。其实，祖逖就是落实了"事诸父，如事父，事诸兄，如事兄"。

在中华民族浩如烟海的历史长河中不乏这些兼济天下的仁人志士的故事，《弟子规》号召我们从对待他人的父母如自己的父母一般做起，不断开拓自己的眼界和心胸，直至成为胸怀天下的人。

第四章 谨

　　庄重大方于人前是素质，不欺暗室于人后是修养。日常生活中，我们要谨言慎行，洁身自好。在生活细节上，要处处留心，于细微处显礼仪；在生活作风上，要勤俭节约，于自制中见精神。立身正，行事端，不耽于享乐，不窥听邪僻，做一个坦荡的君子。

老年易至，惜此时光

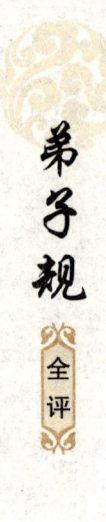

【原典再现】

朝①起早②，夜③眠④迟。老⑤易⑥至⑦，惜⑧此⑨时⑩。

【重点注释】

①朝：本义指早晨，又有朝霞、朝夕等词义，这里表示早上。

②早：有本来、幸亏、早年等释义，此处指时间早。

③夜：多指天黑、夜色等义，这里指晚上。

④眠：本义指闭上眼睛假寐，后泛指睡觉，这里指入睡。

⑤老：原指年岁大，后引申为陈旧的、经常、程度深等词义，此处指年老。

⑥易：这里用作形容词，表示容易。

⑦至：原指到了至高地，有至此、至高等释义，这里指到达。

⑧惜：本义指哀痛，后引申为惋惜、吝惜等词义，此处指珍惜。

⑨此：常作代词使用，表示这里，此处指这个。

⑩时：时间、时光。

【白话翻译】

早上要早早起床，晚上应迟点入睡，我们很快就会步入老年阶段，所以要珍惜现在的时光。

【鉴赏评议】

古人对生活习惯，尤其是作息习惯向来有着严格的要求，《弟子规》中也是如此，它警示世人时光易逝难倒回。我们要珍惜年少的时光去努力学习，珍惜每天的时间去发奋读书，不要等到老了再去空叹"逝者如斯夫，不舍昼夜"，遗憾青春岁月一去不复返，感慨"书到用时方恨少"，遗憾没有在最好的时间里抓紧学习。

在记忆力最好、生命最有活力的那几年养成良好的学习及作息习惯，会让我们受益终身。

【深度解读】

少壮不努力，老大徒伤悲

千百年来，关于珍惜时光的话题一直都被人们热议，因为时间是不可逆的，我们唯有努力充实自我，才不算浪费生命。现代人的想法如此，古代人所思亦然。

据《晋书》记载，祖逖性格豪迈、为人侠义，常救济贫苦人家，所以很受人们敬重。他与好朋友刘琨一起在司州任职，因为志向相同，两人便住在一起，相互砥砺。当时两人眼看着胡人南侵，家国残破，心里都非常悲愤，便立志要报效国家。

有一回，祖逖在半夜时听到鸡啼声，虽然天还没亮，但他惊觉时间相当宝贵，应该好好把握，就叫醒睡在一旁刘琨说："听到鸡叫声了吗？我们得赶快起床，抓紧时间练武吧！"于是两人无惧夜里的凉意，到院子里舞剑锻炼身体。每天都不间断，练就了一身好武艺。

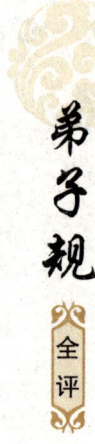

后来祖逖受到皇帝的赏识，被任命为大将军，带兵平定动乱，收复许多失土，实现了报效国家的心愿。而刘琨则做了都督，兼管并、冀、幽三州的军事，也充分施展了他的能力。

司马光是宋朝著名的政治家和文学家，他小时候聪明过人，被誉为神童，但他并不骄傲，学习十分勤奋。为了每天能早起读书，他让人用圆木做了一个枕头。用这个枕头睡觉，很不舒服，头只要一转动就会滑下来，这样司马光就会惊醒，起来读书。后来，这个枕头被称为"警枕"。司马光如此勤奋好学，从而使得他学识渊博，事业上取得了很大的成就。

大部分人并不会把"早起"看作多大的事情，往往随性而"起"，想起才起。但曾国藩却把它当成自己修身养性、锻炼意志的头等大事，并断言："勤字工夫，第一贵早起，第二贵有恒。"为了改掉晚起的毛病，曾国藩在日记中将早起列为修身养性的"八本"之一："余日记册中，又有八本之说，曰读书以训诂为本，作诗文以声调为本，事亲以得欢心为本，养身以戒恼怒为本，立身以不妄语为本，居家以不晏起为本，居官以不要钱为本，行军以不扰民为本。此八本者，皆余阅历而确有把握之论，弟亦当教诸子侄谨记之。"足见他对于"早起"一事的看重。

在日记中，他不仅记录了自己极其有规律的作息、研习、工作和生活，还特别抒发了自己由"晚起"变"早起"的"勤、谦"之道："细思古人修身、治人之道，不外乎前此所见之'勤、大、谦'。勤若文王之不遑；大若舜、禹之不与；谦若汉文之不胜。而'勤、谦'二字，尤为彻始彻终，须臾不可离之道。千古之圣贤豪杰，即奸雄欲有立于世者，不外一'勤'字；千古有道自得之士，不外一'谦'字。吾将夺此二字以终身。倘所谓'朝闻道，夕死可矣'者乎！夜睡颇熟，四更即醒。"

曾国藩不仅每天坚持早起,而且即使在率湘军与太平军作战的十余年间,仍然坚持每天写日记,读书数页,下围棋一局,终生如此,其"勤"与"谦"绝非寻常人可比。由此可见,看似不起眼的生活小节,却让曾国藩磨炼出过人的"勤"和"谦",并最终助其成就一方霸业,名留青史。

勤能补拙是良训,古人的话向来简短而充满朴素的人生哲理。《中庸》里说:"人一能之己百之,人十能之己千之。"别人一次就能做到的事,如果我一次做不到,那我就做一百次,别人十次能做到的事,如果我十次做不到,那我就做一千次。没有伞的孩子要学会在大雨中奔跑,没有天赋的人就要更努力地学习。

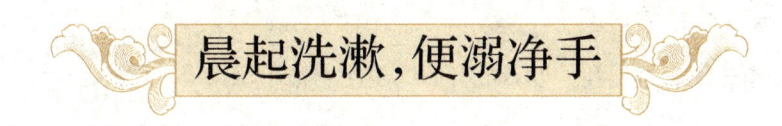

晨起洗漱,便溺净手

【原典再现】

晨①必盥②,兼③漱④口。便溺⑤回⑥,辄⑦净⑧手。

【重点注释】

①晨:指早上,这里指清早起床。

②盥:本义指清洗手部,后引申为洗涤、洗浴,此处表示洗漱。

③兼:原指合并,有加倍、兼顾等释义,这里指同时。

④漱:本义指清洗口腔,后引申为洗漱、涤漱,此处指漱口。

⑤溺：原指沉没进水里，后引申为过度沉迷，这里指排泄小便。

⑥回：本义指回转，后引申为返回、包围、调转等释义，这里表示回来。

⑦辄：原指车板外翻的地方，多用作文言虚词，表示立即、总是，此处表示就。

⑧净：本义指护城河的名称，后引申为清洁、干净、纯净等释义，这里表示洗净。

【白话翻译】

早上起来一定要洗漱，并且要清洗口腔。大便小便完回来后，要立即洗干净双手。

【鉴赏评议】

《弟子规》督促我们要养成良好的卫生习惯，每天早上洗脸漱口，入厕后及时洗手。这种类似如今幼儿教育的内容，古人将其放在训蒙的课程中是十分合适的。

事实上，虽然古代的卫生医疗条件不如现代发达，但古人的卫生习惯是很好的，而且他们的清洁方法有很多，分类繁杂且讲究，并不是如我们想象的那般简单随意。他们虽然没有香皂、洗发露等卫浴用品，但善于从植物中发现能用的清洁物。实际上，现代不少清洁产品都是从古代史料典籍中记载的配方得来的灵感制成的，如《本草纲目》等书籍就是很多企业研究实验的目标。

【深度解读】

讲究卫生，从自身清洁做起

古人是十分讲究卫生的，并且对打理自己个人卫生也很有一套，单是洗澡这一项就有不少门道。

根据史料记载，早在秦汉时期，全社会性的沐浴习俗已经形成，《礼仪·聘礼》中就记载了"三日具沐，五日具浴"的良俗；汉时，已形成了至少三日一洗头、五日一沐浴的习惯。以至于官府每五天给一天的假，也被称为"休沐"，让官员有空好好清洗。到了唐代，才改为官吏每十天休息洗浴一次，称为"休浣"。

民间习俗中，每月上旬、中旬、下旬为上澣、中澣、下澣，澣即浣的异体字，本意是洗濯，大概因为十天一浣的缘故，浣又有了一种计时的意义，一浣为十天，所以唐代制度十天一休沐有休浣之名。明代的名士屠本畯还将"澡身"与"赏古玩""名香""诵名言"并列，表明明代的洗澡较之以往更加讲究高雅。

扬州蜀岗的汉广陵王墓博物馆内，如今仍保留着中国沐浴史上最早的私人专用洗澡间。在著名的"黄肠题凑"高规格木椁墓群中，在王墓室西厢第五进内，有大约十平方米左右的洗沐间，全用整块金丝楠木铺就，内放双耳铜壶、铜浴盆、搓背用的浮石，以及木屐、铜灯、浴凳等一整套沐浴用具。沐浴间紧靠主人起居卧室。这从一定程度上反映了古人讲究清洁嗜好沐浴，追求隐秘安静、周到舒适的沐浴环境。

在唐代，在当时的京都长安，出现了较大的浴室殿院，人称"浴室门"。有的还辟了温泉洗澡处所。天宝年间，临潼的温泉宫就是唐玄宗诏赐杨贵妃的澡堂。诗人白居易在《长恨歌》中的诗句记的就是这件事。宋代浴室已经很普遍了。洪迈《夷坚志》记载：一般人家建房都有澡浴的房间。《鸡肋编》云："东京数百万家，无一家燃柴而尽用煤炭。"可见，市民享用热水泡澡的机会也不少。范成大的《梅谱》还说：临安的卖花者为了争先为奇，将初折未开的梅枝放在浴室中，利用浴室的湿热蒸气熏蒸处理以便使处于休眠状态的花芽儿提前开放，算是一种对浴室的升华利用。

最迟在宋代开始出现公共的澡堂和浴室，最早的公共浴室就是苏州的"混堂"（有说在唐朝时就有）。这时的公共浴室已有了擦背的行当。苏东坡在《如梦令》中就有"寄语擦背人，昼夜劳君挥肘"之句。拟宋话本《济颠语录》曾写道：天未亮，城市还在熟睡，而浴池已开门迎客洗澡了。这一习俗一直延续到近现代，澡堂多在门首粉墙上置有"金鸡未唱汤先热，红日东升客满堂"的对联，就是这种习俗的反映。

到了元代，公共澡堂发展得已经很成熟了。《马可·波罗游记》告诉我们：在元代杭州一些街道上有"冷浴澡堂"，"由男女服务员为你服务，这些澡堂的男女顾客从小时候起，就习惯于一年四季冷水浴，认为这对身体健康大有裨益"。马可·波罗还记下了杭州"所有的人，都习惯每日沐浴一次，特别是在吃饭之前"的这一良好风习。

《朴通事谚解》则一丝不苟地展现了一幅元代大都的"市民洗澡图"——当时公共浴池除洗澡外，还可挠背、梳头、剃头、修脚，不过价钱不一样，洗澡要交汤钱五个，挠背两个钱，梳头五个钱，剃头两个钱，修脚五个钱，全套下来，一共十九个钱，并不贵，一般老百姓都有这种承受能力。浴池里还有放衣裳、帽子、靴子的柜子。洗澡的程序是：到里间汤池里洗一会儿，第二间里睡一觉，又进去洗一洗，再出客位里歇一会儿，梳、刮头，修了脚，凉完了身，巳时却穿衣服，吃几盏闭风酒，精神别样有。单从洗澡这一项内容的发展中，我们就不难看出古人在个人卫生上的良苦用心及高超智慧。

所以，我们一定要多注意自己的仪容仪表和个人卫生，养成良好的卫生和生活习惯。

衣冠整洁，袜履紧切

【原典再现】

冠①必正②，纽③必结④。袜⑤与履⑥，俱⑦紧⑧切⑨。

【重点注释】

①冠：原指戴帽子，这里用作名词，表示帽子。

②正：本义为一统天下，后引申为正直、正派，此处表示端正。

③纽：原指系上，有枢纽、纽扣等词义，这里指衣服上的纽结。

④结：打结。

⑤袜：这里指穿在脚上的袜子。

⑥履：原指践踏，后引申为履行、履职等词义，此处指鞋子。

⑦俱：泛指都、共同、一起，这里表示都要。

⑧紧：捆紧。

⑨切：原指将东西切分，有接触、契合、急切等义，此处表示贴近。

弟子规 全评

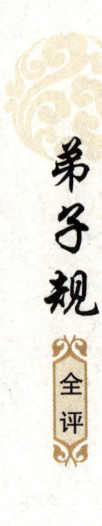

【白话翻译】

帽子一定要戴端正，纽结一定要系好。袜子和鞋子都要绑紧，穿得贴实、合适。

【鉴赏评议】

《弟子规》针对个人的形象方面，提出了具体的穿戴要求和准则。它主张书生帽一定要戴正，衣袍一定要系好，袜子和鞋子不能穿得松松垮垮，整体衣服装束要整洁大方，要展现出书生一身正气的精神风貌。

仪容仪表上的讲究不仅是为了给人观感上舒服的礼仪，还因为仪容仪表是一个人内在精神的外在体现。多数人会根据人们的外在形象来进行初步判断，如果外在仪容端正整洁，更容易使人觉得其内里的精神是正直向上的。

在现代社会中，很多人抱着"大行不顾细谨，大礼不辞小让"的想法对自己的仪容仪表很不讲究，这其实是不对的。众所周知，第一印象往往决定事情开局的成功与否，而仪容仪表则是决定第一印象好坏的关键因素。因此，平时多注意自己仪容仪表的整洁是很有必要的。

【深度解读】

先敬罗衣后敬人

有句俗话说：先敬罗衣后敬人。本义是说人们会根据对方的衣服华贵与否来判断其经济条件、社会地位等方面的情况，再根据这些情况来决定自己对待此人的态度。

不难看出，这话原本的含义是带有些讽刺意味的。但事实上，如果退一步讲，我们也可以这样理解：人们是通过衣服的整洁与否来判断对方是不是一个对生活讲究、对自己有要求的人。如果对方连帽子都不好好戴正，衣裳也不仔细穿好，那就太过邋遢轻率而显得有些失礼了。所以，这样的人往往也得不到他人的尊敬和礼遇。

可见，外在的仪容仪表其实代表的是人的一种生活态度，通过衣服所展现出的风貌，观察这人是积极向上还是颓靡粗疏，结果往往一目了然。

有时候，端正肃穆的仪容仪表可能会救你一命。春秋时期晋国有一个大臣叫赵盾，谥号"赵宣子"。他的君王很荒淫，但他很忠诚，时时处处都在劝谏君王，使君王很不耐烦。有一天，君王突然起了一个歹念，雇了一个杀手想把赵宣子杀掉。这个杀手叫锄麑，天不亮的时候到了赵宣子的家里，这时赵宣子的寝室门却已经打开了，他端端正正地穿好了朝服，然后在那稍微闭目养神，等着上早朝。

锄麑见了这样情形很惊讶，就退了出来，叹了一口气，心想：一个人平居的时候都毕恭毕敬，这绝对是国家的栋梁和人民的中流砥柱。假如我杀了他，这是不忠，对不起国家，对不起人民，失信于天下百姓；假如我不杀他，又失信于君王，这是不信，不忠不信，哪里能够在世上做人呢？

最后锄麑就撞树自杀了。赵宣子的注重仪容、仪表，能让锄麑生起这么深的钦佩之情，竟然用牺牲自己的生命而挽救了他的生命。可见，我们不能不重视自己的形象。

当然，注重仪容仪表不是要过度讲究。鲁哀公问孔子说："先生您身上穿的，是儒者的服装吗？"

孔子回答："我年幼时住在鲁国，穿着鲁国人穿的宽大袖袍。长大后住在宋国，戴着宋国人戴的黑布礼帽。我听说有德君子需广泛学习，学识渊博，服装只要入境随俗、衣冠适中就可以了。我从不知道儒者还有什么特殊的服装啊！"鲁哀公对仪容仪表注重在意这一点并没有错，只是显得有些太过刻意了。

其实，在我们的日常生活中，像鲁哀公这类的人也有不少，那些过度追求外表的行为并不值得提倡和效仿。我们只要保持自己衣冠整洁、形象端庄就够了。人的精力是有限的，如果投入过多的精神和心力在衣装打扮上，那必然会导致内涵修养上的精力不足。要知道，我们注意仪容仪表就是为了能将自己的内在涵养更好地展现出来，如果刻意追求外表的话就本末倒置了。

置放冠服，要有定位

【原典再现】

置①冠服②，有定③位④。勿乱⑤顿⑥，致⑦污⑧秽⑨。

【重点注释】

①置：本义指释放、恕罪，后引申为搁置、设置等词义，这里表示放置。

②服：多指衣裳，有担任、习惯、吃下等义，此处表示衣服。

③定：原指安定，后引申为定居、镇定等释义，这里表示固定。

④位：本义指单独站立，有地位、位次、方位等义，此处指位置。

⑤乱：原指整理丝线，后泛指没有秩序，表示混乱、凌乱，这里指随意。

⑥顿：这里作动词使用，表示安放、安顿。

⑦致：原指送达，有导致、归还、放置等义，这里表示致使。

⑧污：本义指泥水坑，后泛指脏污。

⑨秽：原指荒弃，这里指脏秽、污浊。

【白话翻译】

放置帽子和衣服，要有固定的位置，而不能随意安置，因为那样会致使衣帽变得污秽。

【鉴赏评议】

《弟子规》要求我们要养成良好的生活习惯，用过的东西要随手归置好，不能四处乱丢，等到要用的时候又找不到。那种坏习惯会严重影响我们学习和工作的效率，耽误我们的学习、工作时间，破坏我们原定的时间管理规划，所以是不可取的。

当今社会，有不少小孩因为从小到大都是整个家庭围着转的核心，以至于长大后一点生活自理能力都没有，这显然不是健康科学的成长模式。教养孩子不能溺爱，要培养他在生活上的自理能力和执行力，培养他在学习上的自主能力和自制力，这才是一个合格的家长应该去做的。

【深度解读】

学海无涯苦作舟

书山有路勤为径，学海无涯苦作舟。对于贫苦的学子来说，读书是件奢侈的事情，他们没有书，没有时间，没有钱，所以要想学得知识需要付出比其他人更多的努力。他们为了读书想尽了一切办法。

梁朝时期的刘绮，因为家贫买不起灯油，所以自己就买大量便宜的荻草来照明，借着荻草燃烧的火光发奋读书。

另一个叫苏廷的学子也是如此。苏廷因为自己的父亲不喜欢他，所以只能跟仆役马夫混迹在一起，不过，他对学习有着莫大的兴趣。只是每次晚上想读书的时候都没有灯，所以他很是烦恼。后来，他发现马厩中因为要给马喂夜食所以经常亮着灯，于是他总是跑到马厩里，借着微弱的光读书。

无独有偶，晋朝的车胤家中也是一贫如洗，但他却一直将读书看作自己的人生理想。没有钱买灯油他就在夏天的晚上抓许多的萤火虫放在囊袋里面，帮助他照明学习。车胤囊萤照读的故事，在历史上被传为美谈，激励着后世一代又一代的读书人。从这几个事例中，我们也不难看出古人读书的心有多坚定执着。

除了家贫没有钱买灯油而读书艰苦的学子之外，还有一些学子读书困难是因为没有时间。同样是由于家庭贫困，他们往往要帮助家中干农活，所以会耽误看书。不过，上有政策下有对策，哪怕条件再艰难，他们依然努力争取读书的机会。

汉朝末期的常林特别热爱读书，经常带着锄头下地也要随身带着经书，他的妻子对他的好学也很支持，总是将午饭送到田间，帮助常林节省回家吃饭的时间来看书。夫妻二人相敬如宾，夫唱妇随。

隋朝的李密同样也是如此，他发奋刻苦读书，下决心要做个有学问的人。有一回，他骑在一头牛背上出门去看朋友。在路上，他将《汉书》挂在牛角上，眼睛始终没离开过书本，抓紧一切可能的时间读书。他的好学也从此被传为佳话。

苏秦是洛阳人。洛阳是当时周天子的都城。他很想有所作为，曾求见周天子，却没有引见之路，一气之下，变卖了家产到别的国家找出路去了。但是他东奔西跑了好几年，也没做成官。后来钱用光了，衣服也穿破了，只好回家。家里人看到他趿拉着草鞋，挑副破担子，一副狼狈样，都给他脸色看，苏秦受了很大刺激，决心争一口气。

从此，他发愤读书，钻研兵法，天天到深夜。有时候读书读到半夜，又累又困，他就用锥子扎自己的大腿，虽然很疼，但精神却来了，他就接着读下去。另外，他晚上念书的时候还把头发用带子系起来拴到房梁上，一打瞌睡，头向下栽，揪得头皮疼，他就清醒过来了。这就是后来人们说的"头悬梁，锥刺股"，用来表示读书刻苦的精神。

就这样用了一年多的工夫，他的知识比以前丰富多了。他再到六国去游说，宣传"合纵"的主张，最终他成功了，顺利促成了六国诸侯订立了合纵联盟。他自己也挂上了六国的相印，成为显赫一时的人物。

汉朝的董仲舒是个一读书就专心致志的人。他只要展开书卷就会专心攻读，孜孜不倦。尽管他的书房对面是一个花园，但他在读书的三年时间里从未踏进园子里一步，只一心一意地钻研着学问。经过艰苦卓绝的自学与修炼，他最终成为西汉著名的思想家。

学海无涯苦作舟，一旦选择了读书，就要做好吃苦的准备。读书之

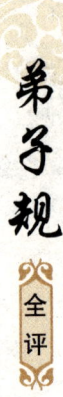

乐虽然不如吃喝玩乐的快乐来得简单，但却自有一番趣味在其中，等待着每一个爱学习的人去发现。所谓"书中自有黄金屋，书中自有颜如玉"，只要用心去学、去发现，我们一定能在学习的苦海中找到收获之乐的美好感觉。

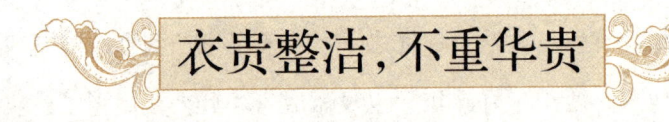

衣贵整洁，不重华贵

【原典再现】

衣①贵②洁③，不贵华④。上⑤循⑥分⑦，下称⑧家⑨。

【重点注释】

①衣：本义指上衣，后泛指衣服，有穿衣、遮盖等释义，这里指衣物。

②贵：原指价格昂贵，后引申为高贵、贵重、珍贵、华贵等词义，此处表示看重。

③洁：本义指洁净，也有廉洁、高洁、洁白等释义，这里表示整洁。

④华：原指树木繁荣华茂，后引申为华彩、年华、精华等词义，这里指华贵。

⑤上：本义指高处，有上级、上升、奉上等词义，此处指地位上的优先次序。

⑥循：原指沿着，后泛指遵循、按照、循环、安抚等义，这里表示依照。

⑦分：本指分别，有区分、分辨、分担等释义，此处用作名词，表示身份。

⑧称：原指相符、对称，这里指符合。

⑨家：本义指居所，后引申为家庭、家族等词义，此处表示家庭条件，即家境。

【白话翻译】

衣服重在整洁，而不是注重华贵。它首先要合乎自己的身份地位，然后要适合家庭经济状况。

【鉴赏评议】

《弟子规》告诫我们衣着打扮要合时宜、合实情。不要过度追求服装的华贵精致，而要注重衣物的庄重整洁；不能不考虑自身的实际情况，而去追求过于奢华、超出自己身份规制和经济条件允许的衣服。那些都是贪慕虚荣的表现，不是一个恪守礼节本分的君子该做的。

所以，我们要放低自己在衣服饰品等外在东西方面的追求，看重自己在内涵修养等内在品质方面的提升，降低物质欲望，修炼精神涵养，让"腹有诗书气自华"的涵养成为自己紧随其身的华丽衣裳。

【深度解读】

疾恶若巷伯，好贤如缁衣

古人在衣着打扮方面很是讲究，《礼记》中甚至将各类衣服的制式及穿着场合都进行了细致的描述。白居易曾在诗中写道："疾恶若巷伯，好贤如缁衣。"大概意思是统治者尊敬贤德的人，并给他制作新衣，表达了上位者求贤若渴的心情。在古代，衣着是身份的象征，但古人却并不过分追求衣着的华丽，而认为衣着要整洁俭朴、合时合宜。

首先，衣着打扮要整洁。张九龄是唐朝著名的诗人，也是一位优秀的政治家。他容貌清秀，平时总是衣帽整洁。走在路上，他总显得风度潇洒，与众不同，总能赢得路人的目光。并且每当朝廷重要的朝会时，在众人中间，他也是很显眼的，连皇帝对他的举止都赞赏不已。只要张九龄在，那里的气氛就会格外愉快，大家都乐意同他这位衣帽整洁而且又有风度的人在一走说笑、玩乐和探讨学问。张九龄的注重仪表给他带来了好人缘。一件整洁合适的衣服可能会给我们带来的益处由此可见一斑。

其次，衣着打扮要合时宜。嵇绍是西晋有名的贤士。有一次，他去求见齐王，齐王正和董艾等人在宫中闲聊。见了嵇绍，董艾就对齐王说："听说嵇绍擅长丝竹管弦之乐，今天可要让他弹一曲让大伙儿欣赏欣赏。"齐王也正有此意，当即命人抬来乐器请嵇绍演奏。嵇绍不愿意，郑重地说："我今天穿着整齐的朝服来见您，您怎能让我做乐工的事呢？您是统御四方、安定天下的君王，更应该讲究礼仪，肃正秩序才对啊。"齐王和董艾等人听了嵇绍的一席话都很惭愧，再也没有拿嵇绍调笑了。嵇绍因为衣服不合适而敢于严词拒绝齐王，他的胆识气魄不可谓不大。

由此也不难看出，古人对于什么场合该穿什么衣服、做什么事情都该按照礼节进行这一观点是认同的。所以，衣服不仅要合乎身份，还要合乎场合，穿着不合时宜的衣服或是做不恰当的事，都不是仁人君子该接受的。

最后，衣着打扮要俭朴。晏婴是春秋后期齐国有名的政治家、思想家与外交家，他曾历任齐灵公、齐庄公、齐景公三朝的宰相，官位很高，俸禄也很优厚，但他一生过着俭朴的生活，常常是粗茶淡饭，肉荤也只是偶尔食用，一件裘袍穿了三十多年，已经很破了依然舍不得扔掉。他把节省下来的俸禄送给贫苦的亲友，还用来赈济贫苦的百姓。

齐景公知道了这件事，便打算把物产丰厚的都昌封赠给晏婴。晏婴坚辞不受，他说："我一直把俭朴作为自己的老师，时时告诫自己不能奢侈、纵欲。要是我接受了您的赐封，那不就是要把我的那位老师丢掉了吗？"所以，晏婴最终还是拒绝了齐景公的赏赐，依旧坚持着自己俭朴的生活习惯。

晏婴辅政长达四十余年，直至周敬王二十年病逝，他终生都奉行着俭朴低调的原则。孔子曾经夸赞他说："救民百姓而不夸，行补三君而不有，晏子果君子也！"

可见，我们要穿适合自己的衣服，不要盲目跟风、苛求衣物的高贵奢华；不要不合时宜，不顾地点场合。要保持自己衣物的整洁干净，确保自己行为的合乎时宜，让自己成为挑选衣服的主人，而不是沦为追随衣服的奴仆。

饮食勿择，食可勿过

【原典再现】

对①饮食，勿拣②择③。食适④可，勿过⑤则⑥。

【重点注释】

①对：原指相对、答复等义，这里指的是对于、针对。

②拣：本义指用手进行分类挑选，后引申为捡起、选择等释义，此处指挑挑拣拣。

③择：原指拣选，后引申为选择、挑剔、捉住等词义，这里指挑嘴。

④适：本义指去往，后泛指合适、舒适，此处指适度、适中。

⑤过：原指经过，有过错、过去、过程等释义，这里表示过度、超过的意思。

⑥则：本义指法则，后引申为规律、等级等词义，此处指准则。

【白话翻译】

关于吃喝的东西不要挑挑拣拣，食量也要注意适可而止，不要超过应有的准则。

【鉴赏评议】

《弟子规》主张在生活上保持勤俭节约的良好习惯，不能浪费，更忌奢侈，不要过度追求口腹之欲，而要注重养生。

随着生活水平的提高，现在许多的小孩养成了挑食的坏习惯，这是需要改正的。吃饭的最初目的是为了满足身体补充能量的需要，所以要荤素结合，要营养搭配。如果一味根据自己的喜好去吃饭，那带来的后果则会是身体内的营养不均衡，如吃肉过多显得肥胖，营养不足过于瘦弱等，这些都不利于身体的健康。所以，我们要养成良好的饮食习惯，同时要保持俭朴的生活作风。

【深度解读】

奢则不孙，俭则固

孔子说："奢则不孙，俭则固。与其不孙，宁固。"意思是奢侈会使人产生傲慢的心理，超越礼制的规定；节俭则会让人显得寒酸。但与其显得傲慢且超越礼制，那我宁可让人觉得自己寒酸。可见，孔子的主张是：宁肯守着清贫的生活，也要保持节俭戒奢的生活习惯。

孔子的这一主张也影响了他的学生，像曾子就对自己老师的教导谨遵恪守。有一次，曾子穿着破旧的衣服耕田，鲁国的国君派使者来拜见他，并表示要送他一块封地，说："请用这块封地来置办一些衣服。"曾子婉拒了。

那人回去禀报鲁国国君后，国君命令他一定要请曾子收下，于是使者又返回来请求曾子收下那块封地，但曾子还是不接受。使者说："这又不是先生您伸手向人要的，是别人主动给您的，您为什么不接受呢？"曾子说："我听说，接受别人馈赠的人就会畏惧人家；馈赠人家东西的人，就会对接受者产生傲慢之心。即使国君赠送东西给我没有傲慢之心，我又怎么能没有畏惧之心呢？"最终曾子还是没有接受那块封地。

孔子知道了这件事后，说："曾参的话，是足以保全他的气节的。"正所谓"吃人嘴短，拿人手软"，如果无功受禄，那等待我们的将是寝食不安。因为接受物欲诱惑会严重影响我们的判断和选择，所以我们应该坚定信念，保持俭朴的生活习惯。

保持俭朴的生活习惯是许多大家宗族的家训课程。北宋著名的历史学家司马光对其儿子司马康的教育就是其中的典型。

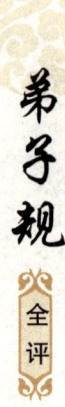

司马光曾经写过一篇著名的文章《训俭示康》，专门教育他的儿子司马康要厉行节俭。

他在文中语重心长地说："我本出身于贫寒的人家，世世代代秉承清清白白的家风。我的本性也不喜欢豪华奢侈，自打孩提时代起，当长辈们把饰有金银的华美衣服穿在我身上时，我总是又害羞又难为情地脱去不要它。二十岁那年，有愧于取得进士之名，在朝廷举办的新科进士宴会上，只有我不愿意把花插在帽檐上。同科考中进士的人劝我道：'这是皇上御赐的花，不能不戴。'我才勉强把花插在帽檐上。平生穿衣服只要能挡住风寒即可，吃饭只求填饱肚子就行，当然我也不会故意穿肮脏破旧的衣服，做些有悖世俗的事情来沽名钓誉，吃饭穿衣只是顺着自己的性情罢了。如今许多人以奢侈浪费为荣，而我的内心却以俭约朴素为美。不少人嘲笑我没见识，我却不以为然，反而回应他们：孔子说：'与其显得傲慢、超越礼制的规定，宁可让人感觉寒酸。'孔子又说：'因为节俭、约束自己而犯下过错，这种情况是很少见的。'孔子还说：'有学识的人志在追求真理，那些以吃得不好穿得不好而自认为丢脸的人，是不值得与他们探讨问题的。'古代的人以节俭为美德，现在的人却因为节俭而对人加以非议。咦，这不是怪事嘛！"

在司马光的教育下，儿子司马康从小就懂得俭朴的重要性，并以俭朴自律。后来，他历任校书郎、著作郎兼任侍讲，也以博古通今、为人廉洁和生活俭朴而称誉于后世。显然，司马光以身作则的俭朴教育是成功的。

三国时期诸葛亮也曾告诫他的儿子说"俭以养德"，即节俭是用来培养品德的。古人还说"俭，德之共也；侈，恶之大也"，意思是说节俭是一切好的行为中所共有的德行，奢侈是一切不良行为中最大的恶行。

正所谓"欲壑难填",人一旦有了追求奢华之心,有了享受物质生活的强烈欲望,那么人的欲望就永远无法满足。一个内心充满着对优越物质生活强烈渴望的人,极易走入歪门邪道,渐渐成为被人所不齿的小人。

所以,我们要时刻保持勤俭节约的生活作风,不要做被欲望控制的傀儡,平时要多注意养生与锻炼,积极打造强健有力的体魄来迎接美好幸福的生活。

年纪幼小,切勿饮酒

【原典再现】

年①方②少③,勿饮酒。饮酒醉④,最⑤为丑⑥。

【重点注释】

①年:原指年成,后由除年兽的故事引申为一年到头的年份,这里指年纪。

②方:这里用作副词,表示方才、刚刚。

③少:原指幼小,后引申为年幼的,此处指年轻时期。

④醉:本义指喝酒过度后的状态,有过度沉迷、用酒腌渍等释义,这里表示喝酒过量。

⑤最：原指侵犯而获得，后多表示程度上的极致，此处指最是。

⑥丑：这里指形态难看。

【白话翻译】

年纪还小的时候，不要喝酒，人在喝酒过度后，烂醉如泥的情态最是丑陋。

【鉴赏评议】

古代文人喝酒的不少，朋友间相互酬酢宴饮、宾客间欢庆恭贺都离不开酒，可以说，中国的酒文化与酒桌文化是相伴而生的，历史实在悠久。

不过，文人历来都是倡导喝酒要节制的，因为喝醉酒后，人的意志会变得薄弱，容易出丑，这显然是不符合儒家思想随时随地都要端庄守礼的准则的。

实际上，单从个人身体健康方面而言，也不宜过度饮酒。所以，青少年不宜喝酒，成年人哪怕喝酒也要节制。

【深度解读】

潜时不学用时悔，醉后狂言醒时悔

《小窗幽记》中曾用"人生四悔"来概括人的一生会有的遗憾：富时不俭贫时悔，潜时不学用时悔，醉后狂言醒时悔，安不将息病时悔。也就是说，富裕的时候不节俭变贫穷了后悔，该学习时不学习需要学问时后悔，喝醉酒后大放厥词清醒了后悔，该休息时不休息生病了才后悔。其中，喝醉了酒后失去常性是很多人都曾经历过的事情，酒醒后人们往往为自己做过的疯狂举动懊悔不已。

酒能让人忘忧，但它并不是个好东西。三国时期经学家王肃在《家戒》中指出"夫酒，所以行礼，养性命欢乐也，过则为患，不可不慎"，意思是说，酒是为了对别人表示敬意，是为了怡养自己的身心、增强欢乐气氛的，但如果过量饮酒，反而成了祸害，甚至会给人带来灾难，所以一个人在喝酒上不能不慎重。因此，历朝历代的人都会教育自己的子孙要慎重饮酒。

在浙江省浦江县，曾经有一个历经宋、元、明三朝三百多年时间，相继十五代人同财同食、和睦相处的大家族，这个家族就是曾被明太祖朱元璋亲赐"江南第一家"的郑氏家族。郑氏家族有着严格的家规，其中一条就是："郑氏子孙年纪不到三十的，不许喝酒，壮年时可以少喝些，但不能贪杯酗酒，吵嚷喧哗，不顾尊长，谁违反这一条例，就要用棍子打、鞭子抽以示惩戒。"这或许也正是这个大家族得以历经几百年而人丁兴盛的原因，每位族人都节制守礼、恪守祖训家规，自然就人心齐聚，家业兴旺。

酒还给严肃的历史添加了不少有趣的逸闻佐料。据说三国的时候，魏国的太傅钟繇有两个聪明的儿子，一个叫钟毓，一个叫钟会。

一天，钟繇见哥俩在玩喝酒的游戏，他装着没看见不吱声。只见钟毓先起身施礼，然后举杯一饮而尽；而钟会举起杯一饮而尽，并不曾行礼。后来钟繇问儿子："喝酒为什么要施礼？"钟毓说："饮酒是礼仪之一，所以要先施礼再喝酒。"钟繇又问钟会："喝酒为什么不施礼？"钟会回答说："偷酒喝不合乎礼，再施礼就是自欺欺人。"钟繇听了不禁笑起来，不能不点头称是。

酒风最盛行的当属魏晋时代，"竹林七贤"中的刘伶因嗜酒如命扬名

至今。刘伶为人豁达洒脱，非同一般。当时民间盛传"天下好酒数杜康，酒量最大数刘伶"，他的一生几乎就是与酒相伴的。实际上，刘伶是个矮子，容貌又甚为丑陋，但他才气过人，从不随意与人交往，不过自从认识阮籍、嵇康之后便认定为知己。以嗜酒、豪饮而闻名于世的刘伶，积毕生之愿写下了著名的《酒德颂》，颂扬以饮酒为荣、酗酒为耻、唯酒是德的饮酒思想。所以，连喝酒喝出高度、喝出水平的人都说不能酗酒，那我们还有什么理由在饮酒的时候不节制呢？

从容端正，深圆恭敬

【原典再现】

步从①容②，立端③正④。揖深⑤圆⑥，拜⑦恭敬⑧。

【重点注释】

①从：原指依从、跟从，也有参与、次要等释义，这里指的是不慌不忙的样子。

②容：本义指装东西的器皿，即容器，后引申为容忍、允许等释义，此处指淡定的模样。

③端：原指站得笔直端正，后引申为品行端方、端着东西等词义，这里表示端庄。

④正：本义指统一天下，有校正、纯正、正当等词义，此处表示笔直。

⑤深：本指河流的名字，后多用来表示深度、深刻、深入等词义，此处表示幅度大。

⑥圆：原指一种图形，后引申为圆满、圆滑、圆熟等义，这里指的是圆形。

⑦拜：指朝拜、作揖行礼。

⑧敬：本义指谨慎、自省，后引申为敬奉、恭敬、敬畏等词义，此处指尊敬、敬重。

【白话翻译】

走路时步履要淡定从容，站立时要立得笔直端正，作揖时要深深鞠躬，拜奉时要恭敬顺从。

【鉴赏评议】

《弟子规》要求我们走路时要昂首阔步，不要蹑足不前；站立时要直立如松，不要歪倚斜靠；作揖时要深躬到位，不要敷衍了事；拜见时要恭顺端敬，不要轻率随意。

这些都是日常生活中见人待客时需要注意的礼节与规矩，要时刻谨记。如果将这些礼仪常识都抛诸脑后而置之不理，那在社会上进行人际交往时往往很难受到欢迎。

虽然当今社会已经不时兴见面打躬作揖，但是基本的问候和招呼还是十分必要的。虽然作揖已被问候代替，但其诚恳恭敬的核心还是不变的，所以问候时要真诚，切忌敷衍，更不能忽略无视。

【深度解读】

礼节者，仁之貌

《了凡四训》里面说道："大都吉之兆，萌乎心而动乎四体。其过于厚者常获福，过于薄者常近祸。"意思是说，通过一个人的举止礼仪能够看出这个人的运势吉凶。虽然这种说法有些片面，但也从侧面说明了举止礼仪对一个人的重要性。

一个人若姿容仪态优雅，那一定会在人群中脱颖而出，分外吸引别人的眼球。北周时期的长孙俭就是这样的一个人。

长孙俭的原名叫长孙庆明。他年少时就为人端正，品德高尚，神情严肃，虽然在自己家里，仍能整天端庄稳重。周文帝非常敬重他，赐他改名为俭，以表扬他高洁的操守。后来，长孙俭当上了尚书。有一次，他和群臣一起坐在皇帝身旁陪侍时，周文帝对左右的人说："这位尊公举止沉静文雅，我每次和他说话，总会肃然起敬，生怕自己会有所失态。"连自小深谙礼仪训蒙的皇帝在他面前都感觉到压力，可以想见长孙俭的仪态是何等得出色。

后来，在荆州地区刚归服时，周文帝授命长孙俭统领三荆等十二州。因为荆州是蛮荒之地，民风尚未开化，年轻人不知尊敬长辈，所以周文帝便派出这个在文明礼仪方面出类拔萃的人物去广开民智，传授礼仪。在长孙俭的辛勤劝导下，当地的民风确实大为改观，官吏和人民纷纷感激地上书陈请，为长孙俭建造清德楼，立碑赞颂他。长孙俭用自己完美的礼仪促进了当地的文明教化，可见礼仪本身的影响力之大是不可估量的。

还有一位同样品行高洁、礼仪周到的人在此值得一提，他便是张湛。张湛为人守礼、严肃、恭敬，非常尊崇礼节，当地人都以他为榜样。东汉建武二十年张湛拜相，任大司徒。张湛的言行举止都有定规，符合礼节，即使一人深居家中，也必定修饰仪容，即使遇见妻儿，也像严肃的父母。在乡亲们面前，他言谈谨慎，表情庄重。有人说他虚伪做作，张湛听后笑着说："我确实是做作，但别人做作是为了做坏事，而我却是为了做好事，这难道不可以吗？"

张湛曾历任太守、都尉、左冯翊等职，他任职期间用礼仪教化百姓，使官员百姓都能知礼守礼，使政治教化得到普遍推行。张湛有一次请假回到平陵，看到县衙大门就下马步行，主簿劝他说："您地位尊贵，德高望重，不应该自轻。"张湛说："《礼记》上说'下公门，轼辂马'，孔子在乡亲们面前也总是恭敬和顺的。我在家乡应该尽到礼数，怎么能说是自轻呢？"虽然只是只言片语，但张湛的君子仪态可见一斑。张湛时刻以身作则，无论人前人后都注意自己的言行，积极用礼仪教化百姓，为"礼"的发扬和传播做出了一定的贡献。

《礼记》中有"礼节者，仁之貌也"的说法，这种说法认为尊崇礼节是有德行的人应具备的表面素质。也就是说，虽然"礼"往往是内化于心的东西，但有的时候我们也需要外化于行地将其表现出来。不过，真正知礼端方的人的气质往往如暗香浮动的桂花一般，无须刻意留心，不语而香飘万里。

行走坐立，讲究规矩

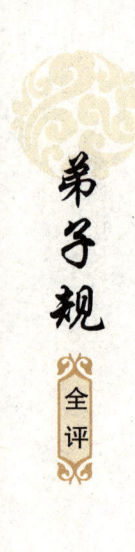

【原典再现】

勿践①阈②，勿跛③倚④。勿箕⑤踞⑥，勿摇⑦髀⑧。

【重点注释】

①践：本义指踩踏，后引申为履行、依循、经历等释义，此处指踏在、踩在。

②阈：原指国门，后泛指家门，这里表示门槛。

③跛：本指腿脚不便致使走路一瘸一拐，这里指走路不端正。

④倚：多用来表示靠着，也表示随着，此处指倚靠。

⑤箕：本义为簸箕，一种去糠分米的器具，此处指两腿张开而坐。

⑥踞：原指蹲坐，有倚着、踞坐等释义，这里表示伸展开两条腿呈八字形样坐着。

⑦摇：本义指摇动，后引申为骚扰、动摇等释义，此处指摇晃。

⑧髀：原指大腿骨，这里代指大腿。

【白话翻译】

不要踩在门槛上，走路不要摇摆，不要张开两腿坐着，坐的时候不要抖腿。

【鉴赏评议】

《弟子规》告诫我们行走坐立要讲究规矩，不能轻忽随意。进出时，脚不能踩踏门槛；走路时，人不能左摇右晃；坐下时，腿不能大张叉开；坐着时，人不能跷腿抖腿。

这些礼仪讲究其实在现在依旧沿用着，虽然有一些难免带有封建迷信色彩，但不能否认的是大部分礼仪要求都能让我们的举止更为端庄，仪态更为优雅，所以，我们要取其精华去其糟粕，将那些优良的举止礼仪继续传承和发扬下去。

【深度解读】

行修言道，礼之质也

《礼记·曲礼》中这样定义"礼"：夫礼者，所以定亲疏，决嫌疑，别同异，明是非也。它指出，"礼"是人区别于禽兽的判定标准之一，并认为"行修言道，礼之质也"，提出"礼"的本质在于修炼自身品行，言行举止都讲究规矩。

在中华传统文明中，踩踏门槛、举止不端是不庄重的行为表现。《红楼梦》中就经常通过描写人物言行举止不规矩来表达其形象的不端庄，甚至是猥琐。在《红楼梦》第二十八回中曾写过凤姐蹬着门槛，大咧咧地拿着耳挖子剔牙，眼睛盯着十来个小厮们挪花盆。这些动作描写将凤姐轻慢睥睨的神态淋漓尽致地勾画了出来。

而在电视剧《红楼梦》中，贾宝玉的玉丢失后，探春招呼人把贾环叫去询问。而贾环一到便径自一屁股坐下，随后抖起了腿，再之后甚至

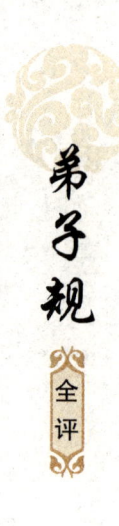

将自己的一条腿架到了另一条腿上，跷起了二郎腿。整个人浮躁猥琐的气质便在这一系列不规矩的动作中一览无余。可见，人们用行为动作来判定人的气质性格，人的气质性格也会通过动作行为而有所体现。

因此，如果不注意自己的言行举止，不讲究行走坐立的规矩，很容易给人留下没有规矩礼仪、欠缺修养素质的印象。而注重礼仪规矩则是为人贤德的表现之一，往往会使得人心归顺、心悦诚服。

诸葛亮在未出山之前，一直在隆中耕田苦读。但因为他才名在外，不少人都想将他收归帐下，为己所用。刘备听说诸葛亮有乐毅、管仲之才后，大为欣喜："这不正是我需要的人才吗？"于是，他为了请诸葛亮出山，诚心实意地亲自到隆中，盛情邀请他出任自己的谋士。

那时正逢隆冬，刘备和关羽、张飞一起，跋山涉水终于抵达诸葛亮的住处，却得知诸葛亮出远门了，于是一行三人只能无功而返。

求贤若渴的刘备并没有因此放弃，他回来后依旧不忘时时打听诸葛亮的消息，当得知诸葛亮已返回家中时，当即备马准备二请诸葛亮。他的结义兄弟张飞不同意，说："不过是请一个种田书生，不必劳哥哥大驾，随便打发一个人去招呼一声就可以了。"刘备说："那万万不可，诸葛亮宏才大略，我只有亲自前去邀请，才能体现对他的尊重。"于是，刘备、张飞、关羽三人又一次翻山越岭地来到了隆中。不巧的是，他们还是没能与诸葛亮见上一面，守门的童子说诸葛亮又出远门了。三人别无他法，只能留书一封交给童子，恳请童子转达他们的诚意，并说会再来拜访。

到第二年开春的时候，刘备不顾众人劝阻，又一次重整人马前往隆中。这一次，诸葛亮正在家中，只是还在午睡。刘备生怕打扰诸葛亮休息，不顾自己舟车劳顿，敛声静气地候在门外等候，直到诸葛亮睡醒才前去求见。刘备礼仪周到，情意诚挚，令诸葛亮大为感动。

最后，诸葛亮终于答应了刘备的请求，全心辅佐刘备，为实现刘备的宏图大业做出了不可磨灭的贡献。正因为刘备拳拳赤诚、言行规矩才最终让诸葛亮认可他的品行，并帮助其成就了大业。

所以，在日常生活中，我们不能忽略礼貌，要时刻注意自己的言行举止，不断修炼自己的品德修养，做一个讲礼仪、懂规矩的人。

缓揭门帘，宽松转弯

【原典再现】

缓①揭②帘③，勿有声。宽④转⑤弯⑥，勿触⑦棱⑧。

【重点注释】

①缓：本义指舒缓、宽大，后引申为迟缓、柔软等释义，这里指缓慢。

②揭：原指显露、揭发，这里指掀开、揭起。

③帘：本指布帘，也指窗帘、酒帘，此处指门帘。

④宽：原指房间宽大，后多指宽广、宽容等释义，这里表示宽松而有余地。

⑤转：本义指转运，后引申为转动、旋转，此处指的是回转。

⑥弯：原指不笔直，有曲折、停泊等词义，这里指转弯。

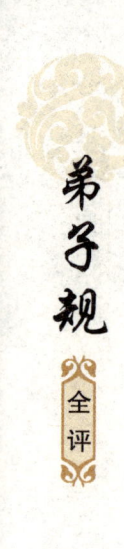

⑦触：本义指用角顶住物体，后引申为接触、抵触、触动等词义，这里指碰触。

⑧棱：原指物体边缘的棱角，这里指门棱。

【白话翻译】

要慢慢地掀开门帘，尽量不要弄出声响，宽松而留有余地地转弯，不要触碰到门棱。

【鉴赏评议】

《弟子规》对于礼仪各方面的要求阐述得很细致。它提醒我们在掀动门帘时要尽量不出声音，在转弯侧身时要尽量不磕碰。掀动门帘时弄出声响可能会打扰到门帘内的人，转弯侧身时磕碰到门框显得浮躁而不稳重。这些都是不合乎"礼"的。

这一准则应用在现代社会，即是要求我们脚上手上的动作不要过重，关门开门要尽量轻声，不要弄出巨大的声响给别人造成困扰。这种礼仪细节虽然微不足道，但却是一个人修养高低的重要体现。所以，我们要时时小心注意，轻拿轻放，轻手轻脚，从小处做起，为他人着想。

【深度解读】

祸患常积于忽微，智勇多困于所溺

欧阳修曾说："祸患常积于忽微，智勇多困于所溺。"意思是说，重大灾难往往起源于微小的祸患，过度地沉迷往往会令人智勇丧失。所以，我们要时时居安思危、谨遵礼仪，不疏忽任何细节，以防蚁穴击溃千里

之堤。

英国的查理三世为王位争夺战厉兵秣马，在临战前，他将自己的战马交给一位马夫打理准备，这位马夫不是一个注重细节的人，他见马蹄铁用完了，就东拼西凑了一些东西充当第四块马蹄铁，安在了查理三世的战马上。不巧的是，这匹战马在临战杀敌时因为没有第四块马蹄铁失去平衡，使得查理三世坠于马下，当即被对手活捉。就这样，查理三世因为一块马蹄铁丢了国，丧了命。小小的马蹄铁并不起眼，却能在某些关键时刻改写一个人的命运，这体现了注重细节的重要性。

三国时，诸葛亮有一次带着一队士兵返回蜀中。因为司马懿在后方穷追不舍，而自身的兵力又不足以正面决战。诸葛亮便想了一个办法，他嘱咐士兵们，每到一处歇息时，埋锅造饭都要多挖一倍的火灶，比如按照士兵的人数，只需要挖一百个火灶就能满足需要，那就挖两百个，而到了下一个歇息处，则要挖上比上一个歇息处多一倍的火灶。就这样一路递增，伪造出沿途都有增援的假象迷惑司马懿，让生性多疑的司马懿不敢轻易发起进攻，为士兵返回蜀中争取时间。

当派出去的斥候一路回报的消息都是火灶的数量与日俱增时，司马懿犹疑了，他担心自己所带的兵力不足以抗衡，所以他最终放弃了进攻，而诸葛亮也顺利地凭借这个细节上的"造假"计谋骗了司马懿。

司马懿被诸葛亮在细节上设置陷阱"坑害"已经不止一次两次了，"空城计"便是其中经典的一出。当时司马懿的大军兵临城下，而诸葛亮为了让司马懿相信他已在城内做好了充分的迎敌准备，他带着两名童子抱着琴上了城门，淡定自若地端坐抚琴。司马懿看着诸葛亮不慌不忙的样子，不敢轻举妄动，最终还是撤兵了。就这样，诸葛亮不费一兵一卒就解了被围之困。

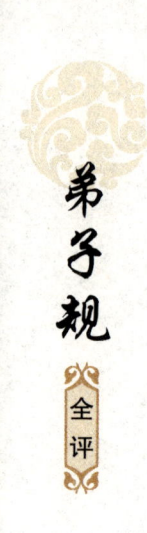

诸葛亮通过细节蒙骗司马懿的计谋屡试不爽，这固然有司马懿本身性格多疑的原因在，但诸葛亮能够伪造出令作战经验丰富的司马懿都上当受骗的假象，那些巧妙的细节无疑居功至伟。

可见，细节不仅会让一个人马失前蹄，还能让一个人所向披靡。所以，抓住事物的细节，让细节为我所用，可以避免不少因小失大的错误，也可以成就以少胜多的神话。我们在日常生活中要多注意细节，不要粗疏大意，要处处留心，于细微处显礼仪。

进入虚室，如遇有人

【原典再现】

执[1]虚[2]器[3]，如[4]执盈[5]。入虚室[6]，如有人。

【重点注释】

①执：本义指捉拿住，后引申为秉持、操作、取得、判断等释义，此处指拿着。

②虚：原指空旷，后引申为虚伪、心虚、谦虚等词义，这里用作形容词，表示空的。

③器：本指器具，有器量、器重、器官等词义，此处表示器皿。

④如：多用来表示相似，有前往、怎么、或者、比得上等释义，这里指好像。

⑤盈：本义指容器充满的样子，后引申为增长、超过等义，此处指充满。

⑥室：原指内室，后泛指住所，也有房间、妻室等词义，这里指内室、居所。

【白话翻译】

拿着空空的器皿，要像拿着装满东西的器皿那样慎重小心。进入空房间，也要像主人在家一样庄重有礼。

【鉴赏评议】

《弟子规》要求我们不管在公共场合还是私下独处，都应该谨言慎行，恪守礼节，它指出这才是君子应有的气度。

事实上，这一点对当代社会有很大的借鉴意义。如今很多人在人前会礼貌周到、体贴勤快，但在人后却懒于管理自己，这显然不符合儒家思想的主张。儒家学派认为，无论当不当着他人的面，我们都应该言行一致，知情达理。

当然，我们要结合实际来考虑，所以其实也不是要求做到每时每刻都处于神经紧绷的战斗状态，而是试着去学会让优秀成为我们的习惯，那样的话，无论什么时候都会是我们自己最好的状态。

【深度解读】

君子慎独，不欺暗室

《中庸》中说："莫见乎隐，莫显乎微，故君子慎其独也。"这句话号

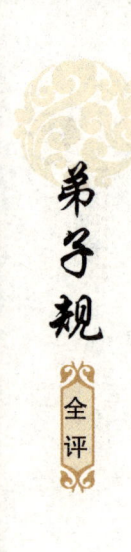

召我们不要以为没人看见，便私下里为所欲为，而是应该前后一致地让知礼守礼变成我们常态化的行为。

古代就有不少知礼守礼的贤德人士，他们哪怕在私下里也会严格要求自己，坚持恪守自己的行为准则和人生底线。

杨震是东汉时的名士，人称"关西孔子"。他做官后，十分清廉，从不收受别人的贿赂。

有一次，杨震经过山东的时候，他的学生王密知道了，当时王密正在山东担任县令。晚上，王密带着十斤黄金来送与杨震，杨震坚定地拒绝了。王密大惑不解，说："老师你放心吧，我趁着夜色来的，没有人看到，也不会有人知道的。"杨震连连摆手，道："怎么会没有人知道呢？至少天知，地知，你知，我知。"王密听后羞惭不已，最终打消了送礼的念头。

后来，这件事被传扬出去，人人都称赞杨震的品格。可见，独处时是最考验人品性的。假如因为不在人前就不对自己严格要求，甚至做出表里不一的事来，那显然不是坦荡如一的君子，而是当面一套背后一套的小人了。

历史上还有一个恪守礼节近乎死板的人叫蘧伯玉，他是春秋时期卫国有名的贤臣，为人十分正派，深得卫灵公的信赖。有一天晚上，他乘马车经过王宫门口。按照当时的礼节，臣子乘车经过王宫门口时应该下车敬礼示意后再离开。到了晚上宫门已经关闭，又没有人看见，臣子不行礼也是可以的，但蘧伯玉认为既然定了这个礼节，就不管是什么时间，有没有人看见，自己都应该遵守。所以，他到了宫门口以后，就停车下来，恭恭敬敬地向王宫行礼表达敬意，然后再上车继续前行。

还有，晏殊是北宋时期著名的文学家和政治家。他五岁就能作诗，有"神童"之称。景德元年,江南安抚张知白听说晏殊的事迹,极力推荐他进京赶考。次年,十四岁的晏殊赴京应考,脱颖而出。

后来,晏殊又参加了殿试。事情十分凑巧,殿试考试题目是晏殊曾经做过的。因此,晏殊禀告皇帝,请求更换试题。结果,他的文章又得到了皇帝的夸奖。

晏殊当官后,每天办完公事,总是回到家里闭门读书。皇帝称赞他能够抵御诱惑,安心读书。晏殊却说:"我不是不想去宴饮游乐,只是因为家贫无钱,才不去参加。我是有愧于皇上的夸奖的。"晏殊实话实说,不但没有得罪皇帝,反而得到皇帝的重用。不久,他就当上了宰相,成为国家的栋梁。显然,这些成就在一定程度上得益于他的磊落坦荡。

所以说,庄重大方于人前是素质,不欺暗室于人后是修养。

事勿忙乱,忙则多错

【原典再现】

事勿忙①,忙多②错③。勿畏④难⑤,勿轻⑥略⑦。

【重点注释】

①忙:原指急忙,后多用于表达赶快、事务繁忙等义,这里指忙于做事、匆忙。

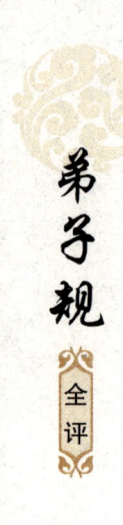

②多：此处用作副词，表示大多数情况。

③错：这里指犯错、出错。

④畏：本义指敬畏，还有担心、避开等释义，此处指害怕。

⑤难：原指被捕获的鸟，后多用来表示做事费劲，这里指困难。

⑥轻：原指重量上的轻，后引申为轻巧、轻薄等义，此处指轻视。

⑦略：本义指侵占、侵略，又有省略、战略等义，这里表示疏忽。

【白话翻译】

办事不要匆匆忙忙，匆忙的情况下大多容易出错，也不要害怕，别有畏难情绪，更不要疏忽，精神上麻痹大意。

【鉴赏评议】

《弟子规》提醒我们不要因为事多事急就自乱阵脚，也不要因为困难重重就畏惧担忧，越是情况紧急越该平心静气，越是阻碍重重越该迎难而上。

当我们面对巨大压力与挑战时，要拿出"泰山崩于前而色不变"的气魄和"每逢大事有静气"的胆识，去勇敢面对，而不是裹足不前。狭路相逢勇者胜，只有拿出最大的勇气，做出最大的努力，才可能取得成功。

【深度解读】

欲速则不达

《论语》有句话叫："无欲速，无见小利。欲速则不达，见小利则大事不成。"这句话的典故来自于孔子的弟子——子夏。子夏在莒父做地方邑长的时候，他问孔子："如何为政？"孔子说："为政的原则就是要有远大的眼光，百年大计，不要急功近利，不要想很快就能拿成果来表现，也不要为一些小利益花费太多心力，要顾全到整体大局。"在成功学泛滥的年代里，急功近利几乎成为人的本能冲动，实际上，越是急于求成越容易一事无成。

史籍上曾记载过这样一个故事：一个急于求成的年轻人去拜访一位在剑术上有很高造诣的大师，请求大师收他为徒，大师答应了。刚刚行完拜师礼，这个年轻人就着急地问："师父，我需要多久才能学有所成呢？"师父看着他说："大概需要十年的时间。"年轻人一听要十年之久，内心很焦急，便继续问："如果我早晚都勤修苦练的话，需要多久呢？"师父看了他一眼，道："那便需要30年的时间了。"年轻人难以置信，不死心地继续问道："那要是我拼命地练需要多长时间？"师父已经不再看他，说："70年。"

其实，我们很多时候就像那个年轻人一样，总是急于求成，却往往本末倒置。可见，当我们越迫切地想要实现某个目标时，就越容易陷入被动，而被那个目标牵着鼻子走。这是通往成功道路上的大忌。

有个人挑着一担橘子进城。天快黑了，他怕在关闭城门之前赶不到城里，心里十分着急。恰巧迎面走来一个行人，他便问那人能不能赶进城。那人瞧他慌张的样子，就告诉他，如果慢慢走还可能赶得上。挑橘子的人听了很生气，以为那人在开玩笑。他想：难道慢走可以进城，快走反倒进不了城吗？于是，他加快脚步前进。不料，一不小心摔了一跤，橘子撒了一地。他急忙一个一个地往担子里装橘子，好大一会儿才收拾完。这时，天已经黑了，这个人果真没能及时赶进城里。

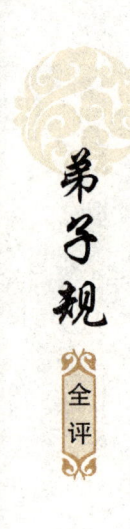

从这两个故事中，我们不难发现，少年和小贩最终都没有成功的原因，是因为他们都一心只想着实现目标，缺乏平和的心态，以至于最终自乱阵脚，终究没能成功。可见，急于求成，心态浮躁，会把最简单、最熟悉的小事都办糟，更不用说深具挑战性的大事了。

所以，要成功就必须先磨炼自己的心性，要让自己能够沉得下心来，有步骤、有计划地一步步实现自己的目标。

明代有一位清官，叫徐文靖，他从小就能严格地要求自己，一言一行都很谨慎。他仿效古人，每闪现一个正确的念头、说一段正确的话、做一件好事，就在一个钵子里投一粒黄豆，相反，则在另一个钵子里投一粒黑豆。开始，黑的多黄的少；渐渐地，黑黄相当；再后来，黄多黑少。他这样坚持了一生，即使在做了大官以后也是如此。

可见，我们要在喧嚣浮躁的社会环境中学会理智与冷静，不要好大喜功，也不要急于求成，按部就班地打下基础，全力以赴地踏实努力，成功就离我们不远了。

勿近闹场，勿问邪事

【原典再现】

斗[1]闹[2]场[3]，绝勿近[4]。邪[5]僻[6]事，绝勿问[7]。

【重点注释】

①斗：本义指争斗，后引申为搏斗、战斗等义，此处指戏耍、逗乐。

②闹：原指集贸市场的喧闹嘈杂，这里泛指声色犬马的地方。

③场：原是指用来晾晒谷物的平地，后引申为人群集散的地方，此处指场所。

④近：这里指靠近。

⑤邪：原指不正当、不正派，此处指邪异、歪门邪道。

⑥僻：本义指回避，后多用来形容偏远，这里指偏僻、阴私。

⑦问：原表示问候、审讯等义，此处指询问、探询。

【白话翻译】

声色犬马的喧闹玩乐场所，千万不要靠近、进入。歪门邪道、阴私邪僻的事情，千万不要打听、探询。

【鉴赏评议】

《弟子规》要求我们不要靠近声色犬马的喧闹场所，不要打听歪门邪道的事。因为在声色犬马的喧闹场所中浸淫久了，容易使人变得浮躁；歪门邪道的事听多了，容易让人变得偏狭。所以，我们要立身正，行事端，不耽于享乐，不打听怪妄，做一个坦荡端方的君子。

现代社会中，有些人喜好窥私猎奇，爱打听八卦怪诞之事，这其实并非君子所为。那些似真似假的琐碎八卦往往会分散我们的注意力，让我们难以集中精力专注手头的事务，因此，那些行为实不可取。

【深度解读】

无益之事，不可为

《朱子童蒙须知》中提出："凡喧哄争斗之处，不可近。无益之事，不可为。"其本质也是要求我们不要沉湎于声色犬马的喧闹，不要耽溺于没有益处的琐事，全神贯注地集中精力治学读书。

要做到不为无益之事，首先就要远离不良之友。《世说新语》上记录过这么一个故事：管宁和华歆两个人一起在菜园里挖地种菜，两个人刨着刨着，突然刨出一块黄灿灿的金子来，管宁视若平常地将其刨到一边，继续往前刨地，仿佛看见的不过是石头一样，毫不在意。但华歆却特意将管宁刨到一边的金片偷偷拾了起来，但是看到管宁的脸色后又将金块丢了出去。

还有一次，两人一起坐在一张榻席上读书，正逢一位达官贵人坐着气派豪华的马车从门口经过，管宁置若罔闻地继续读书，华歆却忍不住放下书本跑出去看热闹。管宁便当场割开席子，将两人的座位分开，并对他说道："你不是我的朋友。"

我们不能否认环境对我们的影响，正所谓"近朱者赤，近墨者黑"，所以我们对于自己周边的环境要慎重地加以选择，朋友也是一样，道不同不相为谋，不能让志向、性情不同的朋友干扰我们学习的专注与决心。

要做到不为无益之事，同时要多做有益之事。包拯包青天，自幼聪颖，勤学好问，尤其喜欢推理断案。他的父亲和当地的知县交往密切，包拯从小耳濡目染，也学会了不少的断案知识，尤其在焚庙杀僧一案中，包拯根据现场的蛛丝马迹，剥茧抽丝，排查出犯罪嫌疑人后，又假扮阎王，审清事实真相，协助知县缉拿凶手，为民除害。他努力学习律法刑理知识，为长大以后断案如神、为民申冤，打下了深厚的知识基础。

要做到不为无益之事，就要始终锲而不舍。"书圣"王羲之能成为一代大家，就是因为他在书法上的执着与坚持。他练习书法很刻苦，几乎连吃饭、走路的时间都不放过，到了无时无刻不在练习的地步。有时他甚至练习书法到了全然忘情的程度。

有一次，他练着字忘记了吃饭的时间，家人便把饭送到书房，他竟不假思索地用馒头蘸着墨吃起来，还觉得很有滋味。当家人发现时，他已是满嘴墨黑了。王羲之还经常临池书写，并就着池水洗砚台，时间长了，池水都变黑了，后来人们雅称那处池水为"墨池"。所以说，光鲜的成功背后必然充满艰辛的付出。只有锲而不舍地付出，才能有所收获。

要做到不为无益之事，还要不半途而废。古时候，我国有个大学问家叫孟轲，也就是现在常说的孟子。他在刚上学的时候，十分用心，写字一笔一画，很工整。但过了没多久，他就觉得学习太辛苦，不如在外面玩耍快活。于是，他经常逃学跑去玩耍。

有一天，还没有到放学的时间，孟子就早早回家了，那时孟母正在织布，便问他为什么这么早就回来了。孟子说："我觉得念书没什么意思。"孟母很生气，但是她没有厉声地去训斥孩子，而是拿起一旁的剪刀，把正在织的布剪断了。孟子对母亲的这一举动感到不解，他问母亲："好好的布，为什么要剪断呢？"

孟母叹了口气，对儿子说："你现在读书学习就像我织布一样，累丝成寸，累寸成尺，累尺成丈，累丈成匹，才能成为有用之物。你现在学习，必须下累日累年之功，不分昼夜，才能有所长进，但你却懒学厌倦，中途逃学，相当于前功尽弃，一事无成。我剪断织的布，就像你中途退学一样，什么有用的物件也成不了。"

孟子听孟母的话，立志再也不逃学了。他开始发奋学习，后来成了著名的儒家学者。可见，无论是不为无益之事还是多做有益之事，都要长期坚持才会有效果，半途而废就如同孟母断杼一般，一切等于白费功夫。

因此，我们要坚定信念，决不为无益之事，要多做有益之事，始终坚持不懈，绝不轻言放弃，直至获得成功。

入门问存，上堂声扬

【原典再现】

将①入门②，问孰③存④。将上堂⑤，声必扬⑥。

【重点注释】

①将：原指率领，后引申为顺从、扶助等释义，此处用作副词，表示将要。

②门：这里表示大门。

③孰：这里用作疑问代词，表示哪个人、谁。

④存：本义为存活、留存，后引申为储藏、寄放、怀着等释义，此处表示存在。

⑤堂：原指住处中的公众场所，后泛指客厅，这里表示厅堂。

⑥扬：本义指以手播撒，有高举、飘扬、称颂等词义，此处指高声、高扬。

【白话翻译】

快要进入大门的时候，要问有没有人在；快要到厅堂的时候，说话声音要高扬以示提醒。

【鉴赏评议】

《弟子规》认为君子在任何时候都必须保有坦荡的风度。在进门之前，要先询问是否有人在家；在进入厅堂之前，要先大声通报提醒里面的人自己将要进来，这些都是出门做客的礼节。

将这些准则应用到现代社会中，那便是在进门之前要先敲门，得到主人的邀请与许可后再进门。进入主人家的房间后，不能随意乱闯，侵犯主人的隐私。

也就是说，出门在外的时候，我们要努力做到坦荡守礼，不要鲁莽轻浮。

【深度解读】

知礼后恭敬，恭敬后尊让

《管子》曾言："夫人知礼然后恭敬，恭敬然后尊让。"意思是说，人要知道礼仪，只有知道礼仪后才会产生尊敬之心，有了尊敬之心才会对他人尊重礼让。

礼让之心不论辈分。唐朝有一个叫李相的人，对《春秋》钻研至深。但他却一度误将鲁国的某位大臣孙婼名字中的"婼"字发音成"诺"，书童尽可能婉转地将他的错处指出来。李相听了，羞惭不已，他回想自己身处高位，却一再称呼错别人的名字，实在是很不应该。于是他赶紧从自己的座位上起身，搬起自己的太师椅摆在北墙方向以示尊敬，再恭请书童上坐。

书童哪里敢坐尊长的宝座，但李相一再坚持礼让，书童推拒不了，只能在太师椅上坐定，接受李相的师礼敬拜。敬拜完以后，李相真诚地对他说："我身份地位虽然高，却经常犯这种读错字的错误，这却是很不应该的。从今天起，我就尊您为我的'一字师'，我要是再读错字，请你不要给我留面子，一定要指出我的错误来啊！"

礼让之心不计钱财。管仲，也就是管夷吾，他年轻的时候，跟鲍叔牙是惺惺相惜的好朋友，鲍叔牙对他的才能也了解颇深。不过，管仲家庭困顿，经常哄骗鲍叔牙，而鲍叔牙即便知道真相却也依旧对他很好，并且从不将那些哄骗的事实声张出去。

后来，鲍叔牙效命于齐国的公子小白，管仲效命于公子纠。当公子小白成为齐桓公的时候，公子纠被杀死，管仲也被囚禁。鲍叔牙就向桓公保荐管仲。管仲被录用以后，在齐国掌理政事，齐桓公因此而称霸，多次会合诸侯，匡救天下，靠的都是管仲的谋略。

管仲说："当初我沦落困苦，跟着鲍叔牙一起做生意，在分利润的时候经常偏向自己，鲍叔牙也不生气，更没有把我看作那蝇营狗苟的鼠辈，他深知我的情况，所以十分体恤我。鲍叔牙还曾请我帮他出谋划策，但我却又把事情给办砸了，让情况变得更加糟糕，鲍叔牙也并不就此认定我这个人蠢笨而不堪大用，他知道我经常被时运捉弄。我还曾三起三落，一度被赏识又一度被冷落,鲍叔牙始终都在身边鼓励我,给我信心。我更曾三上战场,临阵三退,还是只有鲍叔牙没有取笑我,他不觉得我怯懦无能,因为他知道我家中尚有高堂。公子纠在王位之争中失败以后,和我同为幕僚谋士的召忽自杀了,但我却没有,我即便已成俘虏也没有选择舍生取义,天下人都笑我不忠不义,只有鲍叔牙知道我为何苟活存世。他知道我更在意的是没有功成名就便庸碌地死去,那于我而言才是最大的耻辱。父母生了我,而鲍叔牙却最懂我!"

鲍叔牙推举了管仲以后,甘心为管仲奔走筹谋,即便身份地位不如管仲也毫无怨言。后来,他的子孙也世代为官,有不少人甚至还被赐予封地,成为名垂青史的名士。

若人问谁,对以姓名

【原典再现】

人问谁①,对②以③名④。吾与我,不分⑤明⑥。

【重点注释】

①谁:本义指什么,后泛指某人,此处指什么人。

②对:多指正确的、相对的,这里表示对答、回答。

③以:多用作文言虚词,表示由于、用来、认为等释义,这里指用。

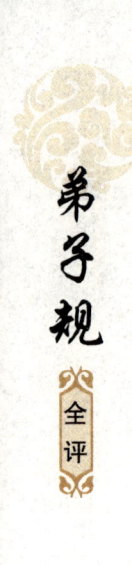

④名：此处指姓名。

⑤分：本义指界限分明，有区分、分离等释义，这里指分辨、分别。

⑥明：此处指清楚、明晰。

【白话翻译】

别人问自己是谁，应该把自己的名字告诉对方，因为只说我或者吾之类的人称代词，会让对方难以清楚地分辨出来到底是谁。

【鉴赏评议】

《弟子规》指出，在日常生活中，有一些不确定的人称回复往往会造成不必要的误会，所以在他人询问自己姓名的时候，我们应该简洁明了地据实以告，而不是含糊不清地以人称代词代替，这不仅不利于社交，也是极其不礼貌的行为。

所以，在与人交往的过程中，我们要在他人询问时清楚地告知对方自己的身份信息，一方面是因为这是人际交往过程中的基本礼貌，另一方面则是为了方便接下来的沟通交流。含糊其辞只会让对方怀疑自己的素质和诚意，不利于交流目标的达成。

【深度解读】

有士不相识，通名叩余舟

陌生人见面一般都会互相通报姓名，这样才算正式认识。这种"通名之交"其实古来有之，苏舜钦有首诗中就写道："有士不相识，通名叩余舟。"可见，从古至今，见面后相互之间通报姓名都是一种礼节。

古时候，上门拜访一般需要提前给主家投送拜帖，拜帖中写明自己的姓名、身份、拜访的具体时间、拜访的大概目的等内容，也称"拜谒"，这是通名之礼更为正规的体现。而主家在收到拜帖之后，会根据拜帖内容初步定下接待工作，包括接待的规格以及时间等。如此双方达成一致，见面的时候才能沟通得更为顺畅。这种形式延伸至现代，变成了登门拜访之前的电话约定。当我们要去某人家拜访之时，提前打电话告知对方并预约时间是基本的礼貌，这样一方面可以防止主人不在家而"碰壁"，另一方面也可以让主人做好待客准备。要知道，不请自来的"不速之客"往往是很难受到欢迎的。所以，在初次与人交往交流时，主动告知自己的姓名是礼貌沟通的第一步。

事实上，通名之礼古已有之，也是现代社会所提倡的礼节。从"拜帖"到"名片"，从"拜谒"到"预约"，可以看到有些礼仪的生命力十分强大，这也从侧面证明了这些礼仪的实用性和重要性。而在现实生活中，很多人不愿意大方主动地告知他人自己的姓名，有时候不是因为不礼貌、没修养，只是有的人不习惯自己介绍自己的名字，或许还可能是因为害羞等多方面的原因，这些都需要我们在人际交往中将其克服。

在实际生活中，我们还需要礼貌地回复他人的询问，这一点在电话沟通中显得尤为重要。曾经有这么一个笑话，说是某人打电话，对方问："您是谁啊？"这人极其不耐烦地回答："是我啊！"对方一头雾水，继续问："您是？"这人气急败坏地说："就是我啊，居然连我的声音都记不起来了。哎呀，别说那么多废话，我跟你说啊……"足足说了两三分钟，然后问："听懂了吗？"对方却说："听是听懂了，只是……您打错电话了。"这人一看手机，发现果然是拨错了一个号码。试想一下，如果这个

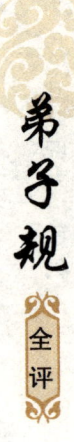

人早在对方询问的时候，就礼貌地告知对方自己的名字，对方知道了不是自己认识的人，可能当即就告诉那人他打错了电话，也不至于有后面的对话，平白浪费了许多的时间和精力。可见，礼仪礼貌很多时候不仅是修养的体现，还是便人便己的妙方。

所以，姓名是自身形象的"名片"，是发展感情的"敲门砖"。主动告知自己姓名是交友的第一步，有的时候我们还应该及时告知对方自己的姓名，从而避免产生一些不必要的误会。

用人物品，须明请求

【原典再现】

用①人物，须②明③求④。倘⑤不问，即⑥为偷⑦。

【重点注释】

①用：本义指的是采用、运用，这里指的是借用。

②须：必须、应该。

③明：这里指的是公开的。

④求：古文中原指皮袋，后引申为乞求，此处指请求、恳求。

⑤倘：多用来表示假设，这里指的是假如、如果。

⑥即：就是。

⑦偷：这里指的是偷盗。

【白话翻译】

借用他人的物品，应该公开地相借求取。如果不询问物品主人的意见，没有征得其同意，那就是偷盗的行为。

【鉴赏评议】

《弟子规》提出，没有经过主人的允许就擅动他人财物的行为都是偷窃行为。所以，我们在日常生活中，要时刻注意不要在不经意间侵犯了他人的权益，成为强势偷盗的"贼"。小到借用他人东西，大到做出某种行为，我们都应该在被允许的情况下进行。

【深度解读】

不问自取，是为贼

不经过允许而擅自使用他人的物品是偷盗的行为。偷盗的行为无论在古代还是在当下都是为人所不齿的，所以明智的人不会偷盗，偷盗的人自有恶果。

元代著名学者许衡曾经在大热天和许多人一起逃难，正当口渴得难受时，路旁刚好有一棵梨树，于是人们争先恐后地纷纷跑过去摘梨吃，唯独许衡端坐在树下无动于衷。有人问他为什么这样做，他说："不是自己的梨树却跑过去摘梨吃，这种行为是不可以的。"那人说："现在世道这么乱，梨树早就没有主人了。"许衡回答说："即使梨树没有主人，难道我们自己的心里就没有一点主见吗？"

这个故事被称为许衡"义不摘梨",它和"孔融让梨"一样,千百年来被人们广为传颂。许衡义不摘梨的背后其实是对自己为人准则的坚守。就像王密给杨震送黄金时,杨震所说的那句话一样:天知、地知、你知、我知,怎能说无人知?所以,自己所做的任何选择其实都逃不过自己内心的拷问。只有坚守自己为人的底线,才能做到心中安然、无愧于心。

当然,并不是所有的人都能坚守为人底线,尤其是在面对巨大诱惑的时候,权势钱帛最动人心。史书上有名的"田氏代齐",实际上就是一场规模宏大的偷盗活动。

当年的齐国,邻近的村邑遥遥相望,鸡狗之声相互听闻,渔网所撒布的水面,犁锄所耕作的土地,方圆两千多里。整个国境之内,所有用来设立宗庙、社稷的地方,所有用来建置邑、屋、州、闾、乡、里各级行政机构的地方,一切都秩序井然。但是,田成子一下子杀了齐国的国君,自己掌控了齐国主权,也就相当于窃据了整个齐国。他所盗窃夺取的难道仅仅只是一块疆土吗?并非如此,他连同那里各种圣明的法规与制度也一块儿劫夺去了。

田成子虽然有盗贼的名声,却仍处于尧舜那样安稳的地位,小的国家不敢非议他,大的国家不敢讨伐他,世世代代窃据齐国。好在这样窃国的大盗最终也还是要面对历史的审判,他在青史上的盗名是永远不会洗脱的。

在古人眼中,一切不义的行为都将得到报应,这也正是他们信奉"善有善报,恶有恶报;不是不报,时候未到"的原因。所以,他们坚信行善才能让自己未来生活得更美好,作恶者必将得到应有的惩罚。

所以,我们在面对是非取舍的问题时,不能抱有侥幸心理,更不能泯灭道义人性,去贪图眼前的小恩小惠,而应该将目光放长远些,做出无愧于心的选择。将一切东西都放在选择的天平上，一时的蝇头小利和一世的做人原则，相信每个人都能选出自己认为最好的答案。

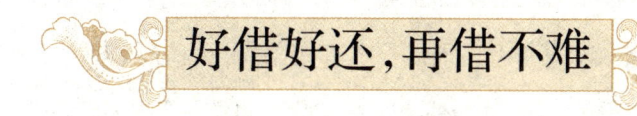

好借好还，再借不难

【原典再现】

借①人物，及②时③还④。后⑤有急⑥，借不难。

【重点注释】

①借：本义指假借，后泛指暂时借用他人的物品，这里指借用。

②及：原指追赶上，后引申为达到、和等释义，此处指及早、及时。

③时：泛指时节、时令、时机，这里指时间。

④还：表示返回、复原等义，此处指归还。

⑤后：本义指迟到，这里表示时间较晚的意思，即往后、以后。

⑥急：原指狭窄，后引申为迅速、眼中、气恼等义，此处是情况焦急、急难的意思。

【白话翻译】

借用别人的东西，要及时归还。这样以后碰上急难的事情的时候，再去相借就不难了。

【鉴赏评议】

《弟子规》强调做人要有诚信，"信"也是儒家思想体系的重要组成部分之一。"人无信不立"，意思是说一个人没有信用，就站不住脚，这充分表明了诚信对于人的重要性。

《弟子规》从借东西、还东西这样一件小事出发，由浅入深地阐述诚信的重要性。俗话说，"有借有还再借不难"，这无疑与弟子规的这句话有着异曲同工之妙。其实，诚信的价值也正在于此，如果一个人能够坚守诚信，当他遇见急难的情况时，就能以自己的诚信作为抵押，获得他人的帮助。

在当代社会，诚信甚至已经成为衡量个人价值的一个重要指标。因此，诚信是一个志在成功的人必备的重要品质。

【深度解读】

守信多助，失信寡助

《礼记·学记》中说：大信不约，意思是说最高境界的诚信是不需要条文约定的，这个人本身已经足够令别人信任。就像秦朝时期的季布一样，他是个非常注重诚信的人，很受人信任。人们说，得到百两黄金，也比不上得到季布的一句承诺。季布诚信的价值可见一斑。

历史上守信多助的故事有很多，比较有名的守信多助的故事来自于元末明初的文学大家宋濂。宋濂小时候特别爱学习，但是因为家中十分贫困，他没法买书，以致无书可读。于是宋濂想了一个办法，他每次都会去那些藏书大家和名家手上借书，借来以后，都自己用笔抄录下来，等到了规定的时间再按时奉还。

哪怕是在寒冬腊月，砚台都结了冰，坚固冷硬得难以磨开墨水，手指被冻得弯曲且难以伸直，宋濂都始终坚持抄书，从不因天气恶劣而懈怠。每把一本书抄完，宋濂都会一路跑着去把书送还给借书给自己的人家，从来没有超过别人给他设定的时限。

后来，人们在借书给宋濂的时候，都会主动不跟他规定时限，因为在他们心里宋濂是一个讲究诚信的人。宋濂的诚信品质也让他在自己日后为人做官的道路上走得一路顺畅。

儒家体系中关于诚信的典故也不少，曾子杀猪就是其中一例。据说有一次曾子的妻子要去集市，曾子的儿子哭闹着要跟随妈妈一起去，为了能让儿子停止哭闹，并打消去集市的念头，曾子的妻子便对她的儿子说："你快回家去吧，等我回来，我就为你杀猪，给你做好吃的猪肉。"曾子的儿子听了这话，便答应了他妈妈，停止哭闹，也不再要求跟去集市。

等曾子的妻子从集市回来后，曾子便打算把猪给杀了，他的妻子立即制止他说："我那只不过是跟儿子开玩笑罢了，没必要真的把猪给杀掉。"但曾子说："孩子并不是用来开玩笑的，孩子最初没有自己的意识和想法，一切都不过是跟着父母学罢了，他的所有言行都会受到父母的影响，你今天若是欺骗了他，那你便是教他欺骗呀！母亲欺骗儿子，那儿子也将不再信任他的母亲。这样教育孩子是不对的。"

于是，曾子把猪杀了，让自己的儿子吃上了猪肉。孩子的一言一行，都跟父母息息相关，因此，言传身教十分重要，父母在日常生活中讲诚信，那孩子必然也会在不知不觉间养成诚信的品质。

历史上失信寡助的例子也有不少，"烽火戏诸侯"中的周幽王就是因为将诚信当作儿戏，最终导致了亡国的悲剧。此外，刘伯温所著的《郁离子》中也记载了一个失信丧生故事。

故事说的是一个商人在过河的时候，所坐的船沉了，他为了活命，便大声呼喊，说自己是大富翁，如果有人救他，他就给那个人一百两银子。于是当时在岸上的人纷纷跳下去救他。等把这个富商救上来以后，他却只给了救他的那个人十两银子，那个人追问富商为什么只给他十两。那个富商说，得到十两，就应该心存感激了，为什么还要贪图更多？富商坚决不给他剩余的银子，最终也只能不了了之。

巧的是，后来富商又一次经过这条河，他的船又沉了，于是他同样大声呼救，说谁要是救了他，他就给那人一百两银子。而那个时候，之前救他的那个人也正在岸上，他听到富商的这话，就劝其他人不要相信，因为富商是个不守诚信的人。后来，这个富商最终因为没有人去救而被淹死了。可见，有的时候失信于人不仅会失去别人的帮助，甚至可能丢掉性命。

因此，做人应有诚信，做人贵在诚信。

第五章　信

生活中，我们每个人手里都拿着一面镜子，仔细观照着别人的不足，却往往看不到自己的缺点。我们应该秉持见贤思齐的精神，多学习别人的优点，不断改进自己。对自己说出去的话负责，承诺他人的事情一定要做到，空穴来风的谣言决不乱传。

言而有信，切勿诈妄

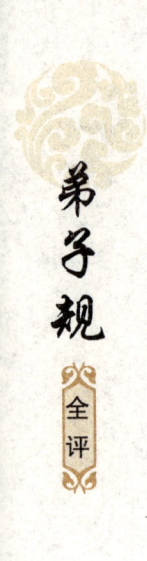

【原典再现】

凡①出言，信为先。诈与妄②，奚可焉③。

【重点注释】

①凡：凡是。

②妄：妄语，说大话。

③奚可焉：这怎么可以呢？

【白话翻译】

凡是开口说话，都应该首先讲究信用，欺诈与妄语，这怎么可以呢？

【鉴赏评议】

这部分内容主要是在告诉世人，应该如何说话，说话的关键在于讲信用，对自己说出来的话负责任。努力去实践、去履行自己的诺言，答应别人的事情，就一定要尽力去做到。如果知道自己没有能力做到，就不要随意夸下海口，更不能使用花言巧语来欺骗对方。

孔子说："人而无信，不知其可也。"如果说话不讲究信用，渐渐地在社会上就无法立足。凡是在说话的时候，都应该保持诚信的态度，不能有任何的虚伪和隐瞒。

【深度解读】

遵守诺言，成就佳话

一个人是否能够遵守自己的诺言，一定程度上，决定他在社会上能否有良好的发展。如果不守信，总是在找借口来掩饰自己的失信于人，那样只会让自己的名声越来越差。

战国时期，商鞅在变法之初，为了能够取信于民，让百姓相信自己，他想出了一个不错的办法。他在国都的南门那里竖立起一根足有三丈高的木杆，并当众宣布说，如果有人能够把它扛到北门，他就赏赐给那个人黄金十两。

然而，就是这样一件简单的事情，却直到下午都没有人去做。商鞅便下令将赏金增加到五十两黄金。直到这时，终于有人上前愿意试一试。商鞅很高兴，在那个人将木杆扛到北门后，他马上当众将五十两黄金赏赐给了那个人。人们看到这个名叫商鞅的人，是一个说到做到、不欺诈于人的人，于是在他日后推行政策时，才都积极响应起来。

诚信在商鞅变法中发挥了很大的作用，除此之外，在周朝的时候，也同样有一个故事，成了信守承诺的代表，一直为后代人所传颂。

那时候，吴国有一位公子名唤季札。有一天，他奉命出使鲁国，在路上恰好碰到了徐国的国君。这位国君对于季札身上的佩剑十分喜欢，只是碍于面子，并没有当面求取。而季札是何等聪明之人，又怎么看不

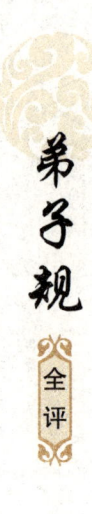

出这位国君的心中所想？虽然他因为出使他国之事无法马上交出佩剑以赠之，但他却在心里暗暗决定，要将这把宝剑送给这位国君。

于是，在处理完正事之后，他又特意去了徐国。然而此时，他却听说这位徐国的国君已经不幸去世。季札便到了徐国国君的陵寝处，将自己的佩剑交出，并挂在陵墓外面的树枝上。他说："虽然您已经去世了，但是我曾经在心中已经答应要将这把剑送给您，无论您是否在世，我都应该信守诺言，将这把宝剑送给您。"说完之后，他便离开了。这就是有名的"季札挂剑"。

作为现代人，我们更应该讲诚信，无论是和朋友相交，还是在商场谈判，只要许下了承诺，就应该努力去遵守，这样才能成为一个被人尊敬的人。

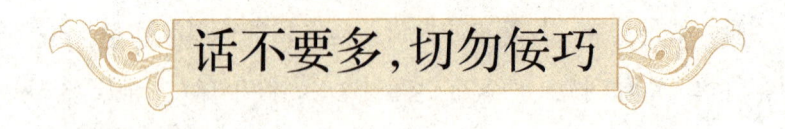

话不要多，切勿佞巧

【原典再现】

话说多，不如少；惟其是，勿佞巧①。

【重点注释】

①佞巧：花言巧语。

【白话翻译】

多说话不如少说话，做事应该讲究实实在在，不要总是说一些花言巧语。

【鉴赏评议】

如果说了很多的话，但大部分都是没用的废话，那还不如少说。正所谓多说多错，少说少错，言多必失，做人应该谨言慎行，避免祸从口出。说话的时候，应该恰到好处，谈话内容也应该实事求是，那些不着边际的谎话，总有被识破戳穿的时候。

这段内容告诉我们：说话的关键在于说话要说到关键的位置，点到即可，避免言多必失。

【深度解读】

君子欲讷于言，而敏于行

有时候，话说多了，有些话还没有经过大脑就已经先脱口而出了，而这时再想收回自己所说的话，已经不可能了。有句谚语说："是非只为多开口，烦恼皆因强出头。"人和人之间之所以会产生那么多的是非对错，就是因为话太多，所以我们应该少言、慎行。

每次在讲话之前，我们都应该仔细想一想，是否有更好的表达方式，既可以将自己的话说明白，又能不伤害对方，做到两全其美。

有时候，我们总是在不经意间，因为一句无心的话，伤害了那些关心我们的人，最后不但使他们受到伤害，还可能会让其远离我们。所以古人才会说"口是祸福之门"，说话的时候不注意，往往就会为自己带来祸患。

孔子说，"君子欲讷于言，而敏于行"。真正的君子，从表面上看起来，好像并不是一个能言善道的人，他们通常会话不多，或者沉默寡言，但他们往往是有大智慧的，他们的心思敏捷，在做事的时候，总能找到关键点，并将事情做好。而那些能言善辩之人，反倒经常会表现出懒惰、做事拖拉之态。

宋朝时，有一位非常著名的官员，名叫赵阅道。他是一个非常正直的人，这个人的话不多，懂得谨言慎行。但他每天晚上，都会穿戴整齐，然后在家里点上一炷香，向上天禀告自己一天都做了什么事情。如果有哪件事情是他不敢开口对上天禀告的，那么他就会知道，这件事情是有违天理的，是违背了自己的良心的，下一次他就不会再去做这样的事情。所以，他的为人非常正直，而且做官也十分清廉。

那时候，有一个地方发生了一场瘟疫，有很多人都因为这场突如其来的灾害而流离失所，无家可归。赵阅道听说了这件事情之后，就拿出自己的银钱，命人造了一百艘船，并且还修书给各州府地县，如果哪户人家的家人死了，一家老小没有办法还乡的，就请将他们送到他所管辖的地方，也就是黔州。

就是因为他的仁爱之心，救了很多人的性命。当时的宋仁宗也因为他为人正直、不畏强权，经常弹劾那些贪赃枉法之人，而非常喜欢他，甚至还封其为御史，后人也都称他为"铁面御史"。

做人就应该像赵阅道这样，能够谨言慎行，少说话多做事，而在做事的时候，也应该实事求是，不随意夸下海口，不打妄语，许下了承诺，就努力践行，只有这样，才能立足于世，被后人敬仰。

市井之气，切戒除之

【原典再现】

奸①巧②语，秽污③词；市井④气，切⑤戒⑥之。

【重点注释】

①奸：邪恶，狡诈。

②巧：虚浮不实。

③秽污：肮脏、污秽；秽，淫乱。

④市井：古代指做买卖的地方，后为街市的代称，含有粗俗鄙陋之意。

⑤切：一定要。

⑥戒：去除。

【白话翻译】

邪恶和虚浮不实的花言巧语、脏秽不堪的话语以及市井无赖之徒的通俗口气，都一定要去除掉，切忌说出口。

【鉴赏评议】

本句的"奸巧语"紧接着上面的"勿佞巧"，在这两句话中，都带有

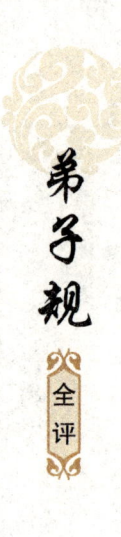

"巧"字，大概是因为古往今来，能说会道、逢迎拍马、喜欢说花言巧语的人实在太多了。在这些人之中，有的是因为自己地位卑微，而在高位面前不自觉地露出了自卑感，显露出卑微之态，所以才会刻意去顺着别人说话，较为被动地去讨好别人；而有些人则是为了达到某种有利于自身的目的，变着法儿地巴结讨好人家。

也许正是因为自古以来，有太多的人用花言巧语去讨好奉承别人，《弟子规》的作者才会反复告诫人们，不要从小就学会巴结别人。一句"勿佞巧"，一句"切戒之"，足可见作者的良苦用心了！

【深度解读】

害人之心不可有，防人之心不可无

在当今社会，永远不缺的就是那些喜欢溜须拍马、捧臭脚的人，他们为了达到自己的目的，不惜说出自己都不相信的谎话，只为了能够让上级开心。更有甚者，还有些人会通过向领导进谗言，从而陷害其他人。

所以，在职场中，无论是初入职场的小白，还是久经商场的老手，都应该时刻有一颗严防他人陷害之心。正所谓害人之心不可有，防人之心不可无。

不过，那些喜欢陷害他人的人，终究还是会害己。

唐朝时，奸相李林甫虽然身居高位，但是平日里，他不喜欢研究朝政，专门喜欢琢磨别人的喜好，他对皇上百般讨好，而对下面的人则阴险狡诈。

对于那些有才华、能够受到皇上赏识的人，李林甫会毫不留情地下手将其除掉、打压，不给其出头的机会；而对于那些专门对他阿谀奉承的人，他则非常喜欢，甚至委以重任。李林甫心狠手辣，在他谋害别人的时候，他口中甚至还能说出甜言蜜语，所以他在当时又被称为"口有蜜，腹有剑"。

有一次，因为唐玄宗对同为宰相的李适之的办事效率非常满意，李林甫便对李适之非常痛恨，于是对他说："华山能够产出很多黄金，如果能够将其开采出来，就可以增加国家财富，可惜的是，皇上还不知道这件事情。"生性率直的李适之并没有多想，只是觉得李林甫的这个建议不错，于是他便向皇上提出要开采华山金矿的事情。

唐玄宗听说这件事情，自然非常高兴。于是便拿这件事情来询问李林甫。李林甫在听说这件事情之后，却显露出一脸的担忧，他说："这件事情，我早就已经知道了。可是华山是皇家的龙脉所在之处，王气聚集于此，如果随意开采会于国不利，因此我才一直都没有向皇上禀奏此事。"唐玄宗听了李林甫的话之后非常生气，怨怪李适之做事太过草率，思虑不周，于是便开始疏远李适之。

李林甫就是这样，通过自己的谋算，一点一点地排除异己，最后独揽大权，成为一人之下、万人之上的人上人。也正因为他在这个过程中树敌太多，以至于在临死之前，渴望能够再见皇上一面好"起死回生"时，才会有人想方设法阻止皇上与他见面。他的家人也只能拉着奄奄一息的他，看着远处站在阁楼上的皇上，对着他挥手。

更让李林甫没有想到的是，在他刚死后不久，就有人举报他试图谋反，以至于他的棺材还没有下葬，就被人打开，他穿在身上的金紫朝服也被人扒了下来，最后他的儿子更是被贬为庶民，死后只是草草地被埋在了荒郊野外。

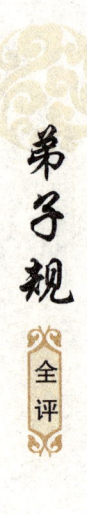

李林甫的最终下场，可谓悲凉。也许这就是可怜之人必有可恨之处吧，如果不是他在生前作恶太多，又怎么会有死后这般被人掘尸的悲惨下场？正所谓"害人害己"，一个人犯下太多恶行，总有一天会受到报应。

然而，现今的社会，就总是有一些这样的人，他们喜欢阴谋算计，喜欢口蜜腹剑，喜欢阿谀奉承、谄媚他人，顺便陷害异己。虽然他们现在或许顺风顺水，能够凭借一张巧嘴而走上高位，但说不定哪天，也同样会因为口舌而引来是非。

毕竟，上天对每个人都是公平的，不会给一个人太多的幸运，不是吗？

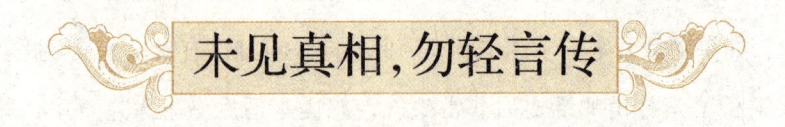

未见真相，勿轻言传

【原典再现】

见①未②真③，勿④轻言⑤。知⑥未的⑦，勿轻传⑧。

【重点注释】

①见：看到的意思。

②未：不曾，没有的意思。

③真：真实的。

④勿：不要的意思。

⑤轻言：随便说，乱说。

⑥知：懂得，了解的意思。

⑦未的：不够清楚的意思，"的"的意思是真实、实在。

⑧传：传话，传播。

【白话翻译】

自己没有弄清楚的事情，即使看到了，也是不能随便乱说的，更不能随便告诉别人。

【鉴赏评议】

如果没有看到事情、事物真实的样子，只是听到了别人随意说说，切记不要立即就说出去。自己所学的知识学问，如果没有彻底理解，没有领悟得很透彻，就不能随便发表自己的看法。如果随意发表，误导别人就不好了，而且还可能会把圣贤的学问讲错。所以我们不能"见未真"就去说，"知未的"就去讲，如果这样做了，说明这个人只是想借助自己的学识，得到别人的称赞。

如果你知道了事情的真相，也千万不要随意地说出去。我们不要让自己陷入口舌是非中，所以我们说话要慎重。说话之前要好好地想想，我们要说的话会带来哪些后患，我们说的话会不会对别人产生不好的影响，会不会牵涉到别人的名声，我们所说的话和别人的关系是怎么样的。有时候很随意的一句闲话，再加上个人的猜测，很容易就会把事实扭曲，并且越传播越离谱。"谣言止于智者"，很多没有事实基础的谣言，会生出很多事端，随意传播谣言，会引起别人的不满意，同时也会败坏了自己的名声。

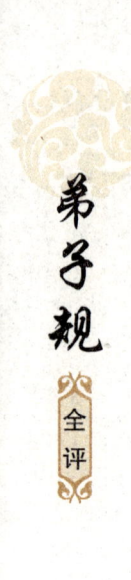

在生活中，我们要做智者，不能轻信谣言，被谣言迷惑，以至于看不清楚事情的真相，同时也不能轻易去传播谣言，以免引来一些没有必要的是是非非。

【深度解读】

眼见未必为实，耳听未必为虚

不要轻易去传播那些我们并不清楚的事情，不要轻易去传播那些我们还没有学习透彻的知识。看到了一件事情的风险，我们就该理智，不要轻易地许下诺言，以免造成不好的结果。很多时候，我们明知道自己对一件事情没有十足的把握，还是答应了别人的请求，最后往往让自己很为难，既帮不了别人，同时还让我们的人品遭到别人的质疑。所以，我们做事情的时候，要记得给自己留有余地，要记住眼见未必为实，耳听未必为虚，用"见未真，勿轻言；知未的，勿轻传"的原则，指导我们做人做事。

西汉时期，南阳人直不疑是一个爱好学习、不贪图名利的人，是一位受人尊重的长者。后来直不疑成为朝廷的官员，位高权重，很多人对他心生嫉妒，就开始污蔑他说："直不疑的外表虽然很好，但是人品有问题，和他的嫂子有见不得人的关系。"有很多人被这样的谣言蛊惑了，开始怀疑直不疑的人品，后来传到了直不疑的耳朵里，他说："我根本没有哥哥，哪里会有嫂子呢？这些人简直是在胡言乱语。"从这件事情上，我们可以看出，"谣言止于智者"，我们不要轻易传播谣言，同时也不要轻易相信谣言，我们不能被谣言利用，不能被谣言迷惑。

我们知道，只有那些善于挑拨别人关系的人，才喜欢传播谣言，我们不能让那样的人乘虚而入，对于别人和我们说的话，我们要有一定的判断能力。有一句诗是这样说的"谗言慎勿听，听之祸殃劫。堂堂七尺躯，莫听三寸舌。舌上有龙泉，杀人不见血"，所以我们在面对别人随意传播谣言时，要把持住自己的内心，要用自己的智慧去判断别人说的是真是假。尤其是在工作中，更不能因为那些轻传的谣言影响了工作。

所以，我们对待谣言，要有自己的原则，听到关于自己好友的谣言，更不要轻易地去相信、去传播，这样很容易误解了自己的朋友，伤害了朋友之间的感情，我们要对自己的朋友有信心。听到关于我们自己的谣言，我们更要慎重对待，要去反思，究竟是自己哪里做得不好，才引起了别人的不满，引起了无中生有的谣言。当然，如果我们自己真有做得不对的地方，更要好好地反思，并且好好地改正。但是不管谣言是真是假，我们都不要去辩驳，不要去过多地理会，因为谣言往往不攻自破，日久见人心。

当然，如果我们听到的是事实，但是那样的事实可能会对我们的朋友产生很大的影响，我们也不要轻易去传播。解决事情的办法有很多种，我们可以私下好好地劝解我们的朋友，让他不要再做这样的事情。如果我们听到的谣言是无中生有的，我们要好好地安慰我们的朋友，告诉他，不要因为这些谣言而影响自己的心情和情绪，谣言早晚都会过去。好事不出门，坏事传千里，面对谣言，我们要从自身做起，严格要求自己，用自己的力量去带动别人，多谈谈好事，少谈不好的事情。

我们在面对一件事情的时候，要记住，"眼见未必为实，耳听未必为虚"。对于真实和虚假，有时候真的很难有正确的判断，我们能做的就是尽量少去传播一些言论，自己没有学习透彻的知识也不能轻易去传播，轻易去给别人讲解，那样会给别人的学习造成误导。当我们听别人说话和传播知识时，也一定要慎重地听取和学习，不要听信谣言，也不要学习不好的知识。

事非适宜，切勿轻诺

【原典再现】

事①非②宜③，勿④轻诺。苟轻诺，进退⑤错。

【重点注释】

①事：事情，事件。

②非：不是。

③宜：适宜，合适。

④勿：不要的意思。

⑤进退："进退"的本义是前进和后退，在这里引申为做还是不做。

【白话翻译】

对于别人请求我们做的事情，如果是不合适的，我们不能轻易答应；如果轻易答应了别人的请求，最后不管去做还是不去做，都是我们的不对。

【鉴赏评议】

这句话的意思是说，我们不应该去随意地许诺，做事情要给自己留些余地。比如，身为领导，说话的时候更要注意，如果说错话，很容易造成决策上的失误，古人说"一言可以兴邦"，所以讲话是很重要的，不能随意乱说。

在生活中，经常有人在做决策和决定的时候被自己的情绪左右，心情好的时候就随便答应别人很多事情，到最后发现自己做不了的时候，别人自然不开心，自己也变成了轻诺轻信的人。所以，我们最好少许承诺，除非自己有十足的把握能把事情做好。

【深度解读】

信守承诺

在我国古代，有一段关于赵柔卖犁的佳话，一直被后人传颂。赵柔是一个品德高尚、学识过人的人。有一次，赵柔和他的儿子去集市上卖犁，赵柔和想买犁的人谈好了价钱，双方约定以二十匹绢作为交换，讲好价钱之后，那人就回家去取绢了。这个时候，有个人看见赵柔的犁真的非常好，愿意出价三十匹绢来买犁，赵柔的儿子听到这个人出价更高，想把犁卖给这个人。赵柔对他儿子说："说话要算数，怎么能因为有利可图而放弃信用呢？"赵柔最后坚持把犁卖给了第一个和自己约定的人。赵柔如此信守诺言，值得后人学习。

从这个故事中，我们看到赵柔不但重视自己许下的承诺，在教育孩子的时候，也做到了言传身教、以身作则，用实际行动告诉自己的儿子，不能因为利益而放弃自己许下的承诺。我们也要学习赵柔，在利益的面前，知道孰轻孰重，做到一诺千金。

在我们的生活中，轻易许诺的人比比皆是，人们常常因为自己的心情，去许下一些诺言，之后又因为自己能力有限，无法完成自己的诺言，失信于人。所以，我们做决定不能按照自己的心情来，而应该慎重为之，避免给自己造成不必要的麻烦。

我们做承诺时，不能完全不考虑自己的能力，只根据心情和面子去答应自己完全做不到的事情。如果我们做不到别人请求的事情，就不要让别人在自己身上寄予希望，这样很容易就耽误了别人的事情，同时还会让别人质疑自己的人品。如果对那些自己做不到的事情许下了诺言，最后事情往往会发展到我们无法把握的状态，面对那些意想不到的变化，我们就会更加为难。

当别人很着急地来找你帮忙的时候，更要让自己冷静下来，因为我们很可能会因为别人着急的心情去答应自己没法做到的事情，这样反而让事情更加混乱。我们要冷静地想一想，毕竟，一件事情的成功与否要看多方面的因素，我们要好好考虑各方面的因素是不是都是成熟的。如果有不成熟的地方，这件事情往往最后无法做成。那么如果是这样，我们又何必付出没有必要的时间和精力呢？如果我们答应了，最后又做不成，到时候做不做都是错的，进退两难。所以，我们面对紧急的事情的时候，更要慢慢思考，不能被紧急两个字影响了决策。我们一旦答应别人，许下诺言，就要为自己的诺言负责任，尽力而为，付出最大的努力帮助别人。

我们判断一个人有没有诚信、是不是有信用的人，可以通过看他能不能完成自己的承诺来判断。那些轻易许下诺言的人，未必是讲信用的人，因为他们还不一定已经考虑全面，还不一定能完成自己的诺言。那些有诚信的人，必然是在慎重考虑之后才答应别人的请求。这样的人，不愿意对别人失去信用，所以在许诺之前他们考虑得更多，他们用承诺对自己做出约束。

诚信在我们当今的社会中尤为重要，如果我们想让自己成为优秀的人，就一定要做一个诚信的人。如果我们不讲诚信，那我们迟早是会被别人取代的；如果一个企业不讲诚信，那么这个企业也早晚会被别的企业取代。诚信，是我们对待生活、对待工作、对待竞争的一种态度。一个不诚信的人，永远无法得到他人的尊重，永远无法在竞争如此激烈的社会中长久地生存下去，只有深谙诚信之道，才能立于不败的境地。

在生活中，我们与人交往，要有帮助别人的美德，要有包容别人的爱心，我们做事情，还要有一颗善良之心，但是同样的，我们还需理智，做一个重视诺言的人。所以"事非宜，勿轻诺；苟轻诺，进退错"。

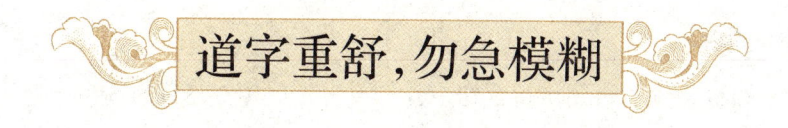

道字重舒，勿急模糊

【原典再现】

凡①道字②，重③且④舒⑤。勿急疾，勿模糊。

【重点注释】

①凡：凡是。

②道字：说话。在古代汉语中，"道"的意思很多，常用的有：道路、道德、道教、道士、说、讲、引导，在这里"道"的意思是说、讲。

③重：与轻相对，声音大的意思。

④且：而且。

⑤舒：舒缓。

【白话翻译】

我们讲话之前，要经过慎重的思考，说话的态度要从容；不要说话太快，也不要说话太着急，更不要说得模糊不清。

【鉴赏评议】

我们说话的时候，吐字要清楚，声音要有力，说话的速度不要太快，要缓缓道来，让听的人觉得舒畅、觉得放松，不要让别人会意错了，产生不必要的误会。

有时候，别人讲话讲得很快，我们没有听清楚，这样可能就会耽误我们现在要做的事情。遇到这样的情况，我们可以给讲话的人复述一遍他讲话的内容，问问对方是不是正确。这样做可以确保事情的顺利进行，如果我们没有听清楚又嫌麻烦，不愿意再去确认别人说的内容，那就容易做错事情，造成不好的结果。

人说话的时候，往往有两种不好的方式，第一种是"急疾"，也就是说话很快的意思；第二种是"模糊"，也就是说话不清楚的意思，这样别人就很难听清楚他在说什么。这些都是我们说话的时候需要注意的问题。当然讲得清楚，也不是每个字都要讲得特别重，我们应该用一种放松、舒缓的语气去说话。我们在不同的场合讲话时，对讲话的声音速度要求也是不一样的。如果老师在讲课的时候，语速就要缓和一些，面对那么多的学生，如果讲话的速度太快，下面的人就会听不清楚。当我们私底下和朋友聊天的时候，我们讲话就不必过于拘束，如果太拘束，往往会显得很沉闷。

【深度解读】

温文尔雅，君子之美

《礼记》开篇第三句便是"安定辞"，大意是说，说话时要温和、徐缓，言辞要确定。

我国西晋时期的一位官员裴秀，从小时候就知道努力学习，非常勤奋。裴秀出生在一个世代为官的家庭，所以家中经常举行宴会，总有人到家中做客。裴秀的母亲把接待客人、服侍客人的任务交给裴秀，有意识地培养裴秀的言谈举止。裴秀虽然只是个孩子，但是在和别人交流的时候，非常有礼貌，态度也非常沉稳，温文尔雅，受到了很多人的喜欢。由于裴秀不凡的谈吐，很快他就变得小有名气。

作为一个稳重的君子，说话的时候一定要淡定从容，举止一定要优雅，语气一定要温和，言辞也要坚定，不能说话的时候吞吞吐吐、模糊不清，让人听不清楚自己在说什么。正所谓温文尔雅，君子之美。

我们说话的时候，要注意自己说话的速度。如果我们说话太慢，声

音太小，含糊不清，别人根本听不清楚我们在说什么，有时候甚至只能看见我们的嘴在动。有时候我们说话太快，别人也会因为我们过快的语速来不及思考我们说话的内容，这样都不好，我们说话要不快不慢，徐徐道来。一个人说话的态度和语气，往往体现出了一个人的涵养。自信的人说话从来都是从容不迫的，他们不会小声含糊不清地说话，也不会厉声厉色地对别人咋呼。所以说话时候的语态很重要，大方得体的人往往才能让人心生尊敬的感情，越是与人接触得多了，越会发现人和人讲话时候的不同之处，我们每个人都该多加注意。

有一位领导，在单位里是公认的说话含糊不清，声音又特别小，而且还很快。有一次他在电话里，给一个员工布置任务，这位员工根本听不清楚他在说什么，情急之下，只能请求这位领导再说一遍。但是当这位领导说话第二遍的时候，他还是没有听清楚，又实在不敢再让自己的领导再次重复。挂了电话之后，这位员工简直不知所措，根本不知道自己要去做什么事情。这位领导说话的方式给这位员工的工作带来了麻烦，我们要引以为戒，在工作中要注意自己说话的语气及速度，准确无误地去传达一些工作和任务。

另外，"凡道字，重且舒"的"重"是说话声音强，而不是说话声音大，我们说话的时候并不是声音越大越好。在很多公共场合，大声喧哗是一种非常没有素质的行为。比如，在公交车上，有很多人大声打电话或者大声聊天，这样的行为对别人产生了非常大的影响，而且会显得自己很没有涵养。

在现在的社会中，交流的能力对我们每一个人都很重要。学习中，我们要和同学，要和老师交流；工作中，我们要和领导，要和同事交流，我们应该注重自身修养，在各个方面都严格要求自己。如果我们连基本的与人交流的素质都不过关，那么势必会对我们的学习、生活和工作产生很大的影响，所以我们要注重自身的形象，注重自己与人交流的态度、说话的语气。

莫论长短，远离是非

【原典再现】

彼①说长，此②说短。不关己，莫③闲管。

【重点注释】

①彼："彼"的意思有：那；另一个事物；他，他们。这里的意思是他，他们。

②此："此"的意思有：这，这个；如此，这般；乃，则；此时或此地。这里的意思是这，这个。

③莫：不要。

【白话翻译】

当有人和我们说别人的是非时，我们要用自己的智慧去判断真假，不要被谣言左右。如果是和自己没有关系的事情，我们最好不要牵涉其中。

【鉴赏评议】

古人说，"利刀割体痕易合"，你拿刀来割自己的肉，这个伤痕始终会好。"恶语伤人恨难消"，你用恶意的语言说别人，别人自然会怨恨你。如果有人和我们议论别人的是非对错，我们就随便听听，不要妄加判断，要有处世的智慧；如果是和自己没有关系的事情，更不要随便参与。不要多管闲事，我们的内心才更加清净，心里没有杂乱的事情，没有是是非非装在自己的心里，内心才会快乐。

多管别人的闲事，只会徒增自己的烦恼，同时还会引起别人的不满，甚至是别人对自己的怨恨。一旦和别人结怨，就很难再去化解，我们说再多的对不起，可能也很难换来别人的原谅。古德说："莫说他人短与长，说来说去自遭殃。若能闭口深藏舌，便是修行第一方。"这句话就是要求我们不说是非长短，要有自己的涵养。

【深度解读】

莫说他人短与长，说来说去自遭殃

我们做人做事，都要讲求智慧，智慧做人，智慧处世。那些谈论别人是非对错的人往往是愚昧和无知的，因为清白的人从来不会因为别人的诋毁而不被认可，任何的谣言都会在一段时间以后不攻自破，说别人的是非，往往会造成"说来说去自遭殃"的后果，谣言对人的伤害是非常大的，所以我们要少说别人的事情，少去议论是非，这样才能不招惹是非。我们应该时常反思自己，看看自己有没有对别人议论过多，有没有随意地谈论别人的长与短，如果有，就该好好改正，以后不要再做类似的事情。

明朝杨椒山先生在他的遗嘱中这样教育后人，"人言，某人恼你谤你"，你可以这样回答，"他与我平日相好，岂有恼谤之理"。别人对你说，有人对你有怨恨的情绪，在背后说你的不好，你就回答他，我们两个平时很好，是好朋友，他是不可能这么说我的。你就硬是不相信别人所说的是非，别人又能有什么办法呢？这样别人就无法再继续传播谣言，所以古德有言，"莫说他人短与长，说来说去自遭殃，若能闭口深藏舌，便是修行第一方"。这是一种智慧的处世态度。

古人说"中庸使人处于不败之地"，这句话是非常有道理的。我们做事情的时候，要中庸一点儿，有时候处于中间立场，宁愿让别人觉得我们傻气一些，也不该站在两股势力中的一边。傻气在这样的时候，其实是一种更加高明的处世态度。在我国古代的朝廷中，常常会出现党政之争，这时候不管站在哪个派别，其实都不好，最后都是两败俱伤的结果。在一个团队或是集体中，我们要知道以和为贵，只有大家相处得和睦了，都为一个目标努力，这个集体才能更加向上。

在我们的生活和学习中，也需要"莫说他人短与长"的精神，这样我们才能集中精力学习，才能有所成就。对于他人的长与短，我们不要妄加评论，这样会分散我们的注意力，每个人都该用自己有限的精力，去做一些对自己有意义的事情。

见贤思齐，全力以赴

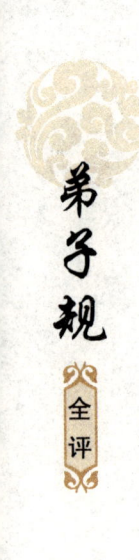

【原典再现】

见人善①，即②思齐。纵③去④远，以⑤渐跻⑥。

【重点注释】

①善：优点，长处，与"恶"相对。

②即：立即，马上。

③纵：即使，纵然。

④去：相距，距离。

⑤以：表示转折，有"但是"的意思。

⑥跻：上升，登。

【白话翻译】

看到那些有优点长处的人，我们要希望自己能和他一样；即使和人家的程度相差很多，我们也要付出全力，想办法赶上。

【鉴赏评议】

我们要有"见贤思齐"的精神，看见别人的优点和长处，我们要向别人学习，即使相差很远，也要把别人当作自己的榜样，朝着目标不断地努力下去。

古人说："尺有所短，寸有所长。"每个人都有自己的长处和短处，当我们和别人相处的时候，要有一颗谦卑的心，去发现别人身上好的地方，然后多学习别人身上好的东西，如果我们能多看到别人的长处，和别人的相处也会更加轻松愉快。同样，我们看到别人的优点，向别人学习，受益的是我们自己。如果我们总是用一种傲慢的心态去和别人相处，觉得别人都不如自己，那么长久下来，我们就再也没有好学的心态了，这对我们自身的发展是非常不利的，所以，我们要多去寻找别人身上的闪光点，最后变为自己的闪光点。

【深度解读】

见贤思齐

在生活中，我们没有能力做到别人那样好，但是通过我们慢慢地学习，我们自身的能力也会有所提高的。"以跻身"是一种目标，是我们给自己定下的目标，我们鼓励自己，不断扩充自己，以达到那样的境界，最后即使我们没有实现自己的目标，但是我们的境界、生活也都会有所提升。所以，"见人善，即思齐；纵去远，以渐跻"是很有道理的。

狄仁杰因为有娄师德的推荐，而成为了朝中宰相，后来两人在朝中的地位又变成了平起平坐。但一山难容二虎，狄仁杰非常想把娄师德举荐到外地去。

武则天知道此事之后，问狄仁杰说："你觉得师德的德行好吗？"狄仁杰回答说："他的个人德行好不好，我不知道，但我知道他作为将军一直严守边防。"武则天又问狄仁杰:"他了解人吗?"狄仁杰回答说:"虽然我曾经和他同在一处做官,但是我没有听说他是否了解人。"武则天说:"我之所以能够任用你,就是因为师德推荐的。他确实非常了解人。"然后,武则天将娄师德推荐狄仁杰的奏章拿出来递给他看。狄仁杰看过之后非常惭愧,过了一会儿叹了口气说:"娄公的品德真是太高尚了,我一直被他包容着还不知道,我实在是远远不如他啊!"

经此一事,狄仁杰很受触动,并开始效仿娄师德,极力像武则天举荐人才,其中包括张柬之、桓彦范、敬晖、姚崇等数十位忠贞廉洁、精明干练的官员,这些人在后来也都成了唐代的中兴名臣。尤其是宰相张柬之,此人沉稳有谋,果断敢行,为大唐江山社稷做出了重要的贡献。

在现实生活中,各行各业也不乏许多值得我们学习的榜样,比如航天英雄、奥运冠军、大科学家、劳动模范、青年志愿者、乐于助人的青年模范等等,他们的身上总是充满着正能量,非常值得我们学习。

榜样的力量是很大的,我们每个人都要给自己树立榜样,努力向心中的榜样看齐,像他们那样追求美好的思想品德,见贤思齐,以跻身。

有则改之,无则加勉

【原典再现】

见①人恶,即内省②。有则改③,无加④警。

【重点注释】

①见：遇见。

②省：反省。

③改：改正，修正。

④加：更加。

【白话翻译】

当我们看见别人的缺点、看见别人有不良的行为时，我们要反思自己有没有同样的行为。如果我们有，就要马上改正；如果没有，也要提醒自己不要犯同样的错误。

【鉴赏评议】

"恶"是有过失，有不对的行为的意思，这里讲我们看到别人有错误的时候，要"即内省"，就是说，这个时候要好好地反思自己，看看自己身上有没有和别人同样的错误。如果我们有和别人同样的错误，就要立即改正过来，如果自己身上没有同样的错误，也要引以为戒，以后不要犯同样的错误。

人生的百态，就像是一面镜子一样，把别人的对错、别人的过失呈现在我们眼前，每个人都是一样的，我们很难看清楚自己身上的缺点和不好的地方，但是我们却很容易就能看清楚别人身上的善恶。所以当我们把镜子中的一切都看得清清楚楚的时候，我们一定要好好地反思自己，把自己身上的好坏都看得清清楚楚，用别人作为自己的一面镜子，反思警戒，这才是智慧的人生。

一个人只有知道自己身上的优点和缺点，才会把精力放在自身的发展上，而那些愚蠢的人往往把时间放在指责别人的错误上了，这样的行为真的是一种浪费时间的行为，"金无足赤，人无完人"，每个人都有优点和缺点，我们要对别人有一颗宽容之心，多将别人身上好的品质传播开来。

【深度解读】

三人行，必有我师

接近好的人与物，对我们养成良好的习惯，有至关重要的影响。比如前文曾提过的"孟母三迁"，就说明了这一点。如果不是孟母一次次坚持带着孟子搬家，让他向好的人和事物学习，可能我国历史上就不会出现儒学宗师孟子了。正所谓"三人行，必有我师焉"，我们要"择其善者而从之"。

在我国历史上，还有很多这样的故事，曾子是孔子的学生，名字叫曾参，他是一个非常注重自身修养和涵养的人。曾子每天睡觉之前，都要做一件事情，那就是对自己行为进行反思：这一天，我要学习的东西都学会了吗？领悟透彻了吗？我做了哪些有意义的事情？我做错事情了吗？我对别人的帮助是全心全意的吗？正是由于曾子这种反思自己、注重自身修养的精神，他最后才成为孔子的得意弟子，成为被别人尊敬的人。我们要学习曾子的这种精神和品德，看见别人的德行，要对自己的行为进行反思；看见别人作恶，要想想自己有没有过那样的行为，如果有，要改正。看见别人的善行，我们要见贤思齐，以人为师。

在生活中，我们会遇见各种各样的人，每天都要和很多人接触，而这些人的身上都有一定的优点，我们要从这些人身上学习他们的优点。只要善于发现别人的优点，每个人都会成为我们的老师。

"见人恶，即内省。有则改，无加警。"这一条是说当我们看见别人的缺点，当我们看见别人不好的地方，我们应该采取什么样的态度。我们不应该去批评别人,不应去随意评价别人,到处说别人的是非。我们应该对照着别人的行为反思自己,看看自己身上是否有那样的毛病。我们要"以人为镜",有同样的错误,就要做到"有则改";没有别人那样的错误,我们同样要做到引以为戒,自己以后不要去犯那样的错误。

孔子说:"三人行,必有我师焉。"我们要见贤思齐,多向善人看齐,学习善人身上的优点和美德,我们每个人都应该努力向上,这样才能变成更好的自己。

技不如人,应当自砺

【原典再现】

唯①德学②,唯才③艺④。不如人,当自砺。

【重点注释】

①唯:"唯"字放在句首,表示语气。
②学:学问。
③才:才华、才艺、才能。
④艺:技艺、艺术。

【白话翻译】

我们每个人都该好好地重视自己品德、学问、才学方面的学习,如果自己有没有别人厉害的地方,我们应该继续努力。

【鉴赏评议】

当我们和别人在一起、看见别人在德学才艺这些方面比我们好的时候，我们应该努力向他们学习，争取追赶上别人的步伐。古有"孝、悌、忠、信、礼、义、廉、耻"，这是八德。孔子也有五德，是孔子的学生赞叹老师的，说孔子有"温、良、恭、俭、让"，即温和、善良、恭敬、节俭、忍让。这五德也属于德，都是我们应该很好地去修炼的，这种叫圣贤的品德。"学"当然是学问，包括知识，对于这些圣贤教育我们要努力地去学习。"才"就是指才华、才艺、才能，"艺"是指技艺、艺术，这些都是我们应该好好努力去提升的。

《中庸》上讲："好学近乎智，力行近乎仁，知耻近乎勇。"一个人如果真能对德学才艺努力踏实去学习，这叫近乎智慧了；学到之后，关键是要力行，如何把孔夫子的温、良、恭、俭、让做出来，把孝、悌、忠、信、礼、义、廉、耻落实到生活当中。对我们的父母，我们该如何尽孝心，对我们的国家，我们该如何尽忠诚，这些都是力行的范畴。当我们知道自己有过失、有做得不好的地方，我们要正确对待，改正过来。

【深度解读】

不如人，当自砺

我们要懂得"人外有人，山外有山"的道理。不管是在生活中，还是在做学问的时候，值得我们学习的人很多，我们要摆正心态，多和他们学习。

好学者近乎智，我们要做智者，做有智慧的人。除了要做智者，我们还要做勇士，要勇于向我们的老师、向比我们优秀的同学们去学习，要记住"不如人，当自砺"，用生活中的挫折和失败不断磨砺自己，激励自己不断进步，最后成为一个优秀的人。

在这里，我们要注意"当自砺"的砺，是磨砺自己的意思，而不是激励自己，我们不如别人，只有勤奋向上，比别人付出得更多，才能追赶上别人，这样我们才艺的宝剑才能在磨砺之下变得锋利。同时，我们还要树立正确的人生观和价值观，有的人遇见比自己强、比自己优秀的人，选择在别人背后说坏话，通过诋毁别人的方式来排挤别人，这样的行为显然是不可取的；还有一些人，拉帮结派，让那些和自己亲近的朋友都去孤立那些优秀的人，这样的行为更是不可取的；还有一些人，善于阿谀奉承，遇见领导或者是位高权重的人，就会拍马屁，不好好在自己的才学上用心思。这些行为都是非常不可取的。我们还是要多重视自身才艺的发展，做个有真才实学的人。

人分为小人和君子，小人不管是品德还是才学，都是比不上君子的，但是小人往往看重利益，所以他们就会想一些其他的办法来超越君子，而君子总是看到自己的缺点，不断地磨砺自己，完善自己，最后成为令人尊敬的人。

真正的君子就好像是沙子中淘出来的金子，闪闪发光，而小人恰恰相反，就好像是那些沙子，不断地磨砺着君子，让他们更加闪光。君子往往不在乎别人的诋毁，不在乎生活中的种种挫折，不断自砺，最后取得成功。

孔子是非常善于学习的人，他不仅喜欢动脑思考，而且经常不耻下问。有一次孔子和他的学生们一起赶路，结果因为有个孩子在路中间用砖瓦垒"城池"，而不得不耽误了行程。于是孔子便让这个孩子让一下路，但那孩子却说道："在这个世上只听说车绕城池而过，还从未听说过要拆了城池而给车让路。"孔子听后细想，确实是这个道理。虽然在他眼中，这"城池"只是孩子的玩物,但在孩子的眼中,这却不是不起眼的东西。孔子这一辈子都在倡导礼仪,却没想到竟然会被一个孩子给问倒了。于是孔子十分感慨地说:"三人行,必有我师。"虽然孩子还小,但在礼仪这方面,却可以做他的老师了。从这点来看,孔子已经清楚地认识到自己在礼仪上的不足,所以,他不在乎自己是否会丢脸,而是大方承认,这个孩子在礼仪方面上有比自己强的地方。

对于一个企业来说,它的生存和做人是一样的,都要经历两个方面的磨砺,那就是德和才。企业的"德"应该体现在为客户的价值考虑,以客户的利益为重,这样的企业才会有源源不断的客户,所以"德"字是一个企业的立足之本;企业的"才"则体现在一个企业的能力上,如果没有能力,就无法实现客户想要实现的价值。所以好的企业,要德才兼备,才能立于不败之地,才能在当今社会激烈的竞争中一直生存下去,并取得成功。

安贫乐道,不要生戚

【原典再现】

若①衣服,若饮食,不如人,勿②生戚③。

【重点注释】

①若:如果。

②勿：不要。

③戚：悲伤。

【白话翻译】

当我们的衣服穿着、所吃的食物比不上别人的时候，我们不必因此而悲伤、不开心。

【鉴赏评议】

我们不要因为衣服和饮食方面不好，比不过别人，就心生悲伤。我们要像真正的君子、像真正要学道的人那样，去羡慕别人的学识、羡慕别人的德学才艺比我们强。

古人说"君子谋道不谋食，忧道不忧贫"，如果我们德行不好，学问做不好，这才是需要我们悲伤和难过的。饮食和衣服这些外在的东西，对于君子来说并不重要，食物可以饱腹，衣服可以遮体，这样就很好，君子当"安贫乐道"。如果总是觉得自己的衣服不够华美，觉得自己的饮食不够精细，那么这样的人是小人，这样的人往往不会在学问上有所成就。我们不能向这样的人学习，要严格地要求自己，把心思用在做学问上，追求真理的道路往往更加充实。

我们要记住"由俭入奢易，由奢入俭难"，物质生活给人带去的快乐和享受往往都是短暂的，有些人一味地去追求物质生活的享受，把很多精力都放在买东西和奢侈浪费上，这是不可取的。人生本就短暂，每个人的精力都是有限的，如果把有限的精力都放在享受上，生活最后往往是空虚的，过多的消费还会让人入不敷出，所以我们该让自己过上充实的、追求学问的生活。

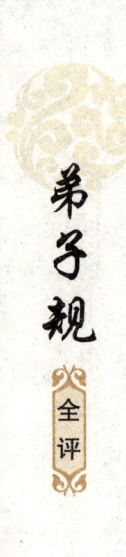

【深度解读】

君子当安贫乐道

"君子，当安贫乐道"，圣贤之人更加注重精神世界，注重自己的学识，不贪图享乐，只有具备这样淡泊名利的处世观念，才能在做学问的路上越走越远。

孔子说："穿着破旧的以乱麻为絮的袍子和穿着狐貉皮袍子的人站在一起却并不觉得惭愧的人，大概只有子路吧？'不嫉恨别人，不贪求什么，还有什么能比这好？'"穿着破旧的袍子与穿高档皮袍子的人站在一起，心中没感觉是不容易做到的，大部分人一看到自己穿的比别人差太多，内心先矮了半截，不自在感油然而生，既嫉恨别人有又期望自己也能有。子路就没感觉，从来不觉得自己比那些穿着华贵的人矮半截，因此难得地受到了老师的表扬。

其实，与贫富差距很大的人站在一起，没有羞愧感，能够泰然自若的孔子学生不只子路，还有原宪。

孔子去世后，他的学生原宪归隐在民间，子贡则当了卫国的国相。有一次子贡大队车马，前呼后拥地扒开高过人的野草找到了原宪住的穷地方。原宪见老同学来了，就整了整身上的破衣服，戴上帽子来见他。子贡觉得他这个样子很丢人，就说："你这个样子难道不丢人吗？"原宪说："我听说，没有钱的叫作穷，学习了道理而不能应用的叫作丢人。像我这样，是穷，不是丢人。"子贡听了原宪的话后很惭愧，闷闷不乐地离开了，他终生都为说过的这句错话而感到羞愧。

原宪还当过孔子的管家，后来和同是孔子学生的子贡差别那么大，一个是卫国的国相，一个是穷乡僻壤中的老百姓；一个是既富且贵，一个是既穷且贱。原宪却丝毫没有自卑感，泰然自若，这值得我们学习。

《弟子规》中"若衣服，若饮食，不如人，勿生戚"这四句，是说我们每个人都该重视自己的内心、内在，重视品德、学问，重视自己这些方面的培养，而当我们的衣服和饮食不如别人的时候，我们不应该感到悲伤，不应该感到难过，外在的东西并没有那么重要。

很多人都喜欢和别人攀比，我们应该明确的是，我们该攀比的是什么，我们应该攀比的并不是衣服和饮食，而是"德学才艺"。盲目的攀比，只能造成我们内心失去平衡，最后还会出现更大的问题，所以觉得自己德学方面不如人的时候，就该用一种正确的心态发奋图强，努力追赶别人。

"达则兼济天下，穷则独善其身"，君子处于不好的环境中时，也不会心生抱怨的情绪，君子当与世无争，自在安然，追求儒家之道本身就是快乐的。君子总是可以保持一种乐观的心态，总是那样的心平气和，对自己的追求，总是有所坚持。

闻过易怒,闻誉易乐

【原典再现】

闻过怒①，闻誉②乐。损友来，益友却③。

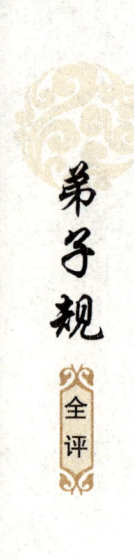

【重点注释】

①怒：发怒，不开心。

②誉：赞美。

③却：退却。

【白话翻译】

当我们听到别人说自己不好就生气、听到别人说自己好就开心时，不好的朋友就会来接近我们，良师益友就会离开我们。

【鉴赏评议】

如果我们听到别人说我们的过失、说我们的缺点就生气，反之，当我们听见别人赞美自己就开心，那么不好的朋友就会接近我们，良师益友就会远离我们。如果我们能够做到听见别人的批评能够接受，并且好好反思自己，听见别人的赞美不得意忘形，继续努力，那么美好正直的人才会愿意接近我们，这样我们才会越来越优秀。

每个人都喜欢和品德高尚、学识渊博的人做朋友，但是我们能够接近什么样的人，关键还是看我们自己的态度，交朋友还是要靠自己。如果我们听见别人批评自己就很不开心，拒绝别人说出自己的缺点和过错，而听到别人称赞自己就开心得不得了，那么，很快就没有人再来说我们的缺点和过失了。

那些说出你缺点和过失的人，往往都是为了你好，如果你善于听取他们的意见，改正自己的缺点，在品德上必然会有很大的进步；而那些总是说你的优点，总是赞美你的人，总是对你的缺点避而不谈的人，往往不是你真正的朋友，他们并不能让你的生活有所改变，不能让你有所进步。在我们的人生中，除了我们的老师、父母，其实能够真心批评我们的人，真的很少，那些能够善意批评我们的人，才是真的为了我们好，我们要珍惜那些敢于说出我们过错的人，他们是冒着被我们不喜欢的风险，指出了我们的不足之处。

【深度解读】

闻过则喜，以友辅仁

古人讲"闻过则喜"，这非常的重要。如果当我们听到别人赞美自己，就沾沾自喜，这样往往是很危险的。这样就没有敢于说真话的人再来靠近你，接近你的人，都会想着阿谀奉承你，都想着赞叹你的好处，而那些帮助你提升品德学问的人，就会离你远去，再也不会接近你。当别人说出我们的过失，我们应该开心，用一种谦虚谨慎的态度去接受别人所说的话，并且改正过来，这样别人以后才敢再次说出你的缺点。如果别人不愿意说出你不对的地方，别人怕得罪你，这样的朋友是不值得深交的。我们交朋友，要交挚友，交那些品德高尚又敢于直指我们过错的人，切记不可对这样的朋友动怒。

朱熹对孩子的教育就做到了"闻过则喜，以友辅仁"。朱熹给自己在外求学的儿子写了一封信，教导自己的儿子应该结交怎样的朋友，应该多接近怎样的人。

他在信中写道："我们结交朋友的时候，一定要做到有所选择，我们不能对所有人没有亲近和疏远的分别。不懂的事情要多和老师请教。我们判断一个人是不是益友的时候，要看这个人对自己的态度，如果一个人不愿意说出你的缺点，总是对你的缺点避而不谈，这样的人往往不是益友。还有一些阿谀奉承，口不对心，引导你做不对的事情的人，也不是你该结交的。只有那些愿意指出你的过错，敢于批评你、不怕你动怒的人，才是你的益友。哪怕你按照我和你说的标准去找朋友，也不一定就万无一失了，所以当你不知道该怎么结交朋友的时候，也可以去问问自己的老师，老师可以告诉你哪些人是你该结交的，哪些人不是。如果自己非要进入小人的圈子，可能老师也会对你无能为力，所以你还是要从自身多找原因，严格要求自己。"

朱熹的儿子在外求学，他非常担心儿子交朋友的问题，他希望儿子可以结交益友，结交一些忠厚老实的人，结交一些能够指出自己缺点的人，同时，还希望儿子可以留住这些真正的朋友，学会接受别人给自己提出的意见，好好改正，不要进入小人的圈子。

我们往往对小人有一定的辨别能力，真小人容易识别，但是在我们的朋友中还有一类人，他们有着伪善的外表，看似忠厚老实，实际上他们却是小人，这样的人最让人害怕。我国清朝著名学者纪晓岚还专门有一封叫作《训大儿》的家信，告诫刚刚进入社会的大儿子，不要结交到伪善的人，伪善的人往往会在不知不觉中做出一些伤害你的事情，虽然表面上和你交好，但是私下里却不定做出什么对你不利的事情，在背后做出一些阴险的事情。遇见这样的人，才是最可怕的，会对自己造成非常不好的影响，所以我们要有辨别损友的能力。

"人非圣贤，孰能无过"，相信每个人都是有缺点有过失的。"过而能改，善莫大焉"，孔子的这句话告诉我们面对过失的时候，要保持承认错误的态度，然后再去真心地改过。从古至今，那些有成就的人，都能闻过则喜。希望我们每个人都能闻过则喜，在生活中要善于听取别人的意见，善于听取别人对自己的批评，我们应该感激那些批评我们的人。正是因为有了他们，我们才变得更加优秀，我们要经常告诫自己"闻过则喜，以友辅仁"。

闻誉易恐，闻过易欣

【原典再现】

闻①誉恐②，闻过欣。直谅士，渐③相亲。

【重点注释】

①闻：听见，听到。

②恐：本义是恐惧，在这里是不安的意思。

③渐：渐渐的。

【白话翻译】

如果我们听到别人的称赞，就觉得心里不安，听到别人说自己的缺点就开心，正直的朋友就会喜欢接近我们。

【鉴赏评议】

我们惶恐于别人对自己的赞美，害怕别人过分夸奖我们，而自己实际上并没有那么好，我们想要谦虚努力，想着自己的目标，更加努力，听到

别人说我们不好、说我们的过失时，我们反而高兴，这样自然会有正直的、品德高尚的朋友来接近我们。

我们要明确，一个人的成功很多时候并不全是个人的努力，更是凭借着父母、老师对我们的教育。在我们的人生当中，真的需要很多的良师益友，指出自己的不足，这样我们才可以改正自己的缺点，继续努力下去。

能够做大事的人，往往是很有涵养的人，往往是善于听取别人劝说的人。如果一个人可以在别人指出自己缺点的时候，丝毫没有不开心的反应，那么这个人就有希望走上一条成功的路。我国古代的很多圣人给我们做出了榜样，孔子的学生子路曾经说过，他听见别人说自己的过失，就觉得欢喜，就觉得开心。我们要感谢那些劝说我们的人，我们要做善于听取意见的人。如果一个人善于听取别人的意见，并且好好改正，这样必然能少走很多弯路，这样才能更容易达到自己的目标，更容易实现自己的理想，更容易取得成功。

【深度解读】

拒绝奉承

"闻誉恐，闻过欣，直谅士，渐相亲。"是人们对于别人赞美的反应。品德高尚的人听见别人的赞誉，往往会感到不安，感到恐慌，因为他们总觉得自己的德行不够高，总觉得其实自己还有很多地方做得不好，所以别人的夸奖会让他们感到很不安心。对于平常人来说，听到别人夸奖自己，反而会觉得开心，会觉得喜欢，会沉浸在别人的赞美之中，沾沾自喜。其实我们需要能够说我们缺点的人，这样就可以少走一些弯路，这是非常让人欣喜和开心的事情。

在我国古代，有很多能够拒绝奉承的贤士，他们的精神值得我们学习。

唐朝武则天时期，有位叫宋璟的著名大臣，为官非常公正。有一天，有人转交给他一篇文章，并说写文章的人非常有才华。宋璟是一个爱才之人，他边读文章边赞叹，果真是一位有才学的人，但是读到后面的时候，宋璟发现这个人是为了巴结自己，才写了这篇文章，对自己一些行为，给予了很多的称赞。这让宋璟非常的不开心，最后他觉得这个人一定不是一个品行端正的人，所以最后他没有重用这个人，没有推荐这个人去做官。宋璟在别人的称赞面前，能够保持这样清醒的头脑，是非常不容易的，他没有任用不贤明的人，是一件非常值得庆幸的事情。

北宋时期，文学家苏轼和佛印禅师的关系非常好。有一天，苏轼心情大好，写了一首诗："稽首天外天，佛光照大千，八风吹不动，端坐紫金莲。"写完之后，苏轼觉得这首诗非常好，就派人把这首诗给佛印禅师送过去，他觉得佛印禅师一定会对自己大加称赞。结果却让苏轼很意外，佛印禅师写了一个"屁"字就给他送回来了。苏轼很不开心，于是坐着船去找佛印禅师理论，到了寺院门口看到佛印禅师在门口贴了两行字："八风吹不动，一屁打过江"，苏轼当时就觉得佛印禅师说得很对，觉得很惭愧，确实是自己的修行不够，自称"八风吹不动"，但是却被一个"屁"字就气得那么不开心。当我们听到别人的批评时，我们应该保持平静的心态，好好去领悟，好好去反思，而不应该因为一时的激动，不接受别人对自己的批评，失去了理智。如果我们生气，只能说明自己的修行还不够，还需要提高。

"闻誉恐，闻过欣，直谅士，渐相亲"，我们要学习宋璟、苏轼身上

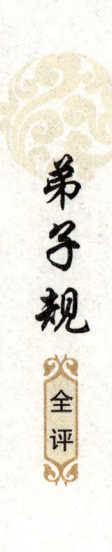

的精神。背后夸奖你的人,往往才是真正想夸你的人,这样的夸奖才是真实的,没有水分的;当面夸奖你那叫奉承,再难听些叫献媚,这样的话就不必放在心上,不必沾沾自喜,要做到一笑置之。

无心之错,有心之恶

【原典再现】

无心非①,名为错。有心非,名为恶②。

【重点注释】

①非:不对,错误。
②恶:罪过,罪恶。与"善"相对。

【白话翻译】

人们没有意识犯下的过错,是错误;但是如果有意去做错事,那就是作恶。

【鉴赏评议】

勇者都是知道错误能够改正的人,只有善于改正,才能慢慢减少自己的错误。有些人知道自己错了也不去改正,而且还加以掩饰,这样的人完全是为了面子。

"人非圣贤，孰能无过"，圣贤其实也犯错误，但是他们和我们的区别在于，他们犯了错误敢于改正。圣贤懂得孝、悌、忠、信、礼、义、廉、耻，知道怎么做人，知道怎么做事。我们可以从《弟子规》中领悟很多东西，向圣贤们学习，做知错就改的好人。

在人的一生中，会有很多过失，会犯很多错误，如果我们无心犯了错误，有人好心提醒我们的时候，我们要感谢别人，因为不是所有人都愿意冒着让我们不开心的风险指出我们的错误，知道自己犯了错，就要好好地改正，以后不要再犯同样的错误。

如果我们能够明辨是非，但是还故意犯错误，那这种行为本身就是非常不好的，有意作恶的人，最后自己往往也不会有什么好下场。我们要做心地善良的人，如果自己的心地不够善良，那么也要像那些真正善良的人去学习。要不然，终有一天我们会因为自己犯下的错误终日后悔，终日苦恼，那时就已经晚了。

【深度解读】

知错能改，善莫大焉

"错"和"恶"的区别在于是否是有心为之，无心为之的是错误，有心为之的就是恶行。比如你不小心踩到了一样东西，这就叫错误，但是如果你因为怨恨别人，想要发泄自己的不满，想要报复别人，这时候去踩别人的东西，这就是在作恶。

三国时期，江苏宜兴有一个少年叫周处，脾气凶暴强悍，任性刚烈，是当地的一大祸害。宜兴有条河，河中有条蛟龙，还有座山，山上有只白额虎，蛟龙、白虎和周处都是当地的祸害，被称为"三害"，而这三害当中，周处最厉害。有的人劝说周处去杀死猛虎和蛟龙，实际上是希望三害相互拼杀最后只剩下一个。周处立即杀死了老虎，紧接着又下河斩杀蛟龙。蛟龙在水里时浮时沉，漂游了几十里远，周处始终同蛟龙一起浮沉。经过了三天三夜，当地的百姓们都认为周处已经死了，互相庆祝，最终周处杀死蛟龙后，从水中出来。之后，他听说了乡里人以为自己也已经死去，而对此庆贺的事情后，才明白原来大家实际上也把他当成一大祸害，因此，他有了悔改的心意。

后来，在东吴名士陆云的教导下，周处改过自新，不但会经常帮助老人劈柴、耕地、挑水、除草，而且不管谁有困难，他都会尽力去帮助别人。而周处的改过自新没有白费，他通过自己的努力，最终赢得了乡亲们的尊敬，成为了三国时期的名臣贤士。

春秋时期，晋灵公昏庸无道，滥杀无辜，大臣士季向他进谏。灵公答应得很爽快，说："我知道错了，我会改的。"士季很高兴地对他说："有谁会不犯错呢？犯错了能改正，没有比这更好的了。"不过，晋灵公却言而无信，依旧残暴，最终被臣下刺杀。历史上也有能改过而终成大业的君主。春秋时期，已经即位三年的楚庄王，自从即位后便白天打猎，晚上喝酒，完全不将国家大事放在心上。他知道大臣们对他如此行为不满意，于是就下了一道命令："谁如果敢劝谏，就判他死罪！"有个叫伍举的大臣对庄王说："臣这里有一谜题请大王猜一猜。"楚庄王说："你说吧。"伍举说："楚国有一只大鸟，身上有着五彩的羽毛，可是一停三年，不飞也不叫，这是什么鸟？"楚庄王说："你说的这不是普通的鸟，它不飞则已，一飞便会冲天，不鸣则已，一鸣定会惊人。你走吧，我明白你的话了。"从那天开始，楚庄王便发奋图强，认真治理国家，渐渐地，楚国强大起来。最后，楚庄王成了春秋五霸之一。

"金无足赤，人无完人"，我们在成长的过程中，难免也会犯这样那样的错误。聪明人知错能改，糊涂人有错就瞒。当你发现自己做错的时候，停下脚步就是进步，如果为了所谓的面子或尊严而一意孤行，那么只能一错再错，败得一塌糊涂。

"小错不改，酿成大错"，很多小错误的积累，最后让我们犯下更大的错误，会对我们的人生产生很大的影响。我们犯了错误，只要好好改正，不再顽固，不再一意孤行，不让错误由小变大，由少变多，我们的人生就会变得越来越好。

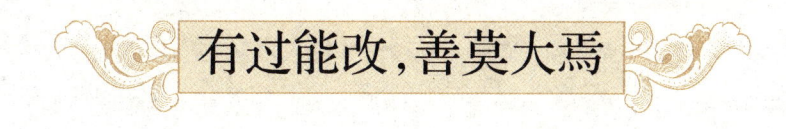

有过能改，善莫大焉

【原典再现】

过①能改②，归于无③。倘掩饰，增一辜④。

【重点注释】

①过：过失，错误。

②改：改正。

③无：没有。

④辜：过错。

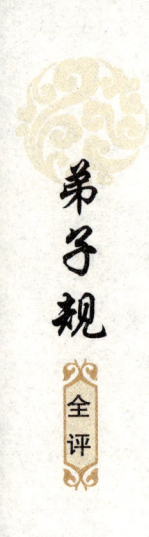

【白话翻译】

当我们犯了错误，如果能立刻改正，别人也不会在意我们犯过错误，还是觉得我们是好人；但是如果我们不承认自己错了，还去掩饰，那就等于我们又犯了一个新的错误。

【鉴赏评议】

有些人很爱面子，犯了错误也不去改正，这样的行为非常不可取，有过失没有关系，改正了就还是好人。

《菜根谭》上说："弥天罪过，都当不得一个悔字。"有再大的过失，只要能够发自内心地认识到自己的错误，发自内心地想去悔改，这个人就是好人。因为只有心地善良的人才会心生善意，而那些不肯悔改，还加以掩饰的人，他们的内心就是不善的，就是向恶的，这样的人会被别人看不起。

世界上没有完美的人，没有不犯错误的人，我们每个人都是不断犯错、不断改正的。我们要有认错的勇气，要有改错的决心，犯了错误不能自暴自弃、自甘堕落，这样的人生才是坦坦荡荡的。

【深度解读】

弥天大罪，都当不得一个悔字

《菜根谭》上有一句话，"弥天罪过，都当不得一个悔字"。在生活中，每个人都有过失，但是不管过失再大，只要我们能够发自内心地想要改过，这些过失就都会随着我们的改过消失。人与人的差别，有时候在于

"心"，人的本心很重要，有的人心地善良，有的人却心地邪恶。我们做事情的态度是由我们的内心决定的，当我们犯了错误，想要改过的时候，其实我们是心生善意的。这种向善的心意很重要，只要善心生起，那么我们的过错也会随之烟消云散。

明朝著名学者王守仁说过一句话："不贵于无过，而贵于能改过。"大凡圣人雅士，都有一颗善于改正错误的心，王守仁也是这样的一个人。年少时候的王守仁对于学文和学武都不够刻苦，却非常喜欢下棋，并且总是因此耽误学习。王守仁的父亲见他如此沉迷于下棋，非常生气，多次管教他，但王守仁都不知道悔改，还是执迷于下棋，后来王守仁的父亲一气之下，把棋子扔到了河里。这个时候的王守仁终于醒悟了，还写下了一首诗："象棋终日乐悠悠，苦被严亲一旦丢。兵卒坠河皆不救，将军溺水一齐休。马行千里随波去，象入三川逐浪游。"后来王守仁发奋读书，最终成为明朝最著名的思想家、哲学家、文学家、军事家。

曾看过一则悲伤的消息，有一名初中生非常喜欢上网，母亲多次劝说，他还是沉迷网络。有一次这名初中生也想过改过自新，还在自己的日记中写道："对不起，妈妈，我太让您操心了，我以后一定会好好学习，再也不沉迷于游戏，我还要让您过上好日子。"妈妈看了儿子写的日记非常感动，以为儿子就此悔改了，真的会把心思放在学习上。但是好景不长，没过多久，这个孩子又沉迷于游戏，母亲非常绝望，跳河自尽了。儿子看见妈妈跳河后，自己也跟着跳了下去，母子都就此身亡。这是一则让人唏嘘不已的消息，因为孩子犯了错误，不知道悔改，最后母子二人都为此付出了宝贵的生命。

我们都应该勇敢地去面对自己的错误和过失，幡然醒悟，改正错误。如果我们知错不改，还对自己的错误加以掩饰，这就是多了一个错误。

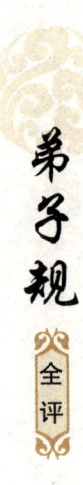

"知耻近乎勇"，我们都要做知道自己过错的勇敢的人，知错就改的人，才是积极的人，才是有追求的、不断向上的人。所谓的修行，其实也就是修正自己的行为，做错事后要及时改正。当然，我们看见别人做错事情的时候，要学会宽恕别人，不要盯着别人的缺点和过失不放。

第六章　泛爱众

不欺贫贱，不谄富贵，不计较得失的人，往往才是生活的智者。我们要做有智慧的人，这样才能在错综复杂的社会中站稳脚跟，才能处理好错综复杂的人际关系，我们要时刻铭记吃亏是福的大智慧。

众生万物，皆须关爱

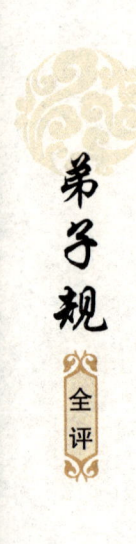

【原典再现】

凡①是人，皆②须爱。天同覆③，地同载④。

【重点注释】

①凡：凡是。
②皆：都。
③覆：遮盖。
④载：承受。

【白话翻译】

人与人之间，都应该相亲相爱，就好像天无私地覆盖着一切，大地承载培育万物一般。

【鉴赏评议】

别人有困难的时候，我们要伸出援助的手，帮助他们、关心他们，这是我们每个人都该对社会尽的责任和义务。每个人生活在社会上，都不是孤立无援的，我们的生存总是需要别人的帮助和配合，人类的生存就是一个互帮互助的过程。

人类，都需要相亲相爱，相互帮助，这种关爱不分族群、肤色、宗教信仰，每个人其实都是天地所生，我们要参透生命的真谛，然后用这些想法指导自己做人做事，所有的人组成了我们赖以生存的社会，所以我们要互相关爱。

【深度解读】

人不可貌相，海水不可斗量

外表并不重要，一个人的内在才是重要的，这样的人才是真正的有德才的人。然而，即使是圣贤如孔子，也曾犯过错，竟然以貌取人。

众所周知，孔子有弟子三千人，而这其中有一个名叫子羽的，这个人长相难看，其貌不扬，在第一次拜见孔子的时候，并没有给孔子留下好印象。孔子认为这个人容貌愚钝，言行笨拙，想来这个学生应该不会有什么大的出息。

和这个子羽形成鲜明对比的人名叫宰我。他不但容貌俊秀，相貌堂堂，而且对人彬彬有礼，能言善道，给孔子的第一印象相当不错。孔子认为他将来定然是一个可造之材，会对国家有所贡献。

然而事实却和孔子所料想的恰好相反。这位被孔子认为其貌不扬、没什么出息的子羽，不但对学问十分感兴趣，而且喜欢思考，对于各种学问都能够认真钻研，最后终于通过自己的努力成为一名著名的学者。他还有很多的弟子，众多年轻人都拜在了他的门下，向他虚心求教。

反观那位曾被孔子认为是未来的栋梁之材的宰我，却总是十分懒惰，不认真学习，对于学问从来都是敷衍了事。即使孔子对他悉心教导，他也总是无法静下心来钻研学问，学习成绩一直毫无起色，对于孔子的再三教导更是无动于衷。最后孔子只能气得扔下了一句"朽木不可雕也"，便拂袖而去。

也正是因为这一次的以貌取人，让孔子深悔不已，他曾感叹道："以容取人乎？失之子羽；以言取人乎？失之宰予。"意思是，如果通过容貌来判断一个人的好坏，那么就会像面对子羽的时候，因为其貌不扬，而对其做出错误的判断；如果以一个人的谈吐来衡量他的才华，那么又会像对宰我一样，产生错误的判断。孔子用自己的实际行动告诉世人：人生活在世上，不能以貌取人，而是应该通过相处，对其做出准确认真的了解后再做出判断，这样才公平、公正。

品行高者，名声自高

【原典再现】

行①高者，名②自高。人所重③，非貌④高。

【重点注释】

①行：品行，品德。

②名：名声。

③重：敬重。

④貌：容貌，外表。

【白话翻译】

那些品德高尚的人，他们的名声自然而然会传播得很远，人们敬重他们的原因，不是因为他们的外表或是衣着，而是因为他们的品德好。

【鉴赏评议】

这里是讲，我们要注重自身的修行，要有仁爱之心，要对一切的人和事物都有一种仁爱、关心，我们应该多去帮助别人，这样品行才会慢慢变高。也就是说，如果一个人越有仁爱之心，他的品行就会越高。人们仰慕他、敬重他，也是一种自然而然的行为。

当然，人们敬重一个人从来都不是因为这个人的外表和他的衣着，而是因为这个人的学问。例如孔子，他的一生都在追求真理，并且是真的身体力行，他的一生都在宣扬圣贤的教导，他是真正德行高尚的人，他具备很大的人格魅力，有温、良、恭、俭、让的美德。不管孔子走到哪里，别人都愿意接近他、靠近他，大家都很喜欢他，他待人温和，谦卑而且有礼貌。假如孔子是一个傲慢、脾气怪异的人，那我想即使他的学识再高，也不会有人愿意靠近他。

【深度解读】

以貌取人，非智者所为

在现代生活中，以貌取人的事情时有发生。尤其是在面试时，容貌差一些的人，很容易在第一轮投递简历时就被淘汰，即使有才华，也无法施展。其实，一个好的企业如果想要吸纳更多优秀的人才，就应该摘掉有色眼镜，以平常心态去对待每一个前来面试的人。要时刻谨记"以貌取人，非智者所为"。

在古代，有很多因为以貌取人而犯下错误的故事。

春秋时期，齐国需要一个使者出使楚国，齐景公挑挑选选，最后决定派晏婴去。晏婴的个子矮矮的，长相也很丑陋。楚王看见只有晏婴一个人出使楚国，而且晏婴的外表还如此丑陋，所以存心戏弄晏婴，关掉城门，在城墙下开了非常小的一个小门。晏婴看见了很不开心，说道："这根本不是人走的门，这明明就是个狗洞，但是既然我要出访狗国，那我走狗洞也是应该的。"楚王听见晏婴这么说，自然不开心，让人打开城门，请晏婴进去，楚王见了晏婴就说："你们齐国没有人了吗，为什么派你来出使楚国？"晏婴回答："我们齐国就是这样，如果访问上等国家，就派上等人去，如果访问不好的国家，就派下等人去，我在齐国最不中用，所以只能出使楚国。"楚王听了，对晏婴肃然起敬。

很多年前，有一对穿着朴素的老夫妇，他们想要拜访哈佛大学的校长，但是他们并没有提前预约好。老先生轻声地说："我们要见校长。"秘书很不礼貌地说："他整天都很忙。"老太太说："没关系，我们可以等。"校长的秘书看见老夫妇的穿着并不好，觉得这样的人不配面见哈佛的校长，想让他们知难而退，快点儿离开，但是这两位老人坚持等了几个钟头才见到了校长。

老太太说出到访的原因："我们有一个儿子曾经在哈佛读过一年书，他很喜欢哈佛，他喜欢生活在这里，但是很不幸的是，去年他去世了。我丈夫和我想要在校园里为他立一个纪念物。"校长并没有被感动，反而觉得可笑，粗声地说："夫人！我们不能为每一位曾读过哈佛而死亡的人立雕像的。那会让我们的校园看起来会像墓园一样。"老太太说："不是，我们不是要竖立一座雕像，我们想要捐一栋大楼给哈佛。"校长仔细地看着他们不起眼的穿着，然后吐一口气说："你们知不知道建一栋大楼要花多少钱？学校的建筑物超过七百五十万元。"

这时，这位老妇人和她的先生说："只要七百五十万就可以建一栋大楼，那我们为什么不为了我们的孩子建一座学校呢？"校长听了目瞪口呆。就这样，老夫妇离开了哈佛，到了加州，成立了斯坦福大学来纪念他们的儿子。

所以，我们千万不要以貌取人，要将目光放长远些，只要不断地加强自身修养，不断地完善自己，就一定会成为更加优秀的人。

才华大者，名望自大

【原典再现】

才①大者，望②自大。人所服③，非言④大。

【重点注释】

①才：才华。

②望：声望，名望。

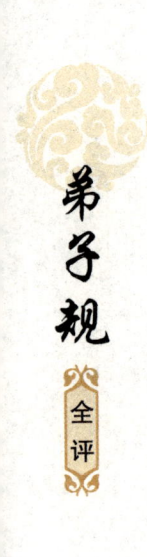

③服：佩服。

④言：语言。

【白话翻译】

那些有才华的人，他们的名声往往也是很大的，人们会因为他们的能力去佩服他们，而不会因为他们吹嘘自己而赞美他们。

【鉴赏评议】

那些有才能的人，那些声名不凡的人，往往具有很强的处理事情的能力。那些只会说大话、吹嘘自己的人，往往是得不到人们的真正称赞和认可的。

"才大者"的才显然是建立在道德的基础之上的。一个道德高尚的人，他的出发点总是以别人的利益为重，例如家庭的利益、社会的利益、朋友的利益。遇到事情的时候，他总是先想到别人，后想到自己。这样的人是德才兼备的人，他的才学是以道德为基础的，只有这样，才能将自己的才学发挥到极致。那些没有素质、没有素养的人想要成才也是很难的，哪怕最后成为学识渊博的人，也不能成为"一个高尚的人，一个纯粹的人，一个脱离了低级趣味的人，一个有益于人民的人"。

我们都知道有才无德是小人，所以才学必须是以道德为基础的，小人有才，也是小人得志，他们并不会将自己的才学应用到正确的地方，小人总是会扰乱社会，扰乱人心。孔子是一个出身于普通家庭的人，但是孔子的一生都在追求圣贤之道，从来没有过分看重利益，所以，孔子一直受到后人的追捧，被世人敬仰。

【深度解读】

做一个有真才实学的人

"才大者，望自大，人所服，非言大。"这是讲一个人要注重真才实学。如果一个人有真才实学，他自然就有让人信服的言语。想必大家对蔺相如的名字都很熟悉，他是我国古代著名的贤士，蔺相如出身非常平凡，但是却凭借自己的才学得到了赵国国君的重用。那个时候赵国国君有一块稀世珍宝和氏璧，这件事情被秦国的国君知道了，他非常想得到这件宝物，于是就说自己愿意用秦国的十五座城池来交换赵国国君的和氏璧。

赵国国君非常为难，他知道这是一个圈套，秦国国君根本不想付出那十五座城池，而是想强抢自己的宝物，但是赵国的实力又远不如秦国。蔺相如见赵国国君这么为难，就主动要求自己带着和氏璧出使秦国。蔺相如请赵国国君放心，如果秦王愿意用城池交换，那么就交换；如果秦王想强留和氏璧，那么自己也一定会完璧归赵。蔺相如是非常有胆识的人，当然是因为他的才学达到了那样的水平，所以他才敢和赵国国君说出那样的话，如果是自己做不到的事情，蔺相如也不会轻易许诺的。

蔺相如非常机智勇敢，完璧归赵后，赵国国君更加欣赏蔺相如的才学，决定把蔺相如提拔到更高的位置。当时的赵国有一员武将，叫廉颇，廉颇看见蔺相如的位置高过自己，心里非常不开心，他觉得自己驰骋沙场，为赵国付出得更多，而蔺相如只是凭着和秦王说了几句话，职位居然就比自己高了，他觉得赵国国君的安排有失妥当，对自己不公正。

廉颇还扬言，自己要好好地羞辱蔺相如，让蔺相如知道自己的厉害。

蔺相如听说这件事情以后，处处避让廉颇，有时候连上朝都装病不去，在路上遇见他时也连连退让。

有一次，蔺相如刚出门，就看见廉颇和他的人马，马上要转身回家去。蔺相如手下的人看见蔺相如这样的行为非常不理解，说："我们投奔你，都是因为你勇敢，而且机智，但是如今你却这样胆小，这样害怕廉颇。"蔺相如解释道："你们说秦王和廉颇谁厉害？"大家说："当然是秦王厉害。""我连秦王都不怕，我怎么可能会害怕廉颇呢？我对廉颇处处退让，是不想我们赵国的一文一武两败俱伤，如果我们两个人不和，必然会给赵国的朝廷带来很大的麻烦，也会让别的国家乘虚而入，在面对国家的利益时，我只能以和为贵，以国家的利益为重，不能任性地只想着自己。"蔺相如手下的人听到这番话更加敬佩他。

后来，有人把这番话告诉了廉颇，廉颇听了以后，非常惭愧，觉得蔺相如真的是非常有学识的人，自己真是太过于鲁莽了，才会对蔺相如那样，所以廉颇决心悔改，好好地对待蔺相如。最后他脱光自己的上衣，背上荆棘，去向蔺相如负荆请罪。从那之后，廉颇和蔺相如成为生死之交，两个人互相敬重，联手辅佐赵王。

可见，那些很有才华、有见识的人，即使被别人误解了，他们也不会去解释，他们会选择退让，等待谣言不攻自破，等待别人能够认清自己的错误，蔺相如就是一个这样的人。

当赵国国君为和氏璧担忧的时候，他有胆有识，有才华且敢言，最后得到了赵国国君的赏识；当廉颇误解他，嫉妒他的时候，他一再退让，最后等到廉颇想清楚的时候，两个人又成为挚友。蔺相如的胸襟真的非常宽广，一般人是无法做到这种程度的。

总之，当我们遇见比我们有才华的人、遇见比我们品行高尚的人的时候，不要心生嫉妒，也不要去抱怨，要多从自己的身上找找原因，看看自己究竟是哪里不如别人，知耻而后勇，才能取得成功。

学以致用，大公无私

【原典再现】

己有能①，勿自私②。人所能，勿轻訾③。

【重点注释】

①能：能力。

②私：自私。

③訾：希求。

【白话翻译】

如果我们是有才华有本事的人，就不要过于自私保守；如果我们看见别人比自己有才华，我们也不能嫉妒和诋毁别人。

【鉴赏评议】

有些人存在很强的嫉妒心理，看见那些名望很高的人，不想着好好向人家学习，而总是想着诋毁别人，最后自己反而遭到侮辱，这就是自食恶果。

一个道德真正高尚、德行真正高尚的人，并不会因为别人的诋毁而不开心，因为他知道别人的无中生有不会使自己的才华降低，而且也无法使真正了解自己的人信服。

当我们遇见道德比我们高尚、学识比我们渊博的人时，我们要本着一颗向他们学习的心，多向他们请教，尊重他们，我们应该多要求自己，注重自身的发展，争取以后可以和他们一样优秀。

【深度解读】

帮助别人也是在帮助自己

当自己有才华的时候，要学以致用，不要自私和不想付出，只考虑自己的利益；当看见别人比我们有才华时，我们应该真诚地赞赏别人，不能诋毁别人。

欧阳修是北宋时期的大文学家，他有很多知名的散文，《醉翁亭记》至今被我们所熟知。欧阳修不但善于写文章，也是一位心地坦荡的君子。欧阳修曾经在朝廷里做官，他在任职期间曾经向皇帝举荐过三位宰相人选，这三个人是吕公著、司马光和王安石。但这三个人都曾经和欧阳修有过不和的地方，所以大家都非常不解他的做法。可见，欧阳修是一位品德极其高尚的人，他没有因为个人的得失而埋没人才，同时看见比自己有才学的人，他也没有心生嫉妒，他的这种胸怀得到了很多人的赞赏。

祁黄羊是我国古代春秋时期晋国的一位大夫，为人非常贤德，而且心胸宽广。有一天，晋平公问祁黄羊谁可以做南阳县令，祁黄羊推荐了他的仇人解狐。解狐担任南阳县令后，当地的百姓非常满意。后来晋平公又问他谁可以担任京城里的尉官，他推荐了自己的儿子祁午。

祁午上任之后也因为自己的廉洁公正，得到了大家的认可。孔子听说这件事情以后说："祁黄羊推荐人只看才德，不论亲仇，真可以称得上大公无私啊！"

《朱子治家格言》中有句话，"人有喜庆，不可生妒忌心；人有祸患，不可生喜幸心"，意思是说，当我们看见别人开心，看见别人有喜庆的事情的时候，我们不可以心生嫉妒，不要把你我分得那么清楚，不要看不得别人好，不要诋毁别人；我们也不能看见别人有不开心的事，看见别人遇到灾祸，就开心，就幸灾乐祸，我们要帮助别人走出灾祸，要尽自己的全力去帮助别人，即使实在没办法帮助别人，我们也要有同情的态度。

总之，我们自己有能力的时候，应该主动去协助别人，主动帮助别人去解决困难，而不能看见别人有困难，就报以一种旁观的态度。幸灾乐祸的人，往往最后都不会有好的下场，因为我们对别人的灾难无动于衷，所以当我们遇到灾难，遇到困难的时候，别人也不会对我们伸出援助之手，别人也会对我们报以旁观的态度。我们应该多多帮助别人，这样的行为其实就是在帮助我们自己，我们要广结善缘。

勿谄富贵，勿骄贫贱

【原典再现】

勿①谄②富，勿骄③贫。勿厌故④，勿喜⑤新。

弟子规全评

【重点注释】

①勿：不要。

②谄：谄媚。

③骄：骄傲。

④故：以前的人或事物。

⑤喜：喜爱。

【白话翻译】

我们不要刻意去结交和巴结有钱的人，对待穷人的时候，我们也不能骄傲，我们也不要喜新厌旧。

【鉴赏评议】

"见富贵而生谄容者，最可耻"，有的人见到有钱和富贵的人就去巴结，这样的人其实是最可耻的；"遇贫穷而作骄态者，贱莫甚"，遇到贫穷的人就很得意，就瞧不起人家，这样的行为也是可耻的。任何人都不会因为有钱变得高贵，反而会因为自己的骄傲自大、会因为自己的狂妄而变得不那么高贵，所以我们不能用贫穷富贵去衡量一个人。

【深度解读】

贫贱之交不可忘，糟糠之妻不下堂

我们做人，不可以只去结交那些富贵的人，也不要对贫穷的人骄傲，更不要嫌弃过去的朋友，只在意自己新结交的朋友。

在我国古代有一个宋弘念旧的故事，东汉时期，宋弘在朝廷里做司空，当时正值当朝的皇帝死了姐夫，皇帝的姐姐对皇帝说，朝廷里的文武百官，没有人能比得上宋弘，宋弘不仅有才华，而且容貌也非常好。皇帝听了以后，召见了宋弘，对他说："你现在身居高位，以前的朋友，不该联系的就不要联系了，以前的妻子也该换了，人活在世上都是这样的。"宋弘听了说："臣闻'贫贱之交不可忘，糟糠之妻不下堂'。"皇帝听见宋弘的回答，很是敬重，就告诉自己的姐姐这件事情还是算了吧。宋弘的做法千古流传，他真正做到了"勿谄富，勿骄贫；勿厌故，勿喜新"，对朝夕相处的妻子念念不忘，而不去讨好巴结富有权势的人。

有一天，下着大雨，一位老人收留了一位贫穷的躲雨的书生，老人见书生家境贫寒，就煮芋头给这个书生吃。

后来书生学业有成，考取了状元，最后在朝中做了宰相。随着年龄的增长，他总是想起自己贫寒时候，给自己煮芋头吃的老人，想起那个时候，香甜可口的芋头。于是他也经常让府中的厨师给自己煮芋头吃，但是总觉得厨师煮的芋头没有当年那个老人给自己煮的芋头好吃。

后来这位宰相让人把当年的那位老人请到府中，给自己煮芋头。吃过之后，他还是觉得没有当年的芋头好吃。老人说："当年的你已经饥寒交迫，那个时候即使是简单的芋头，也会让你觉得甜美好吃；现在的你身居高位，衣食无忧，你吃过太多的美食，已经无法欣赏芋头的美味了，但是你还记得当年的芋头，还记得为你煮芋头吃的我，说明你不是一个忘本的人。"这位宰相听了老人的话后，连连道谢，感谢老人的教诲，让他知道了对于以前对自己有过帮助的人，要把他们牢记在心里，做人不能忘本。

从前的友情，从前的朋友，就好像是我们饥寒交迫时吃的芋头，随

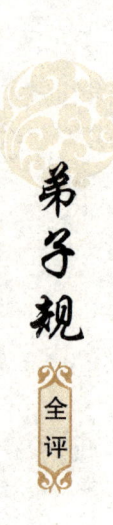

着事业的发达，我们吃过太多的美食，可能就再也体会不了芋头的香甜，就好像我们会忘记年轻时候对我们有过帮助的朋友了。我们做人不能这样，要有自己的原则和准则，做人不能忘本。

不闲不安，切勿搅扰

【原典再现】

人不闲①，勿事搅②。人不安③，勿话扰④。

【重点注释】

①闲：清闲。

②搅：打搅。

③安：健康，身体好。

④扰：打扰。

【白话翻译】

别人很忙，没有时间的时候，我们不要去打扰。别人心情不好、身体不好的时候，我们不要说一些闲话去增加他的烦恼。

【鉴赏评议】

与人相处，我们应该随时随地注意自己的言行不要影响到别人的正常生活与工作，这是一种做人的美德。

如果我们总是以自我为中心来考虑问题，不能替对方着想，譬如说我们要找人帮忙（办事或谈话），不看对方是不是方便就贸然打扰，虽然对方往往碍于情面，不好意思拒绝，但是在心里已经对我们形成很不好的印象了，在以后的相处中就会对我们敬而远之。

我们要在平时的生活点滴中学会观察，不等别人说，我们就要能看出他需要什么、不需要什么。纵使是再近的亲人，进退之间，我们也要站在对方的感受上设想，这样大家自然就可以相处得很融洽了。

【深度解读】

不合时宜的劝说

我们和别人相处的时候，要注意自己的言行，不要因为自己随意说话影响了别人的生活和工作。别人不方便的时候，别人很忙的时候，别人生病的时候，别人心情不好的时候，我们都不要去打扰别人，以免增加别人的烦恼。

"人不闲，勿事搅。人不安，勿话扰。"我们对别人的仁爱之心，应该体现在各种行动上，而不是经常挂在嘴上，我们对别人好不是说说而已，而是遇到事情的时候，我们要懂得从别人的角度出发，多为别人考虑，不要做出让别人为难的事情。如果和别人相处得不好，我们要多从自身出发，考虑自己哪里做错了，改正过来。

三国时期，魏明帝因为自己的女儿死了，心情非常不好，很悲伤，他决定好好安葬自己的女儿，并且亲自去送丧。朝中的大臣杨阜听说了这件事情，对魏明帝说，他这样的行为很不妥当，因为先皇和太后去世的时候，他并没有亲自去墓地。魏明帝也觉得杨阜说的话很有道理，但是当时自己的心情非常不好，他真的不愿意听见杨阜一直和自己唠叨这件事情，就把杨阜赶出了朝廷，杨阜不合时宜的劝说，得到了不好的下场。

很多时候，我们看见自己的亲人或朋友心情不好都会很着急，想要帮助他们快些走出困境，所以我们总是急切地去表达我们的关心。但是我们应该明白：那样的时候，可能我们的亲人需要自己单独思考，我们可以给他们倒上一杯热水，给他们一个安静的空间，让他们自己好好地去思考自己的事情。关心别人是要讲究方法的，我们要多站在别人的角度思考问题、看事情，要懂得换位思考。

总之，我们要做善于观察的人，不要轻易去打扰别人。有时候我们想和别人说话，但是要看看别人有没有时间和心情和我们说话。我们说话之前，更要想想，我们要说的话是不是应该说的话。如果我们要说的话对别人是一种打扰，而且和别人并没有关系，那我们就可以选择不说话，及时地去克制自己。

我们有时候可能会想和自己亲近的人去分享喜悦，这就更要选择合适的时机，不能在别人觉得很烦的时候，硬是和他说自己的开心事，这样会让他觉得更烦。我们待人接物，与人相处，要懂得最起码的礼仪。只有我们让别人觉得快乐了，别人才会愿意和我们相处，愿意和我们做非常好的朋友，这样我们的人生才是幸福的。

有短有私，切莫揭说

【原典再现】

人有短①，切莫揭②。人有私③，切莫④说。

【重点注释】

①短：缺点，短处。

②揭：揭开，揭穿。

③私：隐私，秘密。

④莫：不要。

【白话翻译】

如果我们发现别人有短处，有缺点，我们也不要去揭开；别人的秘密和隐私，我们更不能轻易地说出去。

【鉴赏评议】

如果我们觉得别人有缺点有过失，我们又非说不可，那我们也要选择正确的处理办法，可以在没有人的时候善意地提醒他一下，但是也要注意自己的言辞，不要让别人觉得很没有面子，觉得自尊心受到了伤害。

我们也可以用自己的影响力去影响别人、感染别人。我们和别人一起学习，一起进步，他们身上的缺点可能会慢慢地消失，这也是一种非常可取的、帮助别人的办法。

【深度解读】

"逆鳞"之痛

据说，在龙的喉部以下，约距离一尺的部位上有块"逆鳞"，如果有人不小心触摸到这一部位，就会被激怒的龙杀死。人身上也有类似龙那样的特别敏感、特别忌讳的"逆鳞"存在，这就是人们通常所说的"痛处"，是一个人的缺点和耻辱的记忆。如果你总是以揭他人之短来证明自己所长，从而获得心理上的满足，那是有害无益的。

因为每个人都有一些让自己隐隐作痛的过去，每次被别人提起这些事情的时候，总是会觉得不开心，哪怕是和我们关系再好的人，我们也不愿意听见他们和我们提起这些事情。同样的，别人也和我们一样，他们也会有不想别人提起的事情，我们能做的，就是尊重别人的隐私，不去提起那样的事情。

古人说，那些来和我们谈论是非的人，其实往往都是一些喜欢搬弄是非的人。在揭开别人短处和缺点的时候，我们也就把自己的错误展现在了别人面前，别人就会觉得我们存心不良。

我们要懂得人我一体的道理，别人和我们都是相互影响的，说人是非其实和说自己的是非效果是一样的，有时候最后承受恶果的可能是自己。

有的人认为，我们说别人的过错，我们揭开别人的短处，是为了别人着想，我们这样做只不过是想帮助他改过。其实，每个人的内心深处都是有私心的，我们揭发别人，何尝不是想炫耀自己在某方面是比别人厉害呢？

不管是人的隐私、人的短处，还是人的过失，其实他们都和人的尊严有很大的关系。善良的人不会随意去揭开别人的秘密，做人要有一颗善心。

另外，对于我们自己的短处和缺点，我们不能避而不谈。因为只有我们敢于面对自己的缺点和过失了，我们才能将其改正。如果我们连面对自己身上的问题都不敢，那么我们怎么可能改正呢？如果我们总是护着自己的缺点，那我们又怎么能进步呢？所以，我们对于自己，要有更严格的要求，要直面问题，解决问题。

在日常的学习和生活中，我们要记住"人有短，切莫揭。人有私，切莫说"，这样才能和别人相处得更好更和谐。有很多人的缺点和毛病是从小时候就已经养成的，所以长大了想要改掉也会很难。有些时候，我们要对别人足够的宽容和理解。上大学的时候住在寝室，可能每个人的生活习惯都不一样，有的人很讲卫生，有的人可能不是那么爱干净；有的人习惯早睡早起，有的人可能喜欢熬夜，这样不同的作息规律，很容易造成互相打扰。遇到这样的事情时，我们应该多从别人的角度出发，多为别人考虑，我们也不要当着所有人的面，去揭开别人不好的地方，这样往往会伤了和气。

我们中国人，自古就是很爱面子的，"打人不打脸，骂人不揭短""予人一分面子，人必予两分面子。伤人一分面子，人必损十分面子。为人处世，面子不可不慎"。所以，我们在和别人相处的时候，一定要记得给别人留面子，凡事都要给别人留有余地，不能一味地只想着让别人来迁就自己，我们也要迁就别人，这样才能和别人相处和谐。

道人善者,即是善行

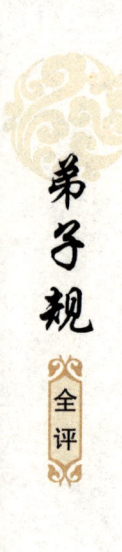

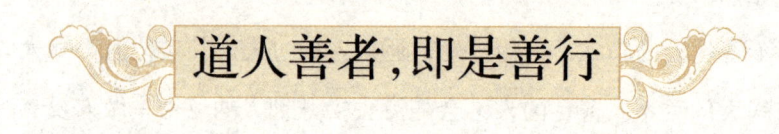

【原典再现】

道①人善,即②是善③。人知之,愈④思勉⑤。

【重点注释】

①道:说,讲。

②即:那就是。

③善:好的行为,品质。

④愈:更加。

⑤勉:尽力,努力。

【白话翻译】

我们赞美别人,这本身就是一种好的德行。别人知道有人夸赞自己,会尽力做得更好,会激励自己向着更好的方向发展。

【鉴赏评议】

我们每个人都应该学会赞美别人,赞美别人本身就是一种善良的行为,别人因为你的赞美而更加努力,努力地去提升自己,可见赞美别人本身就是一种善举。

如果自己听到别人的赞美,我们可能也会反躬自省,看看自己得到的赞美是否是名副其实的，如果是名副其实的，我们在开心之余，还会把我们该做的事情做得更好。我们夸赞别人的时候，如果被更多的人听见了，他们肯定会心生羡慕，自己也想得到这样的赞美，这样就会激励更多的人努力进取，所以，赞美别人，其实是一种善行，是一种功德无量的善行。

【深度解读】

与人交往，懂得夸赞

"道人善，即是善。人知之，愈思勉。"在和别人交往的时候，要学会多去赞美别人，能够看到别人优点与长处，不仅能够让对方感觉到你的真心，还要在无形中给予对方以鼓励与激励。

当人们得到赞美时，往往会变得更加勤奋，甚至会将自己身上的优点一直发扬下去，这样会使得自己变得更加优秀。与此同时，当我们在赞美别人的时候，也就意味着我们看到了对方身上的优点，这也有利于我们向对方学习，从而提升自己。可见，发现别人身上的优点并赞美别人，实则是一举两得的行为。

东汉时期，有一位叫蔡邕的文学家，他是朝廷中的一名重要官员，他从来不因为自己受到别人的敬重而觉得骄傲。而且，他还是一位非常懂得尊重人才的人。这样的优秀品格，使得他很受当时人们的赞美。

有一天，一位名叫王粲的年轻人来拜访蔡邕，他听说有人来拜访自己，并且是很有才华的王粲，便马上出门迎接，最后发现自己竟然把鞋子穿倒了。蔡邕把王粲迎接到家里之后，又隆重地向宾客们介绍，大家知道蔡邕对客人的尊敬，甚至主动出门迎接，顾不得穿好鞋子，便越发对他赞美，都夸奖他是一位惜才爱才之人。这不仅让蔡邕的名声大振，同时也让更多的人都效仿他，向他学习，要做一个惜才爱才的好官。

在日常生活中，大多数的人是不愿意听别人罗列自己不好的地方的。所以，在与人交往的时候，时刻要记得，不轻易对别人的缺点说三道四，更不应该对一个人妄加评论。我们首先应该看到对方的优点与长处，并对其优点进行赞美。因为这样往往会让对方更加专注于提升自己的优点与长处。即使是要批评对方，也应该讲究方法。否则，只会适得其反。

在和别人交往的时候，要时刻怀有一颗真诚的心。对人诚恳，才能让对方真正感觉到，我们即使是在批评他，但也是真心想要帮助他改掉缺点。另外，一定要记得，千万不要在众人面前指责对方身上的缺点，这样只会让关系变得恶劣。

所以，如果我们想在日常生活中交到更多的朋友，收获更多的友情，就应该懂得赞美别人，还应该懂得如何赞美。只有真心实意地对待一个人，你才能同样收获对方的真情。

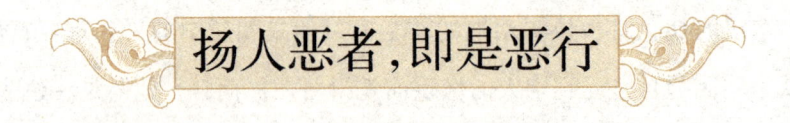

扬人恶者，即是恶行

【原典再现】

扬①人恶②，即是恶。疾之甚③，祸④且作⑤。

【重点注释】

①扬：宣扬的意思。

②恶：过失或缺点。

③甚：过分。

④祸：祸患。

⑤作：产生，兴起。

【白话翻译】

我们宣扬别人的缺点和短处，是非常不好的事情。如果我们对别人的批评过分多了，还会给自己招惹来灾祸。

【鉴赏评议】

说话的时候，要注意自己的语气，哪怕是对待恶人，如果你对他不恭敬，可能会被反咬一口，这是一种得不偿失的结果，所以和别人相处的时候，言语上要宽容。

当别人有做得好的地方，哪怕只是一个小地方，都可以去赞美他，因为这样别人会明白我们想要与他交好的诚意，会明白我们是真的想要与人为善。

古人讲："口为祸福之门。"我们说话的语气、对待别人的态度，决定了别人是怎么对待我们的。一个人习惯宣扬别人的不好的事情，习惯贬低别人、抬高自己，别人也会用同样的方式来对待你。相反，如果能够多多赞美别人，和别人关系融洽，别人自然愿意和我们相处。

【深度解读】

扬善隐恶，智慧处世

聪明的人在与他人交往的时候，往往能够更多地关注他人的善行，并对其所做下的善行大加赞美，而不关注那些曾因一时糊涂而犯下的小过错。这是正确的处世之道。然而，如果不分场合地去揭露别人曾做过的错事，最终的下场会非常悲惨。

汉朝时，有一位名叫灌夫的武将，他骁勇善战，嫉恶如仇。如果在战场之上，能够嫉恶如仇自然是好事，但他却偏偏不懂得为官之道与处世之道，说话不分场合，常常为了解心头之恨说出得罪人的话而不自知。

有一次，在丞相的婚宴上，灌夫和丞相发生了争吵。灌夫非常生气，竟然在宾客全部在场的情况下，将丞相曾经做过的坏事都说了出来。丞相自然怒不可遏，在场的宾客也都面面相觑，不好意思再待下去，于是纷纷告辞。这场本应该开开心心的婚宴，结果不欢而散。

要知道，丞相身为皇上的舅父，且又位居高位，岂会就这样忍气吞声，咽下这口恶气？于是，后来他找到了一些关于灌夫的过错，将灌夫处死了。

灌夫之所以会得到这样的下场，就是因为他不懂得"隐恶"的道理，说话不顾及场合，没有给比自己位高权重的人留面子，到处宣扬别人的恶行，自然会得罪人。这件事情提醒世人，做事不能像灌夫一样，完全不顾后果，只顾自己一时畅快而说出伤害他人的话。所谓祸从口出，讲的就是这个道理。

与灌夫一样，落得惨死下场的还有幼时曾与朱元璋一起玩耍的小伙伴。在听说朱元璋成为皇帝之后，那个人找到了朱元璋，想要凭借小时候的感情，谋得一官半职，从而改变自己的命运。

然而，他却在见到朱元璋之后，公然在百官众臣在场的情况下，说起小时候曾和朱元璋一起割草，偷别人家蚕豆，在豆子还没有煮熟的时候就先抢着吃，最后还把罐子打破，蚕豆洒了一地，朱元璋还捡起来吃的事情。

这无疑是让朱元璋在众人面前抬不起头的糗事，即使是一个普通人，被别人这样说自己曾经做下的糗事也定然不会开心，更何况如今的他是一位皇帝，岂会容忍别人不给自己面子，公开揭露自己的恶行？所以，这个不会说话，只知道宣扬别人"恶行"的人，落得被杀头的下场，也就可以理解了。

在日常生活中，想要不得罪人，就不应该在公开场合说别人曾经犯下的过错，这样不仅会伤害彼此之间的感情，而且会伤害对方的面子，从而得罪对方。相反，此时能够多多宣扬别人曾做过的善行，则会获得别人的另眼相待。

聪明之人都知道在什么样的场合说什么样的话，哪些事情可以说、哪些事情不可以说，如果做不到这一点，那么最好什么都不要说，以不变应万变，也是不错的选择。否则，说错了话，得罪了人，后果不堪设想。

互相欣赏，互相劝告

【原典再现】

善相[1]劝[2]，德皆建[3]。过不规[4]，道两亏[5]。

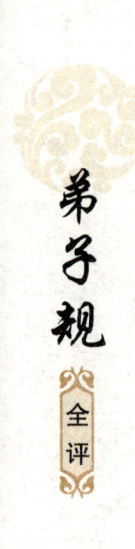

【重点注释】

①相：相互。

②劝：劝告。

③建：建立。

④规：规劝。

⑤亏：损失。

【白话翻译】

作为朋友，应该互相欣赏彼此的优点，同时也要指出对方不足的地方，互相劝告，好好改正，这样两个人的品德修养都会提高。如果我们总是包庇彼此的错误，两个人的品德都不会得到提高。

【鉴赏评议】

我们规劝自己的朋友，一定是要在没有人的时候，这样我们的朋友才会感激你没有当众揭开他不好的地方。我们劝告朋友的目的，是真心希望他能改过，真心希望他能变得更好，但是我们要注意劝说别人的方法、方式，如果我们没有组织好语言，或是态度不对，很可能会影响两个人的感情，很可能会引起朋友的逆反心理。

朋友之间就该是这样的，真心指出彼此的不足，两个人都要建立起良好的品德。如果朋友有了错误，我们刻意去包庇，其实也并不是真的为了他好，这是一种很不好的行为，两个人最后都不会变得更优秀。

【深度解读】

非我而当者，吾师也

荀子在《荀子·修身》篇中把朋友与冤家、君子和小人分界得一清二楚。荀子曰："非我而当者，吾师也；是我而当者，吾友也；谄谀我者，吾贼也。"意思是说，批评我而且批评得恰当的人，是我的老师；赞扬我而且赞扬得恰当的人，是我的朋友；阿谀奉承我的人，是害我的敌人和贼子。荀子的话，让我们如此分明地分清他人究竟是敌是友。

"善相劝，德皆建"，我们规劝别人，让别人改正自己身上的过失，这样两个人的德行都会有长进。对待自己的好朋友，我们除了劝说，还要希望他变得更好，这样长久下来，我们的德行、学识也在提高。我们在帮助朋友的同时，才能真切地体会到别人的需要。

当然，我们劝说别人，要选择在私下，"扬善于公堂，规过于私室"，我们赞美别人，可以在所有人面前，我们不必隐藏自己对别人的赞美，但是劝人，却要选择合适的时机。

有一位朋友听了有关素食的课程觉得很好，回到家里之后，就和自己高血压的先生说，为了他的健康，以后都不给他做肉吃了。但是他的先生并没有领情，这位朋友很生气。我们想想，她先生不听从她的劝告，其实可能是真的接受不了她的规劝方法，我们在劝说别人的时候态度真的很重要，有时候我们采取的态度不好，可能会和自己的目标背道而驰。所以劝人的时候，我们要三思而后行，选择能够让别人接受的态度和方法。

做事情要有计划，要有目标，要懂得循序渐进的道理。想想那位朋友，她将自己的想法强加于她的丈夫，其实她的丈夫完全可以去外边吃肉，可以吃到肉的地方太多了，所以她应该循序渐进地引导自己的丈夫，慢慢地规劝，这样最后才能有好的结果。

我们劝别人"勿以善小而不为，勿以恶小而为之"。作为老师、作为父母更要慎行，不能看见孩子丢垃圾也说没事儿，看见孩子做错事也总是原谅，这样是不对的，我们要教育孩子从小事做起，从小善做起。这样日积月累，孩子长大以后才是善良的人。另外，有不好的地方，就要好好改正，以免积累成大的错误。

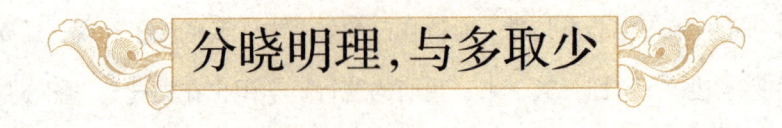

分晓明理，与多取少

【原典再现】

凡取①与②，贵分③晓④。与宜⑤多，取宜少。

【重点注释】

①取：拿。

②与：给予。

③分：分明，清楚。

④晓：知道，明白。

⑤宜：应该，应当。

【白话翻译】

当我们拿别人东西和给别人东西的时候，我们要清楚地明白，我们要给别人的多，而拿的要少，也就是说给别人东西要大方，不能抠门，拿别人的东西不能贪婪。

【鉴赏评议】

这里是讲，在财物的给予方面，我们一定要分得清清楚楚，绝对不能含糊不清。我们宁可给别人的多一些，也不能占别人的便宜，自己拿的少一些并没有关系，这样才能结交下很多朋友。

古人讲："登天难，求人更难。"这句话的意思是说，我们尽量不要去请求别人，尽量不要在别人那里占便宜。如果我们懂得遇事多为别人考虑，懂得谦让付出，那么我们可能早晚会得到回报。我们在给别人东西的过程中，会让别人对我们产生一种信服的、敬重的情绪，让他们愿意和我们做朋友。

所谓"人到无求品自高"，如果我们求别人的事情少了，想要得到的少了，更多的时候，我们想到的是付出，想到的是为别人着想，那么我们的品德自然就会变得更高了。我们要有一颗吃亏是福的心，不去侵占别人的利益，不去处处想着占便宜，不去计较得失。当我们达到这样的一种境界的时候，我们自然会有很多朋友。

不计较得失，不爱占便宜的人，往往才是生活的智者，我们做人，要做有智慧的人，这样才能在错综复杂的社会中站稳脚跟，才能处理好错综复杂的人际关系。

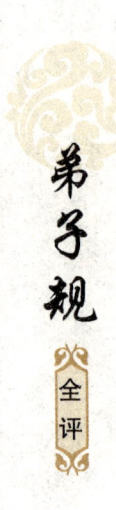

【深度解读】

吃亏是福

有一句话说："我不识何等为君子，但看每事肯吃亏的便是；我不识何等为小人，但看每事好便宜的便是。"在生活中，大多数人愿意占便宜，但是每个人又都不喜欢爱占便宜的人，所以我们要想得到别人的尊重，先要学会吃亏。

在我国东汉时期，洛阳的太学里有一位叫甄宇的太学博士。皇帝在每年腊月的时候，会给每个博士分一只羊，但是，一群羊大小不一。大家商量怎么分的时候，有的人说抓阄分吧，全凭运气，也算是公平的；还有人说，把羊杀了分肉吧，这样最公平。这时候，甄宇说这样的办法都不好，他率先领走了最瘦的一只小羊。后来大家看了之后，也都各自随意领着一只羊走了，不再抱怨羊的大小。后来甄宇就被称为"瘦羊博士"，真是"吃亏是福"啊，这位叫甄宇的太学博士因为分羊时牵了一只瘦一些的小羊就让自己的美名流传了两千年。

在现实生活中，我们总会遇到一些得失的问题。有时候可能是老板让我们吃亏，有时候可能是同事让我们吃亏，但是我们真的应该吃亏吗？吃亏之后我们到底能够得到什么呢？我想很多人都在不停地思考这些问题，在思考的时候，也在不停地衡量得失。有的员工斤斤计较，总是进行一些利益之争，也有的员工觉得退一步海阔天空，不愿意为了一点儿小小的利益去争，用一颗宽容的心看待得失。随着时间的流逝，我们会发现，那些爱吃亏的员工，最后真的往往能够得到自己老板的赏识，同时也会得到其他员工的认可，这样就真的是吃亏是福。

我们选择朋友的时候，往往愿意选择那些懂得吃亏的人，我们和那些爱吃亏的人相处的时候，内心往往很踏实，我们知道他们不会遇事只想着自己，遇到事情的时候他们不会只计较自己的得失，还会为我们考虑。我们也要和知道吃亏的人学习，不要因小失大，要做生活中的智者，要做一个有智慧的人，这样最后才能成为生活中的强者，得到自己想要的。

我们要有吃亏是福的心态：若一个人处处不肯吃亏，而处处想占便宜，于是骄狂之心日盛，难免会侵害别人的利益，纷争四起，又怎能不吃亏呢？其实幸福无所不在，吃亏是福，吃苦是福，平淡是福，最关键的是傻人会有傻福。吃亏是福关键在于心，在于不计较个人得失，只有从生活中、从为人处事中总结经验，并有所改善，才是真正的智者。

欲施于人，先问自己

【原典再现】

将加①人，先问己。己不欲②，即③速④已⑤。

【重点注释】

①加：施加。

②欲：想要，希望。

③即：立即，马上。

④速：快，迅速。

⑤已：停止。

【白话翻译】

我们打算怎么样去对待别人的时候，应该先问问自己是不是愿意这么被对待，如果自己都不愿意这么被对待，那么应该马上停止这种行为。

【鉴赏评议】

《论语》当中说的"己所不欲，勿施于人"，是在教我们做人的方法，我们自己不愿意做的事情，就不能施加在别人的身上。我们要对别人说的话，要让别人做的事情，要先想想自己是不是愿意去做，如果自己都不愿意，就不要让别人那么做。

你不愿意别人怎样对待你，你就不该怎样对待别人；你愿意别人怎样对待你，你就该怎样对待别人。如果你这样去和周围的人相处，自然就能得到大家的欢迎。

【深度解读】

己所不欲，勿施于人

子贡问老师孔子："有没有一个字可以终身受用的？"孔子说："那大概就是'恕'吧！自己不想要的，也不要施加给别人。"

我们自己不愿意别人强加在我们身上的东西，切记，我们也不要强加在别人身上。我们不希望别人责骂我们，那我们就不该责骂别人；我们不希望别人批评我们，那我们就不该批评别人；我们不喜欢别人偷我们的东西，那我们自己也不要有偷盗的行为；我们希望自己身体健康，那我们就不要去践踏别的生灵。

在工作中，我们常常会遇到这样的人：他们把自己露脸的、表面上的工作都自己干，而把那些繁重的、别人看不见的工作都交给别人；遇事只为自己打算，只算计着自己什么时候可以升职，却从来没有想过自己损害了别人的利益；遇见领导就喜欢巴结，从来不愿意和同事搞好关系。这样的人完全是利己主义者，工作不踏实，领导不会喜欢，不和同事搞好关系，同事也会厌恶。

在《纪念白求恩》一文中有句话："不少的人对工作不负责任，拈轻怕重，把重担子推给人家，自己挑轻的。一事当前，先替自己打算，然后再替别人打算。"人和人之间是需要将心比心的，我们在工作中只考虑自己，那么早晚是要出问题的。我们对待别人要有一颗仁爱之心，我们对别人仁爱了，别人才会对我们仁爱，所以我们做事情的时候，不能只顾自己、不管别人。

一个"恕"字其实就可以让我们终身受用，"恕"字从其字形上看，是"如心"，也就是"如自己的心"，意思就是我们应该把自己的心和别人的心做个比较，这样我们就会知道该怎么和别人相处，我们知道自己讨厌什么，那么也就知道了别人讨厌什么。做人就该懂得这样换位思考，我们设身处地为别人着想，从善如流，不做损人利己的事情，这样才是真的向善，真的具有一颗仁爱之心。

世界上有那么多的人，每个人都是不同的，都有自己存在的价值，我们应该尊重每个人个性的发展，"己所不欲，勿施于人"。我们从自己的角度出发，再去想别人，这样就会觉得其实别人并没有那么难以理解，我们也会懂得别人的需求是什么，这样才能给别人想要的东西。

在企业的管理中，我们更要用到"己所不欲，勿施于人"。我们作为领导的时候，要懂得从员工的角度去思考，看看他们想要的东西到底是什么，到底想怎么样，这样才能让他们把自己的能力发挥到极致，为企业创造最大的利益。

当我们面对激烈的市场竞争的时候，我们更要懂得换位思考。我们可以从竞争者的角度出发，这样就能知己知彼百战百胜，我们要从客户的角度出发，这样才能懂得他们的需求，想办法为他们创造最大的价值，让企业处于一种不败的地位，在激烈的市场竞争中脱颖而出。

总而言之，如果我们牢牢记住"己所不欲，勿施于人"八个字，遇到事情的时候多想想："如果这件事放在我身上，我愿意吗？""如果别人这样对待我，我愿意吗？"我们要用这样的准则来不断地修正自己的行为，不断进取，做一个仁爱之人。

报恩忘怨，怨短恩长

【原典再现】

恩[1]欲报，怨[2]欲忘。报怨短，报恩长。

【重点注释】

[1]恩：恩惠，他人给予的好处。

[2]怨：怨恨，仇恨。

【白话翻译】

我们得到了别人的恩惠，一定要想办法去报答，和别人结下了怨恨，则要想办法去忘记，抱怨永远只是一时的，报恩才是一辈子的事情。

【鉴赏评议】

古人说："受人滴水之恩，当以涌泉相报。"在我们的一生中，对我们有恩惠的人有很多很多，每个人都是活在种种恩惠当中的，对于这些恩惠，我们又回报了多少呢？我们为父母做过什么，为我们的老师做过什么，又为我们的祖国做过什么呢？所以我们要时刻怀有一颗感恩的心，等我们有机会报答别人的恩情的时候，一定不要错过那样的机会。

《弟子规》的这几句话告诉我们，受到别人的恩惠，我们要时时刻刻想着去回报，当别人做了对不起我们的事情的时候，我们要想着以德报怨，得饶人处且饶人。

【深度解读】

滴水之恩，涌泉相报

知恩图报，自古以来就是中华民族的传统美德，好多人对我们都是有恩情的。父母为我们生病而着急，为我们的成长付出了太多的艰辛；老师在学习的道路上为我们点亮了一盏明灯，让我们知道自己该有的学习目标和学习态度；朋友陪我们度过了很多难熬的时光，他们对我们都是有恩情的；甚至一些陌生人，他们可能也在我们生命中的某些时刻，给了我们很大的帮助。所以我们要学会感恩，绝对不能做忘恩负义的人。

我们要推崇"受人滴水之恩，当以涌泉相报""大恩未报，刻刻于怀"的主张。"忘功不忘过，忘怨不忘恩"，对于别人对我们做的不好的事情，我们要懂得适可而止地忘记，对于别人对我们的恩情，我们要无休止地去报答。

公元前594年的七月，秦桓公出兵讨伐晋国，秦国和晋国的两军在晋国的辅氏（今陕西大荔县）激烈地厮杀。晋国的将领魏颗在与秦国大将杜回厮杀的过程中，突然看到有一个老人出现在他们面前。不仅如此，这位老人竟然用草编织而成的绳子套住了杜回的身体，从而使得这位堂堂秦国大力士因为站立不稳而摔倒在地。

魏颗于是趁机打败了杜回，并将其当场俘虏。将领被俘虏直接使得秦国军队在这次战争中失败，魏颗取得了绝对的胜利。

魏颗没有想到自己竟然会如此战胜杜回，更没有想到，就在晋国军队收兵回朝之后的当天夜里，他就梦到了白天在战争中助他一臂之力的老人家。

魏颗于是向其询问，为何要帮助自己。

这位老人家说："我就是那位没有因为你的父亲离世，给其陪葬的女子的父亲。我今天之所以会在战争中帮助你，就是为了报答你的大恩大德的。"

原来，魏颗的父亲、晋国大夫魏武子在生前曾有一位无儿子的爱妾。在魏武子刚生病的时候，他就曾嘱咐自己的儿子魏颗说："我死了之后，你一定要记得把她嫁出去，不要给我陪葬。"然而不久之后，魏武子病情加重，却又改口对对魏颗说："在我死了之后，你一定要让她为我殉葬。"

没过多久，魏武子就去世了。然而，魏颗并没有按照父亲的话将女子处死，为父亲陪葬，反而将这女子嫁给了别人。

魏颗解释说:"人在病重的时候,神智是混乱不清的,我将此女嫁给别人,就是按照父亲在神志清醒时候的吩咐而做的,并没有什么错误之处。"

在生活中,有这样一种现象,就是我们帮助过的人,或是帮助过我们的人,后来和我们的关系往往特别好,但有时候却又会因为一些琐屑的小事,两个人彼此讨厌和怨恨,最后连朋友都做不成。或许别人帮助我们的时候,我们觉得这个人很好,他们帮过我们的次数越多,我们就越觉得这个人好,但是如果有一次他没有帮自己的忙,他所有的好就都会被抹杀掉。

当我们怨恨别人的时候,我们不妨多去想想,这个人是不是曾经给予过我们很大的帮助,我们是不是应该对他常怀一颗感恩之心呢?生活总会因为感恩的心而变得美好,因为感恩的心变得快乐、真诚。我们心中的怒气少了,我们对别人的怨恨少了,我们的心胸自然就开阔了,我们的心情好了,对别人的态度好了,自然会有更多的朋友。

品行端正,树立榜样

【原典再现】

待婢①仆,身贵②端③。虽贵端,慈④而宽⑤。

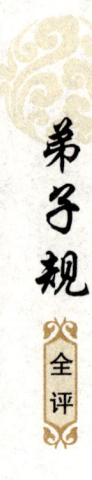

【重点注释】

①婢：女仆。古代罪人的眷属没入官为婢，后以通称受役使的女子。
②贵：重要，重视。
③端：正，端正。
④慈：仁爱，和善。
⑤宽：宽容。

【白话翻译】

对待家里的侍女和仆人，我们要品行端正，给他们树立榜样，但是光给他们树立榜样还是不够的，我们还要对他们仁慈和宽容。

【鉴赏评议】

孔子说："其身正，不令而行。其身不正，虽令不从。"这句话是说，作为领导，自己把事情做得很好，他下达的命令，就会有人愿意听从；如果自己做事情都没有做好，那么他的命令，自然没有人愿意去听从。现代社会，领导与下属之间应该建立和睦的关系，应该互相尊重，只有这样，才能把事业做得更好。

【深度解读】

以身作则，宽厚待人

我国古代战国时期著名的军事家吴起，因为爱护自己的士兵，身先士卒，而得到了大家的爱戴和尊重。很多时候，在行军打仗中的他都不坐战车，而是和战士们穿着一样的衣服，和战士们走在一起，他的干粮和水也都是自己随身背着，对于自己的士兵，他也总是爱护有加。

有一次，他的一个士兵受伤了，伤口疥疮化脓，吴起见了之后，就用嘴去给这个士兵吸脓，士兵们非常感动。吴起在军事上，可能并没有太多过人的谋略，但是他爱护士兵，并且以身作则，这是他成为一个常胜将军的重要原因。

我国东汉时期的丞相刘宽，待人非常仁慈宽厚。自己的部下如果做错事情，他从来不会生气，总是体谅部下的苦衷。他对待自己的妻子和家中的仆人，也非常宽容。有一天早上，他穿戴整齐正准备去上早朝，这个时候家中的侍女给他端来一碗鸡汤，不小心将这碗鸡汤洒在了他的衣服上。侍女非常害怕，忙帮他擦拭干净，并等着挨骂。但是刘宽语气非常平和，还问这位侍女有没有烫伤自己，刘宽的妻子也因此而更加敬重他，非常佩服他的涵养。

"宰相肚里能撑船"这句话是说我国三国时期的蒋琬的。在诸葛亮去世之后，蒋琬开始主持朝政，他的部下里有一个叫杨戏的人，杨戏性格孤僻，不爱和别人交流，有时候对于蒋琬说的话，也是只应不答。蒋琬其他下属看见杨戏这样没有礼貌非常生气，但是蒋琬却说，杨戏的可贵之处就在这里，让他当着众人的面夸我，他是做不出来的，所以他只能默不作声，他觉得我做得不对的地方，他也不好意思当面说。后来大家都因为蒋琬的度量而称赞蒋琬。

从上面的几个小故事中，我们可以从古代德高望重的人身上学到他们为人处事的态度。

在我当今社会，如果你是领导，要先端正自己，宽厚待人，如果你很轻浮、很草率，那么整个团队里的人就会和你一样，所以你要给大家树立榜样，大家在你的带动下，这个团队才会越来越好。

以理服人，方无怨言

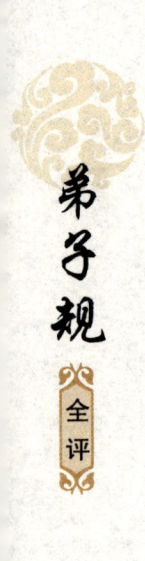

【原典再现】

势①服②人，心不然③。理④服人，方⑤无言。

【重点注释】

①势：势力，权势。

②服：降服，使服从。

③然：如此，这样。

④理：道理。

⑤方：才。

【白话翻译】

有些人通过权势让别人服从自己，可能别人表面上因为畏惧权势而不敢反抗，但是却不是真心服从。只有用道理去感化别人，才能让别人没有怨言。

【鉴赏评议】

现实中很多领导对待自己的下属的时候，往往都是依仗着自己的权势。这样，别人服从的是你的权势，而不是真正服从你这个人。如果在一个团队中，大家只是害怕领导的权势，碍于领导的面子才去服从，才去为领导做事，那这个团队是不会向着一个更好的方向发展的。大家都会过得昏昏沉沉，不思进取，只会把领导交给的任务用最快最简单的办法做好，但是自己却不会去思考怎样才能把工作做得更好。所以，作为一个团队的领导，要做到以理服人，以德驭人，让别人不只是表面上佩服你，内心里也是一样的尊敬你、爱戴你，愿意听从你的领导，愿意服从你的安排，你的团队才会朝着一个更好的方向发展。

【深度解读】

以力服人者，非心服也

孟子说："用强制手段迫使别人服从，别人不是真心服从，只是无力反抗而已。"我们因为自己的权力或者地位在别人之上，靠这样让别人来服从我们，别人表面上无法抗争，那只是因为他的能力不够，并不是发自内心地服从我们。

在当今的社会中，有些人往往会请家政人员来打扫自己家里的卫生，但是家政人员为别人付出劳动的时候，也不是所有人都对他们抱有一种感谢的态度。

我曾经听到一个保姆对我说，她服务的那家女主人，要她伺候着穿衣脱衣，甚至是洗脚，而每次自己把衣服洗好，把鞋子刷好，这家的女主人都要反复地检查，看看是不是干净，这样的行为让这位保姆觉得自己受到了羞辱。虽然是家政人员，但是工作的范围自然不包括为别人洗脚，对于女主人的要求，其实她是不想答应的，但是自己又实在需要这份工作，只能靠着体力去换取生活所需。

由此可见，其实有些时候别人的服从真的只是表面上的，如果你没有了权势，如果你没有了金钱，如果你没有了地位，那么谁还会把你放在眼里呢？当你和别人平起平坐的时候，别人还会那样恭恭敬敬地对待你吗？我们用强制的手段让别人佩服自己是非常没有必要的行为。

"不要仗势去降服压服别人，而要用道理去说服别人"，这句话不仅仅是说给那些对待家政人员不好的人，同样也可以用在领导对待下属上。对于很多领导来说，他们手中的权势就是他们工作的办法：听也得听，不听也得听，听不听都得听；服也得服，不服也得服，服不服都得服；干也得干，不干也得干，干不干都得干；有理也是理，没理也是理，有理没理都是领导有理。很多领导用各种办法欺负自己的下属员工，从来不会站在他们的立场上想问题，从来没有想过用道理、用品德让自己的下属服从自己。

其实，做领导要有威严，但是同时也要有凝聚力和亲和力，对待下属该亲近还是要亲近的，要让自己的下属凝聚在自己的号召之下，否则总是有人对你的管理不满，你的工作是很难进行下去的。

第七章　亲仁

亲近贤德的人，会让我们在熏陶中变得优秀；亲近奸佞的人，会使我们在无意间踏上邪路。我们应时刻提醒自己，不断加强自己在精神内涵方面的修炼，坚决抵制各种歪坏风气的诱惑。净持亲仁之心，始终坚信：德不孤，必有邻。

流俗者众，仁爱者希

【原典再现】

同是人，类①不齐②。流俗众③，仁者④希⑤。

【重点注释】

①类：性情。

②齐：相同。

③众：很多。

④仁者：德行宽厚的人。

⑤希：同"稀"，很少。

【白话翻译】

同样是做人，但是每个人的脾气和性情都是不一样的，大多数的人都是平凡人，那些道德极其高尚的人，通常是非常少见的。

【鉴赏评议】

平凡的人每天关心的问题是自己生活中的小事儿，关心衣食住行，关心自己的工作，关心自己的利益是否受到侵害，平凡的人大多为着自己的一己私利活着。但是那些品德高尚的人，他们关心的往往不只是自己，他们没有私心，他们关心所有人，如果每天只知道为自己的一己私利考虑，他们会嫌弃自己，觉得自己不过是流俗之众。

我们给自己选择榜样的时候，最好选择那些道德高尚的人，他们就像是全社会的道德标杆，他们的行为就好像是我们的行为准则一样，我们可以将自己的行为和他们对比，看看自己和他们的差距，见贤思齐，让自己的道德水平可以和他们靠近。

【深度解读】

拒绝"仁者"变"流俗"

在生活中，总是能见到一些乞讨者。有一次，我和朋友走在路上，就看见一位老者坐在路边的地上，前面放着一个碗，里面有些零钱。对于这样的老人，大多数人都会选择视而不见，可能在几年之前，我们还相信这样的老人是因为贫穷才乞讨，但是后来发现，可能他们早就已经把乞讨当成了一种职业，于是人们开始对这样的老人没有同情心了，我也是一样。

每次看见这样的老人，我都不愿意再给他们拿钱，我的朋友竟然停下来了，在翻自己的钱包，还问我是否有零钱。我小声地对她说："现在乞讨的人哪有真的，或许他们比我们都富有，乞讨只是他们的职业，他们以此骗钱为生。"我的朋友却对我说："看见他们的时候，我想到了自己的父母，这些老人和我的父母年纪差不多，看见他们穿成这样，在街上乞讨，我的心里还是很不忍心。"

听了朋友的话，我瞬间觉得自己的道德不够高，没有办法和我的朋友比，看见寒风中坐在地上的老人，我居然无动于衷，如此冷漠。

我想起了自己小的时候，有人来我家里讨饭，那时候，我的父母会打开门，让他们进来，把家里的馒头或者米饭给他们盛一点儿，父母对我说，看他们也还是小孩子，却要出来要饭吃，一定是家境非常困难的。人不到万不得已的时候，是不可能出去要饭的，人都是要面子的，不可能随随便便让自己的孩子出来远走他乡,看别人的脸色,要饭吃,所以,对他们要和善,不能冷眼相看。

在父母的教育下,曾经我不是一个冷漠的人,每次走在街上的时候,看见有人和自己要钱,我都会伸出援助之手。因为在父母的教育下,我能理解他们生活的艰辛,我能理解他们也不愿意过这样的生活。

以前,我觉得只有走投无路的人才会在街上乞讨,但后来,随着媒体的曝光,我知道世界上还有一些人,他们并不真诚,他们利用别人的同情心,不劳而获。后来,我就不愿意对乞讨者报以同情的心态了。但是如今,我觉得我的行为还是非常不对的,看了那位朋友的做法,我决心以后也做个善良的人,对乞讨者再次报以同情的心态。

当然,这个世界上乞讨者人数众多,有真有假,不能见了都捐,也不能见了都不捐,不能"一朝被蛇咬,十年怕井绳",把很正常的事复杂化,把原本人类的善心、仁爱之心给丢了。我们不可能给每一个人都捐钱,但是也不能因为一部分人不好而否定了所有的人。

直言不讳,色不谄媚

【原典再现】

果[1]仁者,人多畏。言不讳[2],色不媚[3]。

【重点注释】

[1]果:真正的。

②讳：把事情隐蔽而不敢宣布。

③媚：谄媚，用甜言蜜语讨好。

【白话翻译】

对那些真正道德高尚的人，人们会发自内心地敬重他们、敬畏他们；他们总是直言不讳，也不会用谄媚的神色去讨好别人。

【鉴赏评议】

道德高尚的人，往往无欲无求，不与别人争高下。他们从来不会想去巴结别人，他们说话的时候往往都是从别人的立场，从社会的立场出发，而把自己的利益置于次要位置。

古人讲："忠言逆耳利于行。"那些对我们有益处的话，有些时候或许并不是很好听。所以有些时候，那些道德高尚的人说的话可能我们并不爱听，但是如果我们想要提高自己，想要自己有很高的人格魅力，就必须要接近那些仁者，让他们感染自己，向他们学习。最后哪怕我们没有成为和他们一样贤德的人，但自己也是有所提升的。

为什么我们接近那些仁者自己也会提高？因为他们"言不讳，色不媚"，他们总是可以对我们的错误直言不讳，他们也不会因为我们位高权重或者拥有财富，而刻意地巴结我们。这样，当我们犯错误的时候，他们才敢直接指出我们的缺点，我们自然能有所提高。

【深度解读】

君子三变

子夏说："君子给人的印象有三种变化：远远望去非常庄重，接近后却和蔼可亲，可是听他说话又觉得非常严厉。"子夏的话可能是对君子最

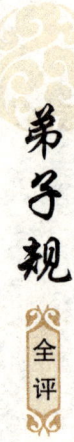

好的概括。意思是说，我们靠近君子的时候，他们的态度变化就像是三个季节：当我们看见他们的时候，他们的外表非常庄重，让我们感觉像是冬天一样，肃然起敬；当我们接近他们的时候，却发现和他们相处起来，像春天一样的温暖，他们非常好相处，很有亲和力，让人心生暖意；但是他们有时候又会像秋天一样严厉，因为他们有着自己的原则，并且按照自己的原则办事。

君子总是"言不讳，色不媚"，这一点非常让人敬畏和敬重，他们的内心总是想着别人、想着天下，而不是总是想着个人的利益和个人的得与失，他们愿意以天下为己任。

在我国古代有很多谦谦君子，例如晋朝时候的何充。晋朝时候的将军王敦有一个叫王含的哥哥，王含当时也在担任郡守一职，他在其职，却不谋其位，不受当地百姓的爱戴，但是王敦却总是当众夸奖自己的哥哥，说自己的哥哥做官清廉，非常尽职尽责，当地人都夸他。

当时何充也是王敦的手下，他却直言不讳地当着大家的面指出，自己听到当地百姓说王含在当地的名声并不好，并劝说王敦要向自己的哥哥进言。何充的话让王敦下不来台，王敦非常生气。

其实，当时大家都知道王含的为人，但是都碍于王敦的面子，不敢直言。何充直言的结果就是被贬官，直到后来王敦的势力不行了，何充才不断地升官，最后官居宰相一职。

这样的例子，还有色不媚的陈公弼。北宋大文豪苏轼自称平生从不为人做传，但却破例为一位官不算太大的陈公弼先生做了传。能够让苏轼如此佩服的人，自然是有过人之处的，苏轼总是担心陈公弼的事迹被逝去的历史湮没，所以他才要给陈公弼写传记："他为人清正刚直，无甚私欲。个高还不到中等，又黑又瘦，目光如冰，一生从不献媚讨好他人，连王公贵人都非常怕他。他遇到合乎正义的事情必定挺身而出，从不考虑自己的安危祸福，必须达到目的才罢休。"

先前赵元昊没造反时，青州百姓赵禹上书朝廷，说赵元昊一定会反叛，但是当时的宰相并不相信赵禹的话，并且还将他流放了。后来，赵元昊果然造反了。赵禹上书为自己申冤，宰相为了避免自己受到牵连，就把赵禹关到了大牢里。陈公弼知道这件事情以后，在宰相的面前替赵禹说话，两个人争辩不已，后来皇上采纳了陈公弼的意见。

自古以来，很少有人敢和自己的上司直言不讳，因为大家都怕自己会因此被上司打压，最后造成自己的仕途不顺利。但是陈公弼却认为，做官要为百姓伸张正义，面对百姓的疾苦，如果做官的都不敢直言不讳，那百姓只能受苦了。如果陈公弼没有在宰相和皇帝面前直言不讳，那么赵禹不知道会被宰相关押到什么时候呢，做官就该像陈公弼这样，敢于直言。

从古至今，我国的仁义之士非常多，能为百姓伸张正义、能够舍生取义的人也很多，正是这些人构成了我们的民族之魂，我们的民族才得以绵延不断地生存下去。

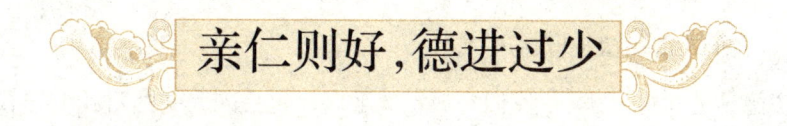

亲仁则好，德进过少

【原典再现】

能亲①仁②，无限好。德③日④进⑤，过日少。

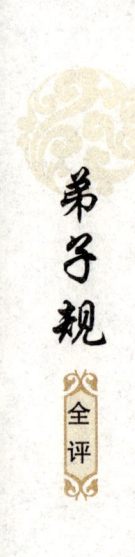

【重点注释】

①亲：亲近。

②仁：有仁德的人。

③德：品德。

④日：一天天。

⑤进：提高，进步。

【白话翻译】

如果我们能够亲近道德高尚的人，可以向他们学习，真是非常好的事情，因为这样我们的德行才能不断地进步，我们的错误也会相应地减少。

【鉴赏评议】

我们学业的成功、事业的发展，都离不开老师对我们的教导，所以我们要亲近道德高尚的人，要听他们所说的话，要观察他们的行为，并且像他们那样做人做事，我们要把他们当作自己的榜样，不断地和他们学习。

我们如果找到了令人佩服、值得我们学习的老师，就要真诚地去敬重他们，去学习他们身上好的地方。所谓"一分诚敬得一分利益，十分诚敬得十分利益"，我们保持谦卑的心态，拥有一颗恭敬的心，才可以更好地跟老师学习。我们接近我们的老师，自然能够接受他们的感染，在他们的熏陶下，我们才能更快地取得成功。

"德日进，过日少"，我们的缺点、毛病，也会因为老师对我们的教诲而逐渐减少，就连我们的形象和气质也会不断变好。所以，想要成功，首要就是要亲仁，亲近那些仁德的人，亲近那些道德高尚的人，亲近那些对我们有所帮助的人。

【深度解读】

一日为师，终身为父

　　如果接近品德优秀的人，会对我们的未来人生有很大的帮助，而一位具有优秀品质的老师，则会成为我们未来的人生路上至关重要之人。一位好的老师，不仅可以教会我们知识，更能教会我们人生的道理，他们是我们未来人生的向导。

　　一日为师，终身为父。在面对自己的老师时，我们应该尊重对方，应该像对待自己的父亲一样，不可做出忤逆之事。

　　据说，有一年宣化府曾经摆下一个擂台，吸引了周边很多个州县的武功高手前来打擂台。这场擂台一连摆了21天，每天都有很多人上场、下场，有些人是自己认输，而有些人则当场被打死。

　　这样的恶性循环让很多人都惨死在擂台之上，直到最后那天，一个和尚的出现，终于终止了这场擂台，他将所有的对手全部击败，最后夺得了头奖，而他就是当时人称"生铁佛"的武林高手。

　　一年之后的一个冬天，生铁佛出外化缘，在一片雪地里，他看到了一个十四五岁的小孩子躺在那里，孩子的身体有些僵硬，似乎已经冻了很久。于是，生铁佛将他抱回寺庙，又用热汤热水将他救醒，之后还把他留在了寺中，并收其为徒，赐法号为"法缘"。

　　法缘十分聪明，而且悟性极高，很得生铁佛的喜爱。于是生铁佛便将自己一生的所有武功全部教授给法缘。

　　时间过得很快，转眼就过了十几年。生铁佛年岁已老，患上了疾病，卧床不起。

　　这一天夜里，正在床上睡觉的生铁佛被突如其来的冷风吹醒，睁开眼睛就看到自己的好徒儿法缘正手握一把大刀站在自己的床前。生铁佛有些吃惊,问道:"法缘,你这是做什么?"

法缘回答道:"你可还记得十几年前,在宣化擂台上被你打死的陈武师?我就是他的儿子,今天我就要为我的亲生父亲报仇!"说罢他举起大刀,朝着床上的生铁佛砍了过去。

这时,旁边突然冒出的一条板凳架住了他的刀。出手的是他的大师兄法慧,法慧说:"你的心里只想报仇,难道就不懂得报恩吗?如果十几年前,师父不曾出手救你,你早就已经冻死在冰天雪地里了。我听说过'恩师如父,生父师父,皆为父',可如今你为了生父要杀死师父,难道就不怕后人耻笑你吗?"法缘听了师兄的话后羞愧难当,马上放下手中的大刀,跪下向师父道歉。

如果没有师父的出手相救,法缘定然会被冻死、饿死,如果没有师父的潜心教导,他又怎么会有一身武艺?师父,就像是父亲一样的人物,是他教会了弟子如何来看待这个世界,也是他教会了弟子的诸多良好品行。也正因为明白这个道理,法缘才会在最后,放弃杀害如父亲一般的师父,放下心中的仇恨。

由此可见,一位具有优秀品格的老师所教育出来的弟子,自然不会太差。而向一位品质高尚的人学习,也自然会努力向其看齐,保持自己的优良品质。

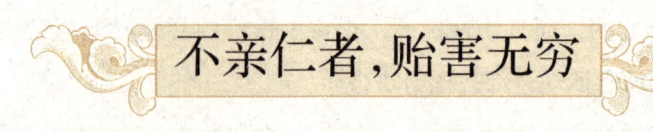

不亲仁者,贻害无穷

【原典再现】

不亲仁,无限害①。小人②进③,百事坏。

【重点注释】

①害：祸害，害处。

②小人：人格卑鄙的人。

③进：入，走入，这里引申为接近的意思。

【白话翻译】

如果我们不愿意去亲近仁德的君子，那必将会有无穷的祸患，因为很多小人会来接近我们，我们的言行受到小人的影响，整个人生都会失败。

【鉴赏评议】

我们能够亲近仁德的人，并且向那些仁德的人学习，是一件非常好的事情，因为和他们靠近，会使我们的品德一天比一天进步，我们的过错也会随之减少。相反的，如果我们不去接近那些仁德的君子，有些小人就会乘虚而入，趁机接近我们，这样我们的言行就会受到小人的影响，会把事情做得一败涂地，学习和事业都不会成功。所以我们要严格要求自己，多和仁德的君子在一起。

【深度解读】

狎昵恶少，久必受其累

《朱子治家格言》讲到"狎昵恶少，久必受其累"，我们对于环境的选择是非常重要的。如果我们的德行尚未达到一定的境界，就要给自己选择一个道德标准高一些的环境，对于道德不高的朋友，我们要保持距离。

人都是按照类别聚集起来的，所以我们要好好选择自己亲近的人，我们多和善良仁德的人靠近，我们就会有更高的德行，我们多和小人靠近，最后就会变得和小人一样，"近朱者赤，近墨者黑"，说的也是这个道理。如果我们选择朋友的时候，用《弟子规》去衡量，其实很容易辨别出来什么样的人是好人，什么样的人是坏人，什么样的人值得我们和他们做朋友，什么样的人不值得我们和他们做朋友。家长与其总是担心孩子不会选择朋友，不如让他们从小时候开始就熟记《弟子规》，"亲附善友，如雾露中行，虽不湿衣，时时有润"。朋友对于一个人的人生至关重要，所以每个人都要慎重地选择朋友，如果孩子从小时候就开始学习《弟子规》，不只是会对他们交朋友有帮助，同样的，他们自身的道德水平也会随之提高。孩子自己的道德高尚了，他们自然愿意去接近那些道德高尚的人，所以家长终日担心孩子会交到不好的朋友，其实是徒劳的，还不如从孩子小的时候就严格要求他们。

"不亲仁，无限害。小人进，百事坏"这一条告诉我们，在当今社会，我们要时刻提醒自己，要每一天都追求进步。如果我们不能亲近道德高尚的人，不能亲近好老师，不加强自己内涵方面的修炼，那么我们很容易就会受到坏风气的诱惑，可能会变得追名逐利，贪图享受。

所以，其实"亲仁"的内涵是不断地巩固我们内心的道德标准，"苟日新，日日新，又日新"，每天都要激励自己进步。我们的道德修养高了，具备了明辨是非的能力，才能不受到外界的干扰，才不会堕落。

第八章　余力学文

无论是读书向学，还是发展事业，我们做任何事情都要先将态度端正。如果不能从心底对自己要做的事情报以高度的尊敬与敬畏，往往很难用心去做，结果自然也可想而知。所以，每一件有意义的事情都值得我们严阵以待，孜孜以求。

纸上谈兵，不切实际

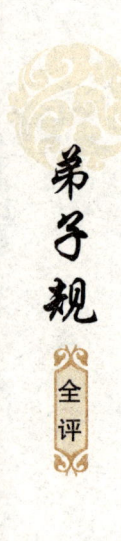

【原典再现】

不力行①，但②学文③。长④浮华，成何人。

【重点注释】

①力行：亲自实践、勉力去做。

②但：只有、唯有。

③学文：学习书本上的知识。

④长：年龄稍大。

【白话翻译】

如果我们不能力行孝、悌、谨、信、泛爱众、亲仁这些本分，只知道学习书本知识，长大后可能就会变得浮华，变成不切实际的人。

【鉴赏评议】

《弟子规》让我们同时注重力行和学文，如果不能身体力行孝、悌、谨、信、泛爱众、亲仁这些本分，一味死读书，纵然有些知识，也只是增长自己浮华不实的习气，怎能成为一个真正有用的人呢？

家长和老师在教育孩子的时候，要对孩子进行正确的引导，要先教会孩子做人，教会孩子做个品德高尚的人，然后再去重视孩子的学习，先学做人，后学做事。我们学会的道理会让我们一生都受益匪浅，而学会的知识只是我们生存和生活的能力，只有用高尚的道德作为我们生活的基础，我们的生活才是有意义的。

【深度解读】

纸上谈兵

《弟子规》在"余力学文"当中，一开头就强调一味地学习书本知识，但是却不去应用这些知识，无形之中会增加人的傲慢，这样的影响是潜在的，只有我们自己不知道。不能力行孝、悌、谨、信、泛爱众、亲仁这些本分，一味死读书，纵然有些知识，也只是增长自己浮华不实的习气，变成一个不切实际的人。

公元前262年，秦国攻打韩国的时候，将韩国的上党郡和韩国其他的领土分隔开了，但是上党的韩国将军还是不愿意归顺秦国，于是决定归顺赵国。后来秦王派王龁准备要回上党，赵王听到消息，便派廉颇率领二十多万大军去救上党，他们才到长平，上党就已经被秦国攻下了。

当时，王龁还想继续向长平进攻，多次向赵军挑战，廉颇说什么也不跟他们正面交战，反而准备作长期抵抗的打算。两军僵持不下，王龁只好派人回报秦昭襄王。秦王请范雎出主意。范雎说："要打败赵国，必须换掉廉颇。"

几天后，赵王听到左右议论纷纷："秦国最怕让年轻的赵括带兵，廉颇年老不中用啦！"赵括是赵国将军赵奢的儿子，年轻有为，得到了很多人的认可。他从小学习兵法，觉得自己天下无敌。赵王听信了流言，立刻把赵括找来，问他能不能打退秦军。

赵括说："如今来的是王龁，他不过是廉颇的对手。要是换上我，打败他不在话下。"赵王听了很高兴，就命赵括为大将，去接替廉颇。蔺相如对赵王说："赵括只会纸上谈兵，不会临阵应变，不能做大将。"

赵王对蔺相如的劝告听不进去。赵括的母亲也请求赵王别派他儿子去，但是赵王还是执意派赵括为主将。赵括声势浩大地领着四十万大军，把廉颇原先的规定全部废除，下了命令说："如果秦国再来挑战，必须迎头打回去，非杀得他们片甲不留不可！"

秦国得知赵括取代廉颇的消息，知道反间计成功，就秘密派白起为将军。白起一到长平，就布置好埋伏，故意打了几次败仗。赵括不知是陷阱，下令拼命追赶，结果中了秦军的埋伏，四十万大军被切成两段。

最后，赵括的军队，内无粮草外无救兵，守了四十多天后，赵括带兵想冲出重围，却被秦军射死了。四十万赵军也在纸上谈兵的主帅赵括手里全部覆没了。

当真正践行《弟子规》的时候，不能一味地死学知识，我们要把自己所学到的知识用到实际生活中去，这样才是有意义的。

力行学文，自然明理

【原典再现】

但力行①，不学文②。任③己见④，昧⑤理真。

【重点注释】

①力行：做事。

②学文：读书。

③任：任由。

④见：偏见。

⑤昧：蒙蔽。

【白话翻译】

如果我们只是一味地做事情，不肯好好学习书本知识，我们做事情就容易凭着自己的偏见，这时候就违背了真理。

【鉴赏评议】

随着年龄的增长和人生阅历的增加，我们自身的能力也要随之增长，如果不去学习真理，不去学习新的知识，那么就会做出很多不合时宜的事情。

所以，我们要多读一些圣贤典籍，不断从圣贤的典籍中学习那些可以指引我们做人做事的真理。我们在学习圣贤真理的同时，也要学会把我们学到的理论转化为自己的体会，应用到自身的发展中去。当我们有了做人的智慧、有了做人的方法之后，我们做事情自然会得心应手。如果我们没有好好学习，只是学习一些肤浅的东西，而不是深入地去探究，那么我们就没有办法取得成就。

【深度解读】

活到老，学到老

这里又讲到"力行"，学到的知识，一定要身体力行。随着年龄的增长，我们遇到的问题也会随之增多，这样，我们就需要继续去学习新的知识，从而指导我们去解决新的问题。这里提到"不学文，任己见，昧理真"，是说我们不能靠着自己的偏见活着，这样是对真理的一种蒙蔽，这样做事情就会不合时宜，让自己陷入一种尴尬之中。

在我们的人生旅途中，应该时刻提醒自己，不要骄傲，不要自满，更不要傲慢。人只要变得傲慢了，双眼自然会被蒙蔽，这样做事情的时候，就不会得心应手。我们见贤思齐的意义在于，看见别人是怎么做的，这样自己做起事情来就会简单一些，参照圣贤之人，我们的人生自然幸福美满。

三国时期，吴国的大将吕蒙和蒋钦特别勇猛，得到了孙权的重用，但吕蒙和蒋钦原来都没念过什么书，被视为一介武夫。孙权批评他们说："你们现在掌握了大权，负责处理国家大事，应该多看点书，了解以往的历史作为借鉴，这样会大有好处的。不要总说忙，你们有我忙吗？我都会抽时间研究兵法。光武帝再忙也抓紧时间学习，曹操也老而好学，你们就不能学一学吗？"他们听了后，便刻苦学习，成了知识渊博的人。

学习是一个不断充实自己的过程，是一个精神世界不断充实的过程。在学习和思考的过程中，我们的品德、人性也会得到升华。人的一生是短暂的，但在这短暂的一生中，我们都要注重自身的学习。年轻的时候，我们为了一份自己喜欢的工作，为了生活安定而学习；中年的时候，为了继续进步，为了生活的充实而去学习；老年的时候，我们人老心不老，为了适应时代和社会的发展，我们还要去学习。学习让我们的一生都非常充实，善于学习的人才会懂得更多，才会把事情处理得让他人和自己都满意。

　　我们的人生中有很多机遇，但是不会时时都有机遇，有时候，需要我们自己去创造机会。兴趣和爱好是可以慢慢地培养的，没有什么喜好是天生的，我们的爱好完全可以在后天的学习中培养出来。例如读书，可能我们并不是天生就爱读书，但是可以慢慢培养自己爱读书的习惯，我们有了爱读书的习惯，才会透彻地去领会书本中的意思。在这个时代，我们需要"活到老，学到老"。对于孝、悌、谨、信、泛爱众、亲仁这些应该努力实行的本分，却不肯力行，只在学问上研究探索，这样最容易养成虚幻浮华的习性。相对的，如果只重力行，对于学问却不肯研究，就容易执着自己的看法，而无法契合真理，这也不是我们所应有的态度。

　　当前在社会上流行着这样一种风气，那就是人们常常藐视古人给我们留下的道理。可能随着社会的发展，人们需要面对的压力变得比以前更大，所以很多人会觉得，古人的大道理对于我们来说并没有太多的实际意义，那些只是书本知识，对我们现在的学习和工作并没有太多的指导意义，所以大家都不再去践行刻板的古人留给我们的真理。但是仔细想想，如果我们的社会没有伦常观念的约束，就会变得很乱。所以我们还是需要圣人道理的约束，我们的生活还是需要圣人道理的指点。

读书三到，事半功倍

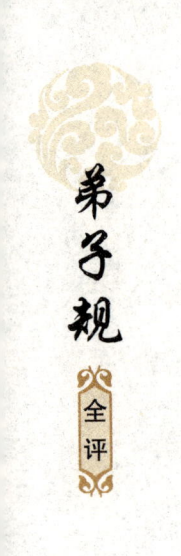

【原典再现】

读书法①，有三到②。心眼口，信③皆④要⑤。

【重点注释】

①法：方法。

②三到：指心到、眼到、口到，三者都要具备。

③信：确实、真的。

④皆：都、全。

⑤要：重要、需要。

【白话翻译】

读书的方法要注重三到，眼到、口到、心到，三者缺一不可，我们做到这三到，才能收到事半功倍的效果。

【鉴赏评议】

我们读书要注重：眼到、口到、心到。读书要专注，专注到透彻地领会文章的意思，只有理解了文章的意思，才能事半功倍。读书最重要的还是在于心，如果眼睛在看，口也在读，但是心没有专注在课业上，想着其他的事情，也是白看白读。如果能专注地学习，读书就会读得很好。

【深度解读】

世上无难事，只怕有心人

我们遇到事情的时候，不能总是说自己不行，我们要相信，自己的努力会换来好的结果，我们要做学业之路和事业之路上的有心人。我们要坚信，辛苦付出是可以换来好的结果的。

世上无难事，只怕有心人，只要我们肯努力，就会发现，其实成功离我们并不是很遥远。人生的路是不可能一帆风顺的。别人的路不是自己的路，只有自己去走了，才会有自己的路。

面对一些坎坷时不要退缩，不要气馁，一次不行，可以两次，两次不行也不要灰心，大不了我们从头再来，从零开始。事情的难与不难，其实都是相对而言的，就看我们是如何对待它们的。有些人之所以不成功，就是因为失败过一次或几次，便丧失了原有的勇气，觉得想要获得成功实在太难了，自己这一生根本不可能事业有成。人生的精彩在于积极的态度，人生的可贵在于永不言败。只要我们用积极的态度处理好消极的事情，不惧怕失败，那么就会发现世上没有什么难事。

我们做事情尚且能够不怕辛苦，读书也要不怕辛苦，在知识的高峰面前，也要勇于攀登，下面说几个读书专心的故事。

戴震是清代著名的考据学家、思想家，他从小就非常热爱读书，记忆力也非常好。戴震每天都能读几千字的文章，除了熟读，他还能领会这些文章的意思，这对一个小孩子来说是非常不容易的。后来戴震把《十三经》全都弄通了，乾隆年间朝廷编修《四库全书》，特别召他为纂修官。

杨愔小时候特别爱读书，而且每次读书的时候都特别专注。有一天，他坐在李子树下面读书，熟透了的李子从树上掉下来，砸到他的背上。别的孩子都捡李子吃，他还是一动不动地在读书，对于他来说，读书就是最大的兴趣。

这样的故事不绝史书，管宁割席分坐、董仲舒三年不窥园、万斯同闭门读书，都是如此。正是因为专心致志，他们才能取得非凡的成就。古人云：三心二意，得不偿失，就是在告诉我们，做事情要专心致志，读书要聚精会神。按照《弟子规》这几句话去做，时间久了，我们自然会变成优秀的人，自然会实现我们给自己定下的目标。

此终彼起，专心致志

【原典再现】

方[1]读此[2]，勿慕彼[3]。此未终[4]，彼勿起[5]。

【重点注释】

[1] 方：正在。

[2] 此：这。

③慕彼：想另一个。

④未终：还没完成。未，没有。终，结束、完毕。

⑤起：开始。

【白话翻译】

我们读书的时候，不能刚拿起一本没有多久，就又开始看另一本，这一本没有看完，就不要再打开新的一本。

【鉴赏评议】

我们做学问、读书要专一，不能这一本书刚开始没读多久，就开始觉得另一本书好，然后就开始读那一本，如果我们总是这样一知半解地读书，那么最后很难积累知识。读书重要的在于掌握纲领、真正落实，最忌贪多、贪快。

如果太躁进，心很浮动，就不能完全沉浸在书中，就不能好好地做学问。现在很多家长让孩子同时学习很多种才艺，美其名曰是为了孩子好，但是到最后，孩子可能一样都没有学好，没人可以样样东西都精通。读书也一样，所以家长应该给孩子一种正确的引导，在孩子读书的时候，一定要告诉他们，读完一本再去读下一本，如果这个还没读完，又开始读那一本，只会两本书都读不好。

读书不在于数量，也不在于速度，而在于我们到底从书中学到了多少知识。曾国藩先生就说过，桌上不可多书，意思是，桌面上不能摆太多的书。反正多书你也读不来，你多书，反而影响你的清净之心。你读着这本又看着那本，心就乱了，没有真正在每一本上把功夫下得扎实。桌上不可多书，心中不可少书，读完书就装在心里，这是值得我们效仿的。

【深度解读】

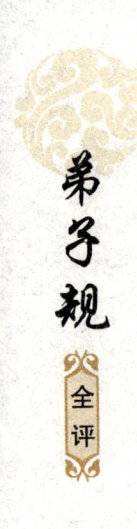

精益方能求精

在我国古代，有很多读书刻苦、研究学问精益求精的例子。

赵普是北宋的开国宰相，他一生都非常喜欢读书。有天晚上，宋太祖赵匡胤见赵普正在挑灯夜读，而且读的是《论语》，十分奇怪，就问他："《论语》是小孩子们读的书，你怎么还在读它？"赵普说："齐家、治国、平天下的道理全在这本书中。我只用半部《论语》为你打天下，现在还要用半部《论语》为你治天下，就能使天下太平。"后来，赵普死后，用一部《论语》为自己陪葬。赵普读《论语》读了一辈子，对《论语》进行了很多实践和研究，他治国平天下，很多时候都是靠这本书。

古人读书都是非常专一和刻苦的，他们勉励自己，读完一本书，再去读另外一本书。我们看到历史的记载，唐朝的科举、太学里头，有《论语》《四书》《五经》，几乎每一部经典，都需要用一年的时间才能完成学习。

举个例子说，古人的《孝经》跟《论语》要用一年的工夫，才能把它修学完毕。我们现代人读书的习惯和古代人是完全不同的，现代人读书，都是每一本打开之后，随便翻翻看看，然后就去读下一本，更别说像古代人那样，一本书读一年了。古代人做学问和现代人也是完全不同的，他们会通读所有的古籍，并且把所有的古籍都读到通透的地步。可见，当你看一部书的时候，一定要从头读到完，慢慢地看没有关系，只要一本书能通达，其他也可以通达，所以《弟子规》讲

"此未终，彼勿起"。

这本书还没有看完，这里的功课还没有做完，就不要在心里想着其他的功课。我们研究学问，要学习古代人的精神，要专一，要深入，不能一本书还没有读完，又去想去看其他的书。这样可能我们到最后都读不完一本书，我们对每一本书都没有深刻的理解。还有人读书，只读开头的几页和结尾的几页，中间只是随便翻翻，一本书都是囫囵吞枣看完的，这样的读书方式更是没有办法读懂书中的真谛的。

我们读书也好，做学问也好，都要心无旁骛，心里只想着读书这一件事情，读一本书的时候，也只想着这一本书，不去想其他的书。只有这样专心致志，才能达到我们想要的读书效果。我们做学问、发展事业，都需要像读书一样，心无旁骛，只为了一个目标去努力，精益方能求精，我们越是对一样东西专一、专心，越是能把这件事情做好。

宽松为限，抓紧用功

【原典再现】

宽①为限②，紧用功。工夫③到，滞塞④通。

【重点注释】

①宽：宽松。

②限：限定。

③工夫：指所花费的时间和精力。

④滞塞：不通。

【白话翻译】

我们读书之前，在制订计划的时候，不妨把时间放宽松一些，但是执行计划的时候，要抓紧时间，严格按照自己制订的计划进行，功夫到位了，以前觉得困惑的地方自然就通畅了。

【鉴赏评议】

我们在读每一本书之前，都要制订一个详细的读书计划，不过制订的计划完全可以把时间放得宽松一些。当我们开始读书的时候，就要抓紧时间去读，严格执行自己制订的计划，不可以懒惰，也不可以随意改变自己的计划。我们所读的书中，往往有很多不理解的地方，但是只要我们功夫下得深了，只要读得多了，以前觉得不懂、困惑的地方，自然而然会变得简单了，这样就很容易被我们理解了。所以，读书还要多下些功夫，书读百遍其义自见，读得多了，道理自然就懂了。

家长应该给孩子树立好的榜样，教会孩子读书要有计划，然后按照自己的计划，慢慢完成自己的目标。家长每天都可以抽出一段时间读书，这样孩子看见了，自然会效仿家长的行为，时间久了，孩子自然就养成了爱读书的好习惯。习惯都不是一天养成的，所以家长要在这方面多多用心，循循善诱，帮助孩子养成良好的习惯。

【深度解读】

范公画粥，刻苦勤学

范仲淹，字希文，北宋名臣。他在两岁时父亲就去世了，母亲非常贫穷，后来改嫁给山东长山的朱氏。范仲淹小的时候在长山的僧舍学习，每天的早饭和晚饭就是凝固了以后的小米粥，再加一些咸菜，他吃着这样的饭，学习了三年，直到自己长大了，他才知道自己的身世。后来，范仲淹拜戚同文为自己的老师，学习更加的努力了，累了就用冷水泼到脸上，饿了的时候也能忍着学习。

有一次，宋真宗路过南京，大家都争相去一睹龙颜。只有范仲淹闭门不出，和平时一样读书。同学说他这样不对，他说："日后再见，也未必（不一定）晚！"南京长官的儿子看他整年没有好吃的，就送些好吃的给他。可是他一口也没有吃，人家怪他，他才拱手答谢："我已习惯了喝粥的生活，如果享受了美食，以后恐怕吃不了苦啊！"

后来，范仲淹终于考中了进士，他把自己的母亲接了回来，并且改回自己的本姓，后来考试的时候，他真的亲眼见到了皇帝。范仲淹苦读诗书，对四书五经的要义理解得非常透彻。他常说："士当先天下之忧而忧，后天下之乐而乐也。"

"宝剑锋从磨砺出，梅花香自苦寒来。"古今中外，凡成大事者，无一例外都付出了艰辛的劳动。世界上从来没有随随便便的成功，但凡成功的人都忍受了别人不能忍受的痛苦，付出了别人没有付出的辛苦，最后才会取得卓越的成就的。在学习和生活中，我们都要学习范仲淹的这种精神。

有一个人已经六十多岁了，几乎可以把一些法规条文都背得滚瓜烂熟。有一次，有人问他："这些都很难背，我们年轻人都记不好，为什么你可以背得这么清楚？有一些法规几百条，连次序都不会颠倒，你是怎么背的呢？"他右手从口袋拿出来一本小小的法规，左手又拿出来一本，说："凡是我要了解的这些法规，我随时随地都在读。每一条读五十遍，口要念出来五十遍，五十遍之后，再慢慢用记忆的方式来想一想，回忆一下，再记不住的话，就随时随地一有空闲还要看。"这个老人的学习态度、方法是很值得我们学习的。

任何成功的前提，都源于勤奋的推动；在推动成功的过程中，沁透着勤奋拼搏的心血和汗滴。我们只要一步一个脚印、踏踏实实地努力，就能成功地实现人生的价值，感受到生命中成功的幸福，享受到激扬愉悦的人生。

心有疑问，随即札记

【原典再现】

心有疑，随①札记②。就人问③，求④确义⑤。

【重点注释】

①随：随即、立即。

②札记：笔记，读书时记录的重点或心得。

③就人问：找人问，向人请教。就，靠近。

④求：找寻、设法得到。

⑤确义：真正的意义。

【白话翻译】

在求学的过程中，如果有不明白的地方，应该随时记到笔记上，一有机会，马上向别人请教，弄懂真正的意义。

【鉴赏评议】

这里是讲，我们读书的时候，遇见不明白的地方，一定要懂得向别人请教。如果我们的身边暂时没有可以请教的人，那么一定要用本子记下来，等到以后方便的时候，一定要把确切的意思弄明白。我们不要害怕向别人请教，即使是学识再渊博的人，都会有不明白的问题，所以遇到自己不懂的问题向别人请教是非常正常的事情。

向别人请教也是一种很好的学习态度，不会的东西就应该不耻下问。我们不必把向别人问问题当作一种耻辱，而应该养成一种追求真理的精神，从小就应该养成勤学好问的好习惯。只要是能够给我们帮助的人，不管他的年龄、地位如何，他们都是我们的老师。

"心有疑，随札记。就人问，求确义"是学习态度同时也是生活态度，我们不会的知识，就好好去学习；我们不懂的问题，就好好地去询问。我们还要把学会的点滴都记在本子上，记在我们的心里，最后应用到我们的生活中去，解决我们遇到的实际问题。

【深度解读】

敏而好学，不耻下问

学习本身就是一个学与问相互结合的过程，不懂就要及时去问，这样才能保证我们学习的效率，也才能保证我们所学知识的准确性。一个智慧的人必然是懂得谦虚的，懂得在学习的道路上尽量让自己少走弯路，遇到不会的知识去询问别人，可能会比我们自己孜孜以求的效果好很多。一个人的见识必然是有限的，有时候很容易让自己陷入某种误区当中，这就需要别人为我们指点迷津。"就人问，求确义"，古人告诉我们，要有不耻下问的精神，要精益求精，做学问一定要把知识学习得透彻。

我国古代东汉时期的天文学家、经济家贾逵，天资聪慧，但是不幸的是，贾逵的父亲在他很小的时候就离世了，养家的任务落在了贾逵的母亲身上，所以贾逵的母亲并没有时间关注他的学习，但是贾逵有一个非常贤惠的姐姐。

贾逵的姐姐经常给他讲一些古人热爱学习、刻苦求学的故事，贾逵总是一个接着一个安安静静地听完，但是姐姐并没有那么多的故事可以给贾逵讲。有一天带着贾逵玩耍的时候，姐姐忽然听见了学堂里的老先生也在给自己的学生们讲故事。从那天开始，贾逵的姐姐就每天都偷偷地带着贾逵到学堂的外面听老先生讲故事。贾逵每次都听得非常认真，不吵不闹，听得非常投入。后来，每到老先生上课的时间，贾逵都来坚持听课。

下雨天，他就站在雨里听课，下雪天，他也不怕严寒，有时候冻得手脚全都麻了，他也没有放弃听课。姐姐非常心疼他，总是劝他回家，但是贾逵却不同意。就这样，贾逵听了几年的课，学到了很多的知识。

贾逵学习非常刻苦，读过很多名著，对于很多名篇，比如《左传》《四书》《五经》等，他已经背诵得非常熟练了。贾逵家里的条件实在太差了，以至于他根本没有钱买纸和笔，遇到自己非常喜欢的好文章，或是遇到自己不懂不理解的语句，贾逵就会借来笔墨，把它们写在一些竹子和木片上。虽然家里的条件艰苦，但贾逵还是从来没有放弃过学习，他学到的知识也越来越多，认识他的人，都觉得他是世间的奇才。

在我们的学习和生活中，也要像贾逵那样"就人问，求确义"，千万不能想着走捷径，想着自己可以少学一点儿。我们要明白，学习是自己的事情，每个人的学习都是在提高自身的技艺和修养，所以学习知识的时候要踏踏实实。学识这种东西，虽然是看不见摸不着的，但是它会体现在我们为人处世上，体现在我们对知识的理解上，所以我们在学习上要严格要求自己。

环境整洁，心情舒畅

【原典再现】

房室①清②，墙壁净③。几④案⑤洁⑥，笔砚正。

【重点注释】

①房室：这里指读书做功课的房间。

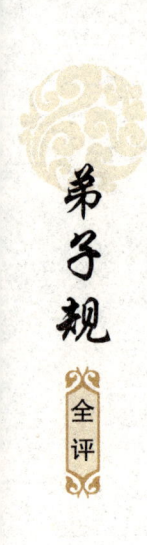

②清：洒扫整理。

③净：干净。

④几：长方形的矮桌。

⑤案：桌子。

⑥洁：清净无垢。

【白话翻译】

我们的书房要保持整洁和干净，墙壁也要保持干净，书桌要及时清洁，保持没有污垢，笔墨纸砚要摆放整齐。

【鉴赏评议】

我们都喜欢干净整洁的环境，因为干净整洁的环境往往让人觉得心情愉快。当我们处于一个干净整洁的读书环境中时，效率也会随之提高。只有整洁的书房、干净的墙壁、摆放整齐的笔墨纸砚，这样井井有条的环境，才能让我们静下心来，专心读书。所以我们在好好读书之余，还要注意保持读书环境的整洁，我们要做到定期打扫我们的书房，让自己时刻处于一个整洁和安静的学习氛围之中。

换一种思维想，如果我们每天都处于脏乱差的环境中，地面肮脏，墙壁被乱涂乱画，桌子上杂乱地堆放着各种书籍，完全没有一点儿次序，笔墨纸砚都没有整齐地摆在一起，那我们看见这样的环境，又怎么能静下心来学习呢？所以，我们要养成保持书房整洁的好习惯。

【深度解读】

一屋不扫，何以扫天下

"一屋不扫，何以扫天下"的故事想必大家都听过。陈蕃是东汉时期的著名学者，年轻时独居一室，日夜攻读，想干出一番惊天动地的大事。一天，他父亲的朋友薛勤前来拜访，看见他的住处纸屑满地，十分凌乱。他不解地问道："孩子，屋子这么脏，你怎么不打扫打扫呢？这样宾客来了看了不是要好些吗？"陈蕃理直气壮地回答说："我的手是用来扫天下的。"薛勤反问道："连一间屋子都不扫，怎么能够扫天下呢？"陈蕃一听，脸红了，马上打扫房屋，招待客人。

试想，如果陈蕃不知悔改，如果他一直居住在脏乱差的环境中，恐怕他也无心研究学问了，怎么会有以后的成就呢？环境的整洁，对于他做学问是有很大影响的。

朱熹是我国南宋时期著名的儒学大家，为人非常正直，而且稳重。每次上朝，朱熹都穿戴整齐，说话也非常儒雅。平时在家里的时候，朱熹的作息也都是非常规律的，他每天都是天还没亮就起床，洗漱完毕之后，衣着非常整齐地去家庙里拜祭自己的祖先，拜祭结束之后，去书房学习，书房里的所有用品都摆放得非常整齐。有时候朱熹累了，就会在书房端正地坐着，闭上眼睛休息一会儿。朱熹从年轻时代一直到老年，都保持着非常整洁的穿衣习惯，行为举止也都非常大方。如果一个人连自己的外表、生活环境、学习环境都不重视的话，那么他又怎么可能对别的事情上心呢？他又怎么可能去关心国家和百姓的事情呢？

"几案洁,笔砚正",古人都是讲究书桌和茶几的干净的,总是会擦拭得一尘不染。我们做学问也要像古人一样,保持那样的一种心态,保持自己房间的整洁。当我们身处整洁的环境中时,学习也会比较专注,心情也会比较开心。如果我们不注重个人卫生,穿戴不整齐,也不注重环境卫生,房间总是弄得很脏很乱,那我们学习的效果也不会好。

《佛经》里面有这样一句话,心静则国土净。这里的国土可以理解为我们的家,或是我们居住的地方,甚至是我们的书房,如果连家里都不干净,连我们生活的地方都不干净,那我们的内心也一定是无法安静的。

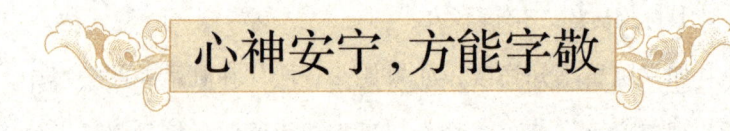

心神安宁,方能字敬

【原典再现】

墨[①]磨[②]偏[③],心[④]不端。字不敬[⑤],心先病[⑥]。

【重点注释】

①墨:书画用的黑色颜料。

②磨:转动研磨。

③偏:歪斜不正。

④心:五脏之一,古人认为心为思想意念的主宰,所以有心想、心思的说法。此处作意念解。

⑤敬：慎重。
⑥病：瑕疵、缺陷。

【白话翻译】

磨墨的时候一定要端正自己的心态，磨偏了往往是因为心态不端正；字写得不规整，往往是因为内心不够安静。

【鉴赏评议】

古人说："意在笔先，心正则笔正。"也可以说是字如其人，如果一个人把字写得乱七八糟的，那么说明这个人并没有在专心写字，这个人极有可能是一个心浮气躁、无法沉得住气的人。所以说一个人写的字，也可以反映出一个人的精神面貌是怎么样的。

《大学》里说，想要把学问做好，就要先把自己的心摆正，也可以说是要先把自己的内心掏空。如果一个人的内心恐惧、烦躁、焦虑，装着很多的情绪，那么这个人是无法安心做学问的，必须把这些念头全部掏空，才能专心于学问，把心摆正之后写字才会工工整整的，字不整齐、字不恭敬，其实也是这个人的心不恭敬，也可以说这个人的心病了。

古人写字最忌讳心不在焉，写字前要先磨墨，如果磨都磨歪了，那么写出来的字必然也是歪歪扭扭的。汉字是我们的祖先留给我们的宝贵财富，我们的文明都是靠汉字记载下来的。作为华夏儿女，我们写字的时候要严格要求自己，即使我们写字不美，也不能写得歪歪扭扭，不能写得乱七八糟。如果把字写成那样，只能说明我们并没有专心写字，不管是做学问，还是写字，都要有严谨的作风，这种作风是我们每一个中华儿女都应该具备的。

【深度解读】

内心安静，字才规范

这里讲到了古人对于写字的要求，古人读书的时候，旁边总是准备好笔墨纸砚，这样遇到自己不懂的问题，就可以记录下来。如果一个人把磨墨歪了，说明这个人是无法专心读书的，因为他没有做到心无旁骛。

"墨磨偏，心不端"，你磨墨的时候偏一边，这样也不好。任何一个动作，我们都要考虑到如何才能做得很好，如何才能让心端正，用这个标准去做就不会有错。"字不敬，心先病"，假如我们写字的时候，内心非常着急，每天又要写那么多字，心在这个时候就在虚妄、堕落了。所以写字的时候，也要时时不慌乱，一笔一画把它写好。我们要用什么好方法来让自己写字愈来愈端正呢？当我们的心不急躁、不散乱时，我们的字也就会慢慢端正了。

王献之是著名书法家王羲之的儿子，从小受到父亲的影响，王献之也立志成为书法家。王献之练字非常刻苦，练习了一段时间后，他觉得自己的字已经写得非常好了，于是写了一篇字拿给父亲看。没想到父亲看过之后没有称赞自己，而是在一个大字的下面加了一个点。王献之非常不理解，就拿着那幅字给同是书法家的母亲看，没想到母亲说，这个点写得还不错。王献之这才意识到自己和父亲的差别，他继续勤学苦练，最后也成为了著名书法家。

"字不敬，心先病"。当字写得歪七扭八的时候，首先要检查的是你的心，你的心有没有静在那里，有没有专注在写字这个功夫上。如果你打从心里就不想写，怎么会写得好呢？所以字写得丑，我们先要想一想，我是不是不专心？你很专心，你眼睛盯着你的手，你的心意在你的手之前，它要写到哪里，到哪里该停，到哪里该顿，你心里有个底，再加上你有美感，你写出来的字就会很漂亮。所以，不论你写字，还是做功课，都要反躬自省，自己有没有专注在里头。你有专注，肯定会写得很好，读书也会读得很棒。

我们用心写字和不用心写字，会体现在字的美丑上，我们做事也是同样的道理。用心做事，事情自然做得好，做得顺利；不用心做事，事情自然不顺利。我们要保证内心的清净和安静，保证心无旁骛，这样做起事情来，自然得心应手。我们要养成专注的品质，写字须如此，读书须如此，做事更须如此。

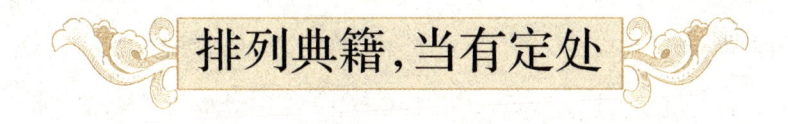

排列典籍，当有定处

【原典再现】

列①典②籍③，有定处。读看毕④，还⑤原处。

【重点注释】

①列：排列、陈列。

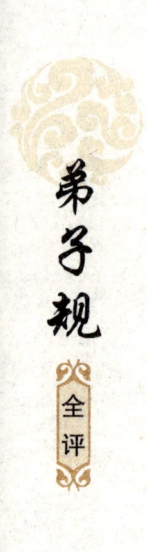

②典：重要的书籍。
③籍：书本。
④毕：终了。
⑤还：放回。

【白话翻译】

我们的书籍要放置在固定的位置，看完之后要放回原处，这样以后再想找到的时候也非常方便。

【鉴赏评议】

读到《弟子规》这一条的时候，我觉得很多人都会有这样的感觉，家里的书以前都是随手乱放的。大多数人都会犯毛病，我们一定要改正这个毛病，这里告诉我们，"列典籍，有定处"，书籍本来就该有它们自己的位置，我们的家里要有固定的放置书籍的地方，把它们排列整齐。这样我们以后想要看书的时候，就能很快找到自己想找的书。我们还可以给书籍做个分类，把各种类别的书籍都分开放置，这也是个很好的习惯。

"动物归原"，也是我们该养成的一个好习惯。不管我们动了什么东西，但是只要是我们动过的，动过之后都要放回原处。养成了这样的习惯以后，我们找东西会变得非常方便，可以为我们节约很多的时间，也可以提高我们找东西的效率。作为家长，更要以身作则，孩子总是会向自己的父母学习，他们看见父母怎么做了，自然会跟着效仿。我们要教导孩子，书要怎么排列比较整齐、好看、好拿。

【深度解读】

爱书如命，读书求理

在我国古代，有很多爱书和爱读书的人，回顾历史，我们会发现爱护书籍和热爱读书的例子比比皆是。

秦始皇焚书坑儒，使各种书籍都遭到了破坏，很多人不得不把书籍藏起来。到了汉文帝时，下令在全国范围内寻找书籍，一个叫伏生的老儒生口授了《尚书》二十八篇，使《尚书》得以流传下来。

到了汉武帝时，鲁恭王想把孔子的故居占为己有，改为花园。在拆房时，忽然从墙壁的夹洞中发现了一批竹简，还发出了一阵严肃的钟磬之声。鲁恭王被吓坏了，急忙下令停止拆房。在墙壁中发现的这批竹简包括《尚书》《孝经》等古典书籍，因为是在墙壁中发现的，所以这些书被称为"壁经"。这些典籍的发现，对我国古代文学的发展起到了很大的作用。

伏生对于书籍的热爱，使《尚书》得以流传，孔子将书籍藏于墙壁之中，更表现了孔子对书籍的热爱和保护，伏生和孔子为我国古代著作的千古流传做出了巨大的贡献。

在我国古代，还有很多热爱读书的例子，比如，陆俨六岁就能背熟《汉书》；程敏克服家境的贫寒，苦读诗书，最后考取了状元。

陆俨自幼喜爱读书。六岁时，父亲专门给他建了一个小房子让他读书用，并把先秦两汉诸子百家的各类书籍都弄来摆在小房子里，让陆俨随时翻阅，唯独没有《汉书》。他听说不读《史记》和《汉书》不能称为学者，便要求父亲借本《汉书》来读。借回的《汉书》该还了，陆俨却找不到《汉书》中的四卷《五行志》了。父亲每天都追索四卷《五行志》的下落,幸亏陆倕已将《汉书》背熟了,他将所缺的章节默写出来,最后才把书还了回去。

程敏很小的时候,父亲就去世了,他和母亲相依为命。程敏十岁的时候,他发现私塾的邻居招聘长工,这对于他来说真是一份非常不错的工作,因为在那里工作,可以每天听见私塾的读书声,自己就可以跟着学习了,同时还可以赚取生活费,填补家用。第二天,程敏就去上工了,每天他整理柴堆的时候,就跟着私塾老师读书。私塾老师知道程敏这样懂事,既要照顾母亲,还要挣钱养家,就告诉他,如果有不懂的地方,可以随时向自己请教,还给了程敏一些旧书。每天晚上程敏干完活,就借着月光练习写字,程敏在地上写字,树枝就是他的笔,他从来没有嫌弃条件艰苦,一心拼扑在学习上。后来程敏的苦读得到了很好的回报,他考上了状元,受到了皇帝的重用。做官之后,他生活得依然节俭,给自己的家人和部属做出了很好的榜样。

我们要像古人那样做爱书的人,利用好我们现在良好的学习环境,多去学习一些有用的知识,喻理求真,不断探索。

爱护书籍,及时修补

【原典再现】

虽有急[①],卷[②]束[③]齐。有缺[④]坏,就补[⑤]之。

【重点注释】

①急：急迫的事。

②卷：书籍。

③束：捆扎。

④缺：缺少。

⑤补：修整。

【白话翻译】

虽然有让自己着急的事情，但是也要把书籍整理好了再离开；书籍有坏掉的地方，就要马上把它修补好。

【鉴赏评议】

当我们看见书籍有破损的时候，要把书籍修补好，要爱护书籍。不管情况多紧急，我们在要离开之前，都要用几分钟的时间，把手中正在读的书收拾好，放回到原处，然后再把我们阅读的环境也简单地收拾整洁。

有的人书读到一半需要离开，就会把自己读到的那一页折起来，这样的行为是非常不可取的，这是对书籍的一种伤害。

古人都是非常爱惜书籍的，他们用实际行动告诉我们，要好好爱护书籍，不能随便把书折起来，这样时间久了，书就会变坏。如果我们想知道自己读到了哪一页，用书签就可以了。不去让书变得破损，是对书的一种尊重。我们尊重书籍，其实也是尊重知识的一种表现。

"有缺坏，就补之"，对于那些被弄坏了的书籍，我们一定要及时修补。一本书旧了，但是书中的知识可能还是非常重要的，以后想要借阅这本书的人可能还会有很多，所以书籍坏了一定要及时修补，这样才能防止书籍以后坏得更加厉害。

【深度解读】

韦编三绝

孔子是我国伟大的思想家、教育家，儒家创始人。孔子从年轻的时候开始就非常爱好学习，读书非常勤奋。孔子十七岁的时候，在鲁国已经很有名气了。孔子能够年少就有所成就，和他热爱读书是有着很大的关系的。孔子晚年的时候，非常喜欢读《易经》，那个时代的书，不像我们这样的方便，而是用竹简做出的，然后用绳子穿起来。《易经》是一本非常难读的书，孔子读了很多遍，每读一遍，绳子就会被磨断一遍，所以每读完一遍，孔子都要把书简重新整理起来，重新用绳子穿起来。孔子熟读了《易经》之后，写下了《十翼》，后来被附在了《易经》后面，作为《易经》的补充。

孔子那样爱书、爱读书，我们也要学习他的这种学习态度和精神。干净的书籍和整洁的学习环境往往会让我们更加热爱学习，学习效率也会因此而大大提高。书籍为我们提供了宝贵的知识，如果一个人连书籍的整洁度都不重视，那么他又会有多热爱学习呢？书籍不是一次性的消费品，一本书，我们可能需要多次读，才能体会到其中的要领，我们领会学好一本书之后，还可以将它借给别人来学习。读书人要安贫乐道，爱惜事物，养成爱书的品质，养成爱整洁的习惯。习惯的养成对于我们真的非常重要，古代的学习环境那么的简陋，却出现了那么多的先贤，现在随着科技的发展，我们的学习环境已经比以前好太多了，所以我们更该珍惜这样的学习环境，把更多的精力放在学习上，做爱读书的人，同时也做爱书的人。

我们热爱书籍，当然要保持书籍外观的美丽和整洁，不要在书中乱涂乱画，有需要记录下来的东西，我们完全可以记录在自己的笔记本上。书籍被损坏了，我们也要第一时间修补。"有缺坏，就补之"，我们都知道古代的书籍是用线穿起来的，古代的书比现代的书还不好保存，但是古人爱书，所以他们的书保存得很好。

现在，我们的书籍改变了太多了，比古代的书籍方便保管了很多，但是只要有人阅读，书籍或多或少都是会有磨损的。尤其是一些工具书，例如字典之类的，被人们翻阅的次数太多了，难免会破损严重。

我们爱学习，也要爱护书籍，书籍是我们学习知识必不可少的工具，我们要对书籍怀有一颗恭敬的心。我们翻阅书籍的时候，要轻轻地，不要用很大的力气，避免书籍被折坏了，养成爱书的好习惯，也要从孩子开始。

有一些小孩子，拿到自己的新书之后，马上包上书皮，学习了一个学期之后，他们的书还是崭新的。但是有一些小孩子，他们对待自己的书籍就比较随意，随意地折叠，随意地在书上写写画画，不到一个学期，书本就会变得很脏。家长看见这样行为，一定要及时制止，让孩子从小养成爱书的好习惯。以后在做别的事情时，我们也会井井有条，在工作中也会因此而受到别人的欣赏。

书籍是知识的载体，书籍在我们学习中的作用是不可小视的，愿我们每个人都养成爱书的好习惯。

非圣贤书,摒弃勿视

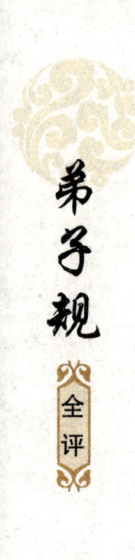

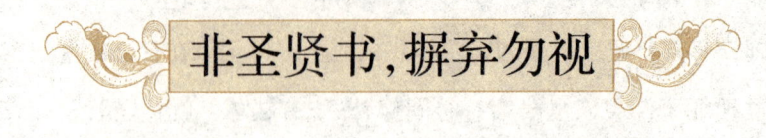

【原典再现】

非圣书①,屏②勿视。蔽③聪明,坏④心志。

【重点注释】

①圣书:传述圣贤言行的著作。

②屏:摒弃。

③蔽:蒙蔽。

④坏:破坏。

【白话翻译】

不是传述圣贤言行的著作,应该摒弃不看,不然会使自己的心智受到蒙蔽,更会损害自己的思想和志向。

【鉴赏评议】

如今的社会信息传播得非常迅速,但并不是信息知道得越多越好,有些不利于身心健康的信息,就应该被摒弃掉,以免影响孩子的健康成长。作为父母,为了能够保证子女健康茁壮地成长,一定要控制孩子对这些不良信息的接收,使其尽量避免受到不良信息的影响。做到心平气和地学习,才是真正对孩子好。

正如孔子所说的"非礼勿视,非礼勿听,非礼勿言,非礼勿动"一样,现代的人们学习《弟子规》要做到学以致用,用所学的知识指导自己的学习和生活。

【深度解读】

循规蹈矩,学圣贤书

在当今社会,我们每天都能从网上、电视上或者手机上接收各种各样的信息,在这些信息中,有些属于不利于青少年成长的不良信息。为了能够让孩子们健康地成长,家长在监管孩子接受信息来源的同时,还应该灌输给孩子多读书、读好书的思想。

吕希哲是北宋时期著名的官员,他不仅德行出众,而且爵封荣国公。

早在他很小的时候,他的母亲申国夫人就教育他,做事情一定要循规蹈矩,不能不懂规矩,胡乱妄为。吕希哲十岁的时候,无论寒冬还是酷暑,他都会站在母亲的身边,如果母亲不允许他坐下,他就一直站着,从不敢做半点越轨的事情。

吕希哲每天在拜见长辈的时候,都能做到衣帽整齐。平日里在家,也不能随意解开衣服,即使再热的天气,在家里和长辈待在一起的时候,也不脱去头巾和鞋子,衣服穿戴得十分整齐。

吕希哲的母亲还禁止他到外面的茶楼酒坊去玩乐,所以市井上流传的那些说话方式,那些嘈杂的声音,从没有进过他的耳朵,他也从没有看过那些不正经、乱七八糟的书籍。就是在这样一步步的人生规划下,吕希哲逐渐长大，并最后成了一代有名的德行出众的大人物。

事实上，历史上著名的重视经典教育的帝王，都会让自己的大臣以及皇族阅读那些经典传世名作，从而让他们能够有正确的人生观、价值观，在处理事情的时候能够有正确的观念，而且他们还会严格要求自己，努力让国家变得富强、繁荣、昌盛。这一点从汉武帝时期就已经体现得非常明显了。那时候，汉武帝规定，所有的官员都必须学习《五经》和《春秋》；后来到了唐朝时期，又加上了几部经典著作，如《春秋公羊传》《春秋左传》等，使之成为九经，再之后又增加了《论语》等，变成十二经；等到五代时期又增加了《孟子》，变成了十三部，也就是史称的儒家经典《十三经》。

古代的人们都能如此重视读好书、摒弃坏思想的事情，我们又怎么能够落伍呢？作为新一代的有志青少年，想要获得成功，就一定要努力约束自己，远离那些会给我们的身心健康带来危害的不良刊物，多读一些对身心有益的经典名著。

切勿自弃，可达圣贤

【原典再现】

勿①自暴，勿自弃。圣与贤②，可驯致。

【重点注释】

①勿：不要。

②圣与贤：圣贤之人。

【白话翻译】

遇到困难或挫折的时候，不要自暴自弃，圣贤的境界虽高，但只要我们循序渐进，还是可以达到圣贤的境界的。

【鉴赏评议】

自己残害自己，说话的时候不遵守礼仪的叫作"自暴"；自己抛弃自己，自身的行为不符合道义为"自弃"。人生在世，最不能做的事情便是自暴自弃，只要循序渐进地努力，终究还是可以达到圣贤境界的。

遇到困难的时候，也不能愤世嫉俗，看什么都不顺眼，应该发奋向上，努力学习，把失败当作成功之母，无论多么美好的结局，都需要我们努力奋斗，刻苦之后才能得到。

【深度解读】

发奋读书，成就自我

孟子曰："舜何人也，予何人也，有为者亦若是！"人对自己要有信心，正所谓"天生我材必有用"。生存在这个世上的每一个人都有自己的用处，不可能永远都是失败者。

所以，人一定要给自己定立一个目标，"学贵立志"，给人生制定了方向和目标之后，再通过自身的不懈努力，想要取得成功，就不是那么遥不可及的事情了。

北宋时期著名的散文家苏洵在少年时期并不喜欢读书，只要看到书本，他就会觉得头晕，日子过得稀里糊涂，每天除了吃就是睡，人生没有一点奋斗目标。

就这样，日子在他的糊里糊涂中过去了27年。27岁的苏洵突然意识到，自己如果再这么浪费时间，一生将一点成就都没有了，于是他开始下定决心改变现状。

苏洵觉得自己是时候该看点书、学点知识了。于是他凭借着自己的聪明头脑，每天拿出半天时间来学习，剩下的半天时间继续玩耍。本以为自己才情不错，写出来的文章也定然是佳品，可让他郁闷的是，在科举考试时竟然连一个秀才都没能考上。

直到这时，苏洵才深刻地认识到时间的宝贵，学知识不能投机取巧，于是他开始发奋读书，闭门谢客，整天苦读。此外，他还教育自己的孩子，也不应该浪费时间。后来，他的儿子苏轼和苏辙都考上了进士，他自己也终于写出了好文章，甚至还得到了王安石的称赞。他们父子三人都成为"唐宋八大家"的成员。

所以我们每一个人都应该对自己有信心，不要一遇到什么事情就自暴自弃，应该利用好时间，规划好自己的生活，努力学习，刻苦钻研，铭记圣人的教诲。

人生在世，不可能永远一帆风顺，生活中总会遇到各种各样的失败与挫折。之所以有些人成功、有些人失败，那是因为，成功者总能像先贤一样，在面对失败时发奋图强，不自暴自弃，用自己的精神意志控制自己，并努力进取。失败的人，则更多的时候都在自怨自艾。

总之，一个人如果想要成功，首先就得改变自己的想法，只有不放弃自己，努力拼搏，才能取得最后的成功。